国企法律顾问 路在何方

GUOQI FALÜ GUWEN
LU ZAI HEFANG

李志勇 / 著

知识产权出版社
全国百佳图书出版单位

图书在版编目（CIP）数据

国企法律顾问路在何方/李志勇著. —北京：知识产权出版社，2017.4
ISBN 978-7-5130-4040-2

Ⅰ.①国… Ⅱ.①李… Ⅲ.①企业法—研究—中国 Ⅳ.①D922.291.914

中国版本图书馆CIP数据核字（2017）第026844号

内容提要

国企法律顾问制度只有30多年的历史，企业的自主探索与创新、国外法律制度的借鉴、法务管理层的新理念等，都有很多可取之处，但比较凌乱和分散，亟需系统化的整理和理论化的思索。

目前，市场上关于企业法律顾问制度的书籍很少，而专门针对国企法务的书则更少。且市面上的相关书籍，多是针对具体的法律业务操作，本书从制度层面和企业管理角度入手，更具战略性，这是笔者撰写此书的初衷，亦是此书的特色之一。本书将国企法律顾问基本职能划分为三类：服务、管理和监督。全书围绕此主线展开了系统论述，亦引出了笔者的一些其他新观点。

本书对国企高管、法律部负责人及法务和有志于从事国企法务工作的在校法学专业大学生均有参考价值。

责任编辑：陈晶晶　　　　　　　　　责任出版：孙婷婷

国企法律顾问路在何方

李志勇　著

出版发行：	知识产权出版社有限责任公司	网　　址：	http://www.ipph.cn
社　　址：	北京市海淀区西外太平庄55号	邮　　编：	100081
责编电话：	010-82000860转8391	责编邮箱：	shiny-chjj@163.com
发行电话：	010-82000860转8101/8102	发行传真：	010-82000893/82005070/82000270
印　　刷：	北京嘉恒彩色印刷有限责任公司	经　　销：	各大网上书店、新华书店及相关专业书店
开　　本：	720mm×1000mm 1/16	印　　张：	13.5
版　　次：	2017年4月第1版	印　　次：	2017年4月第1次印刷
字　　数：	220千字	定　　价：	39.00元
ISBN 978-7-5130-4040-2			

出版权专有　侵权必究
如有印装质量问题，本社负责调换。

序　言

"执法律之利剑，维正义与公平"，这曾经是每个法律人的理想，也是维系法律职业共同体的共同信念。但是，当走出法学院，走上国企法律顾问岗位多年后，我们会发现，企业法务跟正义、公平并没有太多直接的联系。因为企业作为一个经济组织，追求效益和利润一直是其存在和发展的核心目标，法律作为一个专业参与其中，和其他专业一样，也要服务于这个大局，所以，国企法律顾问必须试着让自己具有商业思维并接受商业灵活性的考验。也因为这一点，企业法律顾问和法官、检察官、律师等传统法律职业之间似乎有一条天然的鸿沟。当法官、检察官和律师等传统法律职业持续蓬勃发展并被国家司法语境中不断被提及时，企业法律人几乎被忽视和遗忘。我们惊讶，企业法律顾问这一庞大的法律职业群体，居然没有专门的法律或行政法规，没有全国性质的协会，没有独立的国家职称体系，没有统一的执业资格……

现实的另一面却是：国企法律顾问的工作变得日益重要，责任变得更加重大。国有资产监管需要法律人参与，国际市场竞争需要法律人服务，公司治理需要法律人去改造，风险防控体系需要法律人去建设，企业管理亟须融入法治思维……我们任重而道远，然而不管与跨国企业相比，还是与国资委的要求相比，抑或是与企业自身的需求相比，我们的差距都太远。

参加国企法务管理工作10多年来，每处理一起法律纠纷，每参与一次合同谈判，每撰写一篇法律调研报告，笔者都在想，做好这些具体的法律业务固然重要，但真正能提升和决定国企法务工作水平的是体制本身，是要去探索和建立一套中国特色的国企法律顾问制度、工作机制和工作体系。国企法律顾问的职责，履职机制与保障，法律队伍的建设，法律机构的设置，全过程合同管理机制的建立，总法律顾问制度的完善，以及国企法律顾问如何真正在公司治理、企业决策、市场竞争、合规管理和法律风险防控中都发挥重要作用……这里的每一个看似基础的课题都值得企业法律人去深入思考和探索。相对于西方130多年的历史，中国企业法律顾问才走了30多年的路，但幸运的是，中国加入WTO使其有机会真正地与跨国企业同台竞技，加上国有企业自身的特殊使命，促使国企法务工作必须在较短的时间内有质的提升。

国企法律顾问的服务、管理和监督（合规）这三大职能需要对应不同的工作方式、工作思维和工作原则，这是笔者在写作本书过程中最深刻的体会。服务职能，在一定程度上是向上看，具有被动性和灵活性，却是最基础的工作，因为它集中体现了法律这个专业的服务保障能力；管理职能，切入点是企业管理，注重的是组织、协调能力，使企业法律人与其他职能部门站在同一条水平线上；而监督（合规）职能则是向下看，讲究原则与刚性，就此职能而言，企业法律人的地位要高于一般的企业管理人员。另外，书中提出的诸如法商思维、大法律部制、法律管理的战略价值、公司治理中的法律参与、法律顾问的自我营销和主动起诉策略等想法未必十分成熟，希望能与各位同行和国企管理者分享和探讨，也欢迎读者批评、指正。

在从事国企法务的工作之余，笔者亦十分关注中国法学教育现状，时常给法学本科生和法律硕士生提供职业规划与指导建议，鼓励优秀的法学科班生们优先选择复合型的国企法律顾问岗位。同时，笔者也一直在思考国企法律队伍究竟需要什么样的法学院毕业生——尽管笔者更希望他们先选择律师和法官的工作，打牢实践基础后再到企业从事法务工作。在撰写此书的过程中，答案逐渐变得清晰，有志于从事国企法务的大学生应当重点提升自己的责任意识、学习能力与创新意识，这是与国企的特殊属性、企业管理的复杂性以及国企法务工作的要求相适应的。

所以，笔者希望这本书不仅对国企管理者和法律部的同行有借鉴作用，而且对即将跨入社会的法学院毕业生有所帮助和指导。

在写书的这五年里，发生了三件大事：一是企业法律顾问资格考试被取消；二是十八届四中全会确定要完善公司律师制度；三是深化国有企业改革和完善国家统一法律职业资格制度的顶层设计先后出台。由此可以预见，公司律师将会成为企业法律顾问的主要形式，企业法律队伍的整体素质和要求将得到提升，与之相对应的是，国企法律顾问将在企业改革发展和公司治理中发挥更大的作用，承担更重的责任。笔者一直相信，在全面深化改革和依法治国的大背景下，国企法律顾问必将迎来职业发展的春天。春天的到来固然需要大环境，但更需要国企法律顾问的大胆创新和国企管理者的改革意识。

与时俱进，创新与改革才是我们国企法律顾问的唯一出路。

2016年4月于北京

目 录
CONTENTS

序 言 ·· I
绪 论 ·· 1
第一章 国企法律顾问制度变迁 ·· 5
 第一节 中国企业法律顾问制度演变 ··· 7
 第二节 央企依法治企工作走在前列 ··· 15
 第三节 企业法律顾问制度亟待完善 ··· 19
第二章 国企法律顾问职责 ·· 24
 第一节 国企法律顾问的职能与工作 ··· 24
 第二节 国企法律顾问履职的总原则 ··· 39
 第三节 国企法律顾问的价值与作用 ··· 43
第三章 国企法律事务机构 ·· 49
 第一节 法律事务机构的设置与职能 ··· 49
 第二节 法律部门与业务部门的关系 ··· 53
 第三节 法律部纵向层次与横向结构 ··· 58
 第四节 国企法律部门工作制度创新 ··· 63
 第五节 外聘律所与法律部门的合作 ··· 67
 第六节 国企法务管理体制及趋势 ·· 71
第四章 国企法律顾问队伍建设 ·· 76
 第一节 国企法律顾问核心素质能力 ··· 77
 第二节 走向市场化的法律顾问招聘 ··· 82
 第三节 企业法律顾问职称评定制度 ··· 85
 第四节 国企法律顾问履职机制建设 ··· 89
 第五节 如何留住优秀企业法律顾问 ··· 92
 第六节 国企法律顾问面临能力挑战 ··· 100
第五章 国有企业合同管理工作 ·· 104
 第一节 现代合同管理的地位与理念 ··· 104

第二节	国企合同管理工作的主要内容	106
第三节	国企合同管理的不足与改进	116
第四节	国企合同管理的发展新趋势	121
第五节	从沙特轻轨项目巨亏案说起	126

第六章 国有企业法律事务管理 …… 130

第一节	重大决策中的法律调研论证	130
第二节	企业重大经济活动法律管理	132
第三节	知识产权事务中的法律管理	134
第四节	公司劳动人事法律事务管理	138
第五节	公司经营监管合规事务管理	139
第六节	公司治理架构及其法务管理	144
第七节	公司仲裁诉讼法律案件管理	149

第七章 国有企业总法律顾问制度 …… 152

第一节	企业总法律顾问制度的发展	152
第二节	国企总法律顾问的定位与履职	157
第三节	国企总法律顾问的基本权利	163
第四节	企业总法律顾问资格与能力	167
第五节	企业总法律顾问选聘与任命	173
第六节	中美总法律顾问制度的区别	177
第七节	完善国企的总法律顾问制度	179

第八章 国企法律顾问制度的明天 …… 183

第一节	法律理念的挑战是最大挑战	184
第二节	国企法律顾问队伍建设挑战	191
第三节	法务管理精细化带来大挑战	193
第四节	法务管理国际化带来大挑战	196
第五节	法律环境改变带来巨大挑战	198

参考文献 …… 202

附录1 企业法律顾问（公司律师）制度主要法律、法规与政策汇总 …… 204

附录2 《国务院关于批转"法制局关于法律室任务职责和组织办法的报告"的通知》 …… 209

绪 论

所谓国企法律顾问，简单说，就是国企内部运用法律知识、法律技能和法律思维专门从事法律相关工作的职员，我们习惯性称之为"企业法务"。其职业特点主要就是：以法律为武器，受雇于企业。企业法律顾问有多重要？在企业界曾有这样一句话：企业好比是一辆汽车，工程师、经济师、会计师和法律顾问就是汽车的四个轮子，汽车要前进，四个轮子少一个都不行！

在欧美发达国家，国有企业并非主流，但其企业法务经验可供借鉴。欧美企业法务制度已经有相当长时间的历史。以美国为例，作为法制化程度最高的国家和英美法系传统国家的典型代表，其企业法律顾问制度起源于 19 世纪末期，最早在企业内部出现法律部及专职法务人员的是 1882 年的美国新泽西州标准石油公司（美孚石油的前身）[1]，其堪称企业法律顾问制度的"鼻祖"。当时美国企业的组织形式和治理架构简单，生产经营活动单一，国家法律规制也少，法务需求不多，因此，大多数企业并不设法律部门或配备专职法律顾问，一旦遇到法律纠纷，临时聘用社会律师来解决。随着现代意义上的企业治理架构的逐步建立，国家对企业经营活动的法律规制与干预越来越严密，尤其是 20 世纪初，一连串的经济危机直接推动了美国立法取向由早期的自由经济原则向国家积极干预经济活动原则转变，法律顾问直接参与企业的日常经营和战略决策逐步成为"常态"，企业法律顾问制度形成体系，企业直接聘用的内部法律顾问（In-house Lawyer）也逐渐成为与律所的社会律师（Law Firm Lawyer）并行的独立法律职业群体。而安然丑闻和世界通信（WorldCom）假账事件直接导致了 2002 年美国《萨班斯法案》（即《公众公司会计改革与投资者保护法案》）的通过，政府监管要求明显强化，巨额处罚之下，企业开始突出风险防控体系和合规管理，法律部不再限于提供法律咨询，成为企业内控部门之一已渐成趋势。

---

[1] 2013 年全国企业法律顾问执业资格考试用书编委会. 全国企业法律顾问执业资格考试复习指南——企业法律顾问实务分册 [M]. 北京：经济科学出版社，2013.

历经百年成长，西方发达国家的企业法律顾问制度在 20 世纪 80 年代进入成熟期，成为大、中型企业尤其是跨国公司规避企业经营法律风险的"标配"，并成为公司治理和企业管理的重要制度之一。法律顾问也成为美国企业内部的重要管理团队，法律业务与公司业务高度一体化，应对政府监管的行政法律业务与作为平等市场竞争主体的民商法律业务并驾齐驱，总法律顾问统管法律、内部监督及其相关事务，在企业内部享有崇高威望。

再回过头来看国有企业。

众所周知，作为国民经济重要支柱的国企承载着多种职能。一方面，从企业属性来说，国企要确保国有资产保值、增值，确保创造税收和利润用于国家发展；另一方面，从国有属性来说，要保障国家经济、社会安全和市场稳定，在关键产业和重点领域发挥主导作用，还要弥补市场失灵，为社会提供公共产品和服务，同时要积极配合国家的宏观调控政策，使政府的调控目标得以实现。除此之外，国企在维护社会稳定、确保和谐劳动关系和充分就业等方面也有特殊责任。国企自身的多重属性决定了其发展不能过分强调经济利益最大化，更要关注企业自身的和谐稳健发展、规范管理和对重大风险的把控。在这个综合目标的追求过程中，国企法律顾问以及国企法务管理部门必然要发挥重要的作用。

就企业法务人员的称呼而言，国企以称法律顾问者居多，民企、外企则习惯叫法务专员或法务经理。在我国，企业法律顾问的发展历史短、规模小，工作机制和体系不完善，地位低、作用有限，相关的理论研究也比较缺乏，法律业务的广度、深度和影响力远不及欧美企业。

然而，现在国企法律工作的薄弱并不能成为否定企业法律顾问制度的理由。认识是行动的先导，认识的深度决定工作的态度和力度。前述国企的特殊属性以及面临的客观环境的转变决定了必须加强和提升国企法务工作。

（1）企业经营受到日益严密的法律规制，对外关系中面临越来越大的法律风险；

（2）"走出去"战略面临巨大挑战，法务管理水平成为国际竞争力的重要因素；

（3）国有资产流失的风险和国企干部的廉政风险面临空前考验；

（4）"市场经济首先是法治经济"的内在要求，市场对资源配置起决定性作用，契约应当得到普遍性的严格遵守；

(5) 中共持续深入地推进依法治国工作，尤其是1997年党的十五大将"依法治国"写入党章以及1999年"依法治国，建设社会主义法治国家"被载入宪法，影响深远。

负责国企法律顾问综合管理的国务院国资委显然意识到了这个问题，在推进国企尤其是中央企业法律工作的规划和改革方面连续实施了三个"三年目标"计划[①]，打造了今日国企法律顾问制度的基本构架和功能。

2004年，第一个三年目标（2005年年初—2007年年底）主要是"建立机构"，要求普遍建立法律事务工作机构，其中在53户中央企业推行总法律顾问制度。

2008年，第二个三年目标（2008年7月—2011年6月）核心是"发挥作用"，即在一些关键领域重点突破，如总法律顾问履职，企业法律风险防范机制，重大规章制度、合同和决策的法律审核等。

2011年，第三个三年目标（2012年年初—2014年年底）核心是"完善提高"，即以培育具有国际竞争力的世界一流企业为目标，着力完善企业法律风险防范机制、总法律顾问制度和法律管理工作体系，加强依法治企能力建设，为培育世界一流企业提供坚强的法律保障。

"十年磨一剑"，但笔者作为实践一线的法务管理人员，切身感觉依然是：国企法务管理的"雏形"已基本形成了，但要让国企法务工作与业务深度融合，成为增强市场竞争力、确保国资保值、增值和公司治理中的重要一环，还差得比较远。

2014年10月，十八届四中全会召开，这是中共第一次以"依法治国"作为主题的中央全会，"依法治国"被提升到前所未有的高度，也为"依法治企"开辟了广阔的天地，很多人说法律人翘首企盼的"春天"终于到来了，这并不为过。

2014年年底，为深入贯彻落实党的十八届四中全会精神，国务院国资委打

---

① 中央企业法制工作三个三年目标计划以及中央企业法制工作新五年规划主要由国务院国资委政策法规局具体负责组织实施，相关进展、重要通知、工作动态、典型经验以及工作简报详见国务院国资委政策法规局网站工作专栏：http://www.sasac.gov.cn/n1180/n14200459/n14279647/index.html。

破三年一阶段的规划惯例，提出了"中央企业法制工作新五年规划"（2015—2019年），要求对标国际大企业，全面提升合规管理和依法治企两大能力。同时，明确"法治央企"的建设要求为：中央企业要成为对外依法经营、对内依法治理的法治社会模范成员，中央企业要成为依法治理的企业法人、诚信守法的经营实体和公平竞争的市场主体。

从加强自身建设到与世界一流企业对标，从单一的法律事务到整体的依法治企能力，从历史遗留案件的处理到为企业改革发展、做强做优同步提供法律支撑和保障，从防范法律风险到整体的风险管理，虽然还有很多理论问题尚未厘清，落实过程中有很多不足，但目标明确：一流的企业要有一流的法务工作；国有企业特别是中央企业要率先建成"法治企业"。加强并改革国企法务工作，是大势所趋！

第一章 国企法律顾问制度变迁

如前所述，国企法律顾问是国有企业内部专门从事法律事务的职员，是企业自己的员工，并不包括按《中华人民共和国律师法》（以下简称《律师法》）第二十八条和第二十九条之规定受企业委托处理法律事务的社会律师（我们称之为"常年法律顾问"）。由于几十年的计划经济体制，加上缺少法治传统，国有企业的经营与发展长期依靠领导命令、国家指令和政策，相当长一段时间内，企业内部的法律顾问是缺位的，业务人员包揽合同管理，一旦出现法律纠纷，企业也大多是通过寻求社会关系、政府官员的协调来解决，最后迫不得已才会寻找外部的社会律师来解决纠纷。为了适应改革开放和国际市场竞争的新形势，20世纪80年代初拨乱反正，国家开始尝试恢复和建立企业法律顾问制度。中国的国企法律顾问从无到有，尤其是通过大量参与国企历史遗留问题的解决、广泛参与企业的重大诉讼与仲裁、积极参与国企的重组改制这几项实质性工作，锻炼了法律队伍，展示了专业能力，提高了其在企业内部和社会上的地位。时至今日，历经30年发展，企业法律顾问队伍规模已然不小，但由于缺乏法律统一规定，职业准入门槛不严，与欧美主要由律师担任企业法律顾问不同，我国国企法律顾问人员组成情况比较复杂，主要包括以下几类人。

（1）"企业法律顾问执业资格证书"[1]持有者：执业资格证书由国家人力资源与社会保障部、国务院国资委与司法部共同盖章。

（2）"公司律师执业证书"持有者：执业证书由司法行政部门颁发，主要限于已被许可开展公司律师试点的部分大型国有企业。

---

[1] 按照国务院的相关规定，企业法律顾问资格证书的许可与相关考试已被依法取消，2015年6月举行了最后一次考试，但原有证书继续作为具有相应专业技术能力和水平的凭证，原有资格可继续作为聘任经济系列相应专业技术职务的依据，具体可见《人力资源社会保障部办公厅 国资委办公厅 司法部办公厅关于做好取消企业法律顾问职业资格后续工作的通知》（人社厅发〔2014〕122号）。关于企业法律顾问将来的资格准入将如何发展以及建议，详见本书相关章节。

(3)"法律职业资格证书"持有者,即通过了国家统一司法考试[①]者,这里面既包括之前从事过律师、检察官或法官职业的,也包括司考合格后直接从事企业法务但未获得其他法律资格的人员。

(4)具有系统法律知识的人员,即接受过系统的正规法学专科、本科或硕士教育,但不具有上述任一法律类职业或执业资格证书的人员。

(5)既非法学科班毕业,又未获得任何法律类职业或执业资格证书,但具有一定法律实务、实践经验的人员。

其中,持有"企业法律顾问执业资格证书"的人员是当前企业法律顾问的主力军,但因为该资格证书的法律依据仅为部门规章层级,并非法律或行政法规层级,所以,2014年8月,存在近20年的企业法律顾问资格及其考试被依法取消,国务院国资委对企业法律顾问"持证上岗率"的要求也将其他相关法律资格或执业证书纳入持证统计范围。

相反,企业法律顾问的另一种形式——公司律师(即只有具备了律师资格才可以被企业聘为法律顾问)虽不是主力,却符合国际通行做法,并在十八届四中全会通过的《中共中央关于全面推进依法治国若干重大问题的决定》中得到了权威认可。该决定提出"企业可设立公司律师",而且要"构建社会律师、公职律师、公司律师等优势互补、结构合理的律师队伍",要"明确公司律师的法律地位及权利义务,理顺公司律师的管理体制、机制"。公司律师制度门槛更高,与其他法律职业资格(如社会律师)能进行更顺畅的衔接,行业管理也更加完善。然而该制度自2002年首次提出后,历经10多年试点都未能转正,这一次被中央政策专门提及,有望迎来发展的黄金期,并可能成为企业法律顾问的主要形式。

接下来,我们就来先回顾一下中国企业法律顾问制度的演变。

---

① 根据中共中央办公厅、国务院办公厅于2015年12月印发的《关于完善国家统一法律职业资格制度的意见》,原"国家统一司法考试"调整更名为"国家统一法律职业资格考试",而且该意见首次明确将法律顾问纳入国家统一法律职业资格及其考试范围。依据该意见,此项顶层设计的改革计划于2017年年底完成,鉴于配套的法律、法规以及制度目前都尚未制定,且考虑到企业法律顾问制度过渡到公司律师制度、企业法律顾问考试过渡到国家统一法律职业资格考试的复杂性,本书依然采用"国家统一司法考试"的表述。另外,此意见中的"法律顾问",主要指企业法律顾问(公司律师)和政府的法律顾问(公职律师)。

第一节　中国企业法律顾问制度演变

回顾和梳理我国企业法律顾问制度的发展历史，其大致可分为如下几个阶段。

1. 第一阶段：初创阶段

我国的企业法律顾问制度最早可追溯到 1955 年。当时，根据时任总理周恩来在国务院常务会议上有关建立法律室的原则指示，参考了苏联经验，在国务院法制局进行了充分调研的基础上，国务院于 1955 年 3 月 28 日发布了《国务院批转"关于法律室任务职责和组织办法的报告"的通知》，该文件成为最早国有企业建立法律事务机构的依据，堪称中国企业法律顾问制度诞生的标志。

该通知明确要求在企业设立法律室，其地位明确为"是协助机关、企业负责人正确贯彻国家法律、法令和进行有关法律工作的一个专门机构"，并特别要求"重要国营企业"[①] 应尽可能早点建立。

1956 年 2 月 28 日，司法部发布《关于法律顾问处与机关、国营企业内的法律室两者的工作性质的复函》，该函对法律顾问处[②]和机关、企业法律室的性质做出了区分。可见，中国的企业法律顾问制度自始就由两部分构成——一部分是面向社会的外部法律顾问（即社会律师）；另一部分是机关、企业的内部法律顾问（即公职律师和企业法律顾问），二者共同构成了完整的法律顾问制度。而本书论述的"法律顾问"，仅指企业内部的法律顾问（包括公司律师）。

不过，因当时法律尚不健全，计划经济占绝对优势，与欧美国家的经济交往较少，法律顾问室和法律队伍建设进展缓慢，加之十年"文化大革命"，公检法司等被打倒或撤销，法治不彰，实属可惜。整个 20 世纪六七十年代，基本上很难找到国家专门关于企业法律顾问制度建设的其他规范性法律文件。

[①] 鉴于当时的计划经济体制和囿于对所有制认识的局限，当时的"国营企业"本质上就是今天的"国有企业"。

[②] 此通知中的"法律顾问处"并非企业或国家机关的内设机构，实为律师组织，是律师事务所的前身。

2. 第二阶段：恢复阶段

从 20 世纪 80 年代企业尝试推行企业法律顾问制度到 2002 年，因为涉及国家机构改革与调整，这个阶段先后主要由国家体改委、国家经贸委和国家经贸委（1994 年以后）牵头实施。

20 世纪 70 年代末至 80 年代初，一些处在国际交流前沿和涉外法务较多的重要国有企业如中国技术进出口公司（1979 年设法律处）、武汉钢铁公司（1980 年设立法律顾问处）等，自主探索率先在企业内部恢复设立了企业法律事务机构，成为恢复企业法律顾问制度的先锋。[①] 同时，虽然 1982 年出台的《中华人民共和国经济合同法》未提及法律顾问制度，但因为合同管理的重要性，该法在相当程度上促进了企业法律顾问制度的恢复。在 80 年代末期，航空工业部、化学工业部、国家建材局等也制定过一些专门的试行规定或暂行规定来指导行业内的企业恢复开展法律顾问工作。

说到正式恢复重建国企法律顾问制度，就不得不提 1986 年国务院颁布的《全民所有制工业企业厂长工作条例》。该条例第十六条规定，"厂长可以设置专职或聘请兼职的法律顾问。副厂长、总工程师、总经济师、总会计师和法律顾问，在厂长的领导下进行工作，并对厂长负责"。这应该是比较早地在国家法令中正式出现"法律顾问"的称呼，且赋予了其很高的地位（类似于后来的总法律顾问），也是我国首次在行政法规中确定了企业法律顾问的地位。

有了《全民所有制工业企业厂长工作条例》做上位法依据，各种相关的国家试点、实施意见、指导意见等就陆陆续续出台了。原国家经贸委于 1987 年发布的《关于企业经济法律工作专业人员纳入经济专业职务系列的实施意见》，确定了将企业法律顾问纳入"经济师"职称序列进行考核和晋升，企业法律顾问被定位为"专职从事经济法律工作的专业人员"，企业法务成为经济专业下面的一个分支专业，而非独立专业。接下来，原国家体改委于 1990 年颁布的《关于加强企业法律顾问工作的意见》，对企业法律顾问专业技术职务与任职条件以及法律

---

① 韩国俊. 浅议我国企业法律顾问制度存在的问题及完善 [J]. 法治与经济，2010，2（231）：61—64.

事务机构的性质、地位、职责、权限与作用等做出了初步的规范，被认为是新中国成立以来第一次以规范性文件将企业法律顾问工作纳入企业管理序列。[①] 在该文件的带动下，行业性部委纷纷出台规定以推进和指导相应行业的国企建立并完善企业法律顾问制度，如《机电工业企业法律顾问工作规定》《交通企业法律顾问工作管理办法》《化工企业法律顾问工作规定》等。现在交通建设行业、机电工程行业、化工工程行业以及后面谈及的建筑工程行业的企业法务工作走在前列，与当年这些行业性部委的强力推动不无关系。然而非常遗憾的是，在1998年的国家部委机构大改革中，10个行业性部委改成国家局并入了国家经贸委，5年之后，这些国家局也被撤销。

这里特别值得一提的是建设部。1996年，建设部颁布了《关于在建设系统加强企业法律顾问工作的意见》，该意见第一次将法律顾问工作上升到了"现代企业制度和社会主义市场经济体制"的高度，并率先正式提出了"总法律顾问"概念，针对不同企业类型明确了其地位及选任方式。因铁道部、交通部、建设部一直存在，所以，整个工程建设领域的国企法务工作水平整体上都领先一大步。

1997年3月12日，人事部、国家经贸委、司法部三部门联合颁布了《企业法律顾问执业资格制度暂行规定》和《企业法律顾问执业资格考试实施办法》，结束了各部委"各自为战"的局面，而且企业法律顾问被国家人事部门纳入第11个全国专业技术人员执业资格，这是国家对企业法律顾问作为一个职业的正式认可。而司法行政部门的支持让企业法律顾问初步成为法律职业共同体的一员，而且确立了企业法律顾问制度与社会律师制度并行的体系。该规定将企业法律顾问执业资格制度从国有企业普及到所有经济性质的企业，从部门统考发证发展到全国统考发证，将企业法律顾问制度推向了一个新阶段。企业法律顾问的执业资格考试，含综合法律知识、经济与民商法律知识、企业管理知识和企业法律顾问实务4门课程，体现了其职业复合型、重基础、重实务的特点。1998年，我国首次举行了该考试。

1997年5月，原国家经贸委颁布了《企业法律顾问管理办法》，其虽只有短

---

① 李明祥. 从"以法护厂"到"依法治厂"——学习国家体改委《关于加强企业法律顾问工作意见》体会[J]. 法学评论，1990（4）：71—73.

短的18条，却是企业法律顾问制度在恢复阶段的集大成者，也标志着我国企业法律顾问制度有了一部全国统一的综合性法律文件，企业法务迎来了一个"小春天"。该办法硬性规定"国有独资和国有资产占控股地位的大型企业"应当设置法律事务机构，"中型企业"应当配备企业法律顾问。与之相配套，国家经贸委办公厅于1999年颁布了《企业法律顾问注册管理办法》等法律文件，推行经贸委属地注册制度。随后，国家人事部、经贸委和司法部又陆续对其执业资格制度和资格考试制度做了一些调整、完善和补充规定。

有人将该阶段形象地称为"救火队阶段"，毕竟，为了恢复企业法律顾问制度，百废待兴，千头万绪，不可能一步到位，能把企业法律顾问地位、权限、职责、任职要求、考试、执业资格、注册等基本制度初步建立起来，把机构和人员配备好，把传统的法务工作尤其是合同评审与重大诉讼、仲裁处理工作做好，已属不易。

3. 第三阶段：发展阶段

此阶段从2002年7月到2013年。该阶段的大背景，一是中国加入WTO，国有企业面临激烈的国际竞争和国际规则的挑战；二是2011年左右，中国特色社会主义法律体系初步建成，有法可依成为现实。

应该说，《企业法律顾问管理办法》不区分企业所有制类型，国有企业、民营企业和外资企业都平等适用是合理的制度安排，然而随着国家经贸委因机构改革被撤销，其企业法律顾问的综合管理职能却未被任何一个部委接受，最后，是新设立的国务院国资委承担了这项工作的主要部分。然而国资委管理国有企业的法律顾问名正言顺，而管理其他所有制类型企业法律顾问则"师出无名"。尽管如此，国资委系统对国企法律顾问建设排兵布阵，强势推动，成效突出，尤其是如下三项工作让已经恢复的企业法律顾问制度得到了迅速的发展。

第一项工作，是推动总法律顾问制度的建设和实施。

在国务院国资委即将成立之前，国家经贸委联合中共中央组织部、中共中央企业工作委员会、中共中央金融工作委员会、人事部、国务院法制办公室等七部委于2002年7月下发了权威的《关于在国家重点企业开展企业总法律顾问制度试点工作的指导意见》。该指导意见要求在国家重点企业全面推行企业总法律顾问制度，明确总法律顾问为企业的"高级管理人员"，容许其逐步进入决策层，为企业"科学依法决策"奠定了制度基础。虽然该文件仅是强制力较弱的"指导意见"，但中组部、人事部和国务院法制办的加入无疑极大提高了其权威性，使其很快成为总法律顾问制度的纲领性文件。该指导意见明确了总法律顾问制度是整个企业法律顾问制度的核心，是建立现代企业制度的内在要求，是提高企业国际竞争力的迫切需要，此定位准确而影响深远。随后，国家经贸委被撤销，国务院国资委取代它成了该指导意见和试点工作的实际执行者。2004年5月，国务院国资委总结两年多的总法律顾问试点经验，又发布了《关于在国有重点企业加快推进企业总法律顾问制度建设的通知》。

2007年，国务院国资委发布了《关于进一步加快中央企业以总法律顾问制度为核心的企业法律顾问制度建设有关事项的通知》，并扩大范围，要求在全国159家中央企业推行总法律顾问制度。

第二项工作，是推动法律手段加强国有资产监管。

这个阶段，加强国有资产监管、防止国有资产流失在国家层面被重点强调和反复提及，国有资产监管在之前更强调财务手段和资产视角。2003年5月出台的行政法规《企业国有资产监督管理暂行条例》第三十六条中，将企业法律顾问制度与财务、审计和职工代表大会制度并列为国有企业加强"内部监督"和"风险控制"的重要制度之一。企业法律顾问制度成为建立国有资产出资人制度，维护出资人和所出资企业合法权益，以及加强国有资产监督管理、维护国有资产安全的一项重要制度。随后，各省陆续依据此条例以及后来的《中华人民共和国国有资产法》（以下简称《国有资产法》）制定了专门的地方国有资产监管办法，其中都会单列一条对落实企业法律顾问制度提出硬性要求。尽管2009年5月生效的《国有资产法》未明确要求建立企业法律顾问制度，但其第十七条第二款规定"国家出资企业应当依法建立和完善法人治理结构，建立、健全内部监督管理和风险控制制度"，立法本意几乎与《企业国有资产监督管理暂行条例》第三十六条如出一辙。

2005年4月，国务院《关于2005年深化经济体制改革的意见》在论述"深化国有企业和国有资产管理体制改革"这一章节中，专列一节谈及"完善国有资产监督管理体系"，其明确提出"积极推进企业法律顾问制度建设，建立、健全国有企业法律风险防范机制"[①]。

将国有资产监管纳入企业法务工作，在相当程度上提升了企业法律顾问在内部监督体系中的话语权，也体现了法务工作在国企和其他所有制企业之间的区别，在一定程度上也促进了国企法务工作从咨询服务型向管理监管型的转变。

第三项工作，是发布《国有企业法律顾问管理办法》。

国务院国资委于2004年6月颁布实施了《国有企业法律顾问管理办法》。该办法多达三十九条，远远超出了《企业法律顾问管理办法》的十八条，内容全面，规范具体，成为专门针对国企法律顾问的综合性管理规定和推动国企法务工作的纲领性文件。该办法的配套制度随后陆续出台，地方国资委纷纷出台实施细则、实施方案或指导意见，并在此基础上进行了深入探索和创新。国务院国资委于2008年出台了《国企法律顾问职业岗位等级资格评审管理暂行办法》，将企业法律顾问专业技术职务评定纳入了企业专业技术职务评定系统，设立独立的职位岗位等级序列，不再沿用以前的由企业根据实际需要聘任为经济师的做法，明确企业一级、二级和三级法律顾问职业岗位资格分别相当于正高级、副高级和中级专业技术职务任职资格。2009年，国资委又发布了《关于贯彻实施〈国企法律顾问职业岗位等级资格评审管理暂行办法〉有关事项的通知》，对评审委员会、备案、等级证书、待遇等具体事项和程序进行了具体、明确的规定。

除了前述"三大工作"，国务院国资委还连续发起了"三大战役"，即中央企业法制工作三个三年目标，从建立组织配备人员，到发挥作用，再到完善、提高，强力推动法律风险防控机制、总法律顾问制度、三大法律审核事项等工作。

国务院国资委也加强了与全球企业法律顾问协会（Association of Corporate Counsel，简称ACC，官方网站：www.acc.com）的合作。2005年3月，参照企业法律风险管理国际最佳模式，结合中国社会主义市场经济特点，ACC及其中国事务委员会和顾问委员会联合向国资委提交了一份《国有企业建立现代企业法律治理制度指南》。该指南已成为指导国企完善企业法律治理架构的规范性文件。

此阶段企业法律顾问制度的快速发展，不仅有国资委的功劳，也有司法部推

---

① 《国务院关于2005年深化经济体制改革的意见》（国发〔2005〕9号）全文载于中国政府网政府信息公开专栏，详见：http://www.gov.cn/zhengce/content/2008-03/28/content_1376.htm。

动公司律师制度、证监会加强上市公司监管与风控建设以及国家标准委在企业法律风险管理方面探索性工作的贡献。

在实施门槛相对较低的企业法律顾问资格制度的同时，企业也从社会律师中选拔企业法律顾问。然而因为社会律师是律所的雇员，而企业法律顾问是企业的雇员，一个社会律师要到企业做法律顾问，就必须辞去律所的工作，也就意味着不再具有律师身份，不再享有律师权利以及相关职业待遇。借鉴欧美律师从事企业法务工作的经验，中国在加入WTO一年后，司法部于2002年11月发布了《关于开展公司律师试点工作的意见》，公司律师作为企业法律顾问的一种新类型进入大众视野。公司律师首先要取得高门槛的社会律师执业资格或法律职业资格，然后再被聘用到企业成为企业内部专职从事法律工作的职员，由司法行政部门审核和授予"公司律师"资格，享有一些律师的特殊权力，可以和社会律师一样加入律师协会，共同受司法行政机关的业务指导和监督。公司律师制度较好地兼顾了企业法律顾问和律师的双重身份，但是目前该制度依然处于"试点"状态。如果不是试点企业，其法律顾问即使有法律职业资格，也依然不能申请以公司律师身份从事企业法务工作。

2008年5月22日，财政部、审计署、证监会、银监会、保监会五部联合发布《企业内部控制基本规范》，其第十九条规定："企业应当加强法制教育，增强董事、监事、经理及其他高级管理人员和员工的法制观念，严格依法决策、依法办事、依法监督，建立、健全法律顾问制度和重大法律纠纷案件备案制度。"此条为修改草案过程中专门增加的条文，企业法制建设和法律顾问制度遂成为企业内部控制的基本要求。上市公司涉及范围广，社会影响和示范效应明显。出台该规范的五部委均非企业法务主管部门，但能欣然修改草案增加专条，可见企业法务的社会功能已获得了较为普遍的共识。

这期间还发布了两部重要的标准规范，即《企业法律风险管理指南》（GBT 27914—2011）和《企业知识产权管理规范》（GBT 29490—2013）。前者标志着我国企业法律风险管理将步入标准化建设阶段，该指南中提出了"法律风险管理八大基本原则"，尤其是以企业战略目标为导向的原则、融入企业经营管理过程的原则和纳入决策过程的原则，其理念与国际接轨，为国企现代化法律风险管控机制的建立和完善指明了基本方向。后者是我国首部关于企业知识产权管理的国家标准，为法律风险的高发领域——知识产权战略的发展保驾护航。由于这些标准规范效力层级较低、强制力不够，很多企业并未真正实施，但是，以国家标准规范的方式为企业法务工作提供了指引和规范，其本身也体现了政府对企业法务工作的重视和创新。

有人将该阶段形象地称为"防火队阶段"，尤其是总法律顾问制度的建设，让国企法律顾问有机会参与公司重要会议，影响企业战略和决策，从而为从源头上进行法律风险防控和创造价值打下了基础。

4. 第四阶段：升华阶段

前三个阶段让国企法律顾问的人员、机构、机制和工作制度基本就位，其"形"已经具备，功能初步体现，但这远远不够，接下来要实现内在质量和功能的全面提升，即打造国企法律顾问制度的"魂"，尤其要在风险控制、战略制定、企业决策和公司治理等方面发挥作用，让法务工作成为企业管理的战略性工程，核心依然要回到"法治"的真谛上来，即通过法律的权威来实现对权力的制约（如公司治理、企业决策、合规管理与廉政建设等）和对权利的保护（如合同管理、仲裁诉讼、知识产权管理与参与重大经营活动等）。发展阶段耗时不下10年，而这个升华阶段是质变，既需要量的积累，也需要大刀阔斧的改革创新，所以至少要15年。

十八届三中全会吹响了法治改革的号角，《中共中央关于全面深化改革若干重大问题的决定》明确要求"普遍建立法律顾问制度"。该决定以中国执政党的政策性规范文件的形式确立了法律顾问制度的重要地位，具有十分重大的政治意义。法律顾问制度能写入该决定，意味着党中央已将其置于"推进法治中国建设"的战略高度来对待。

十八届四中全会更是我党历史上第一次以依法治国为主题的中央全会，其通过的《中共中央关于全面推进依法治国若干重大问题的决定》不仅基于依法治国的总方略对立法、执法、司法、守法和普法等做了战略性部署，而且明确提出：社会主义市场经济本质上是"法治经济"，要让市场在资源配置中起决定性作用和更好地发挥政府作用，必须以保护产权、维护契约、统一市场、平等交换、公平竞争、有效监管为基本导向，完善社会主义市场经济法律制度。这意味着国企特权逐步消除，不同类型的所有制企业将在同一套法律规则与商业规则的规范中运行、竞争并接受监督。其中，针对企业法律工作特别提出了要明确公司律师法律地位及权利义务，要理顺公司律师管理机制，要设立公司律师参与决策论证。可以预见，公司律师将逐步取代持有原"企业法律顾问执业证书"人员而成为企业法律顾问的主力军，而公司律师的高门槛（通过了难度极大的全国统一司法考试且具有社会律师工作经验）也意味着法律工作的作用、地位和质量都将会有较大提升。

在十八届三中全会制定的全面深化改革战略和十八届四中全会的全面推进依法治国战略这两张"战略蓝图"之下，国有企业的市场化、国际化和规范化水平将越来越高，这将在一定程度上倒逼国企法律顾问制度的改革深入推进，在理论和实务上重点解决如下核心问题：

（1）树立法律的权威，国企依法办事成为企业的信仰和自觉行动；

（2）法治理念与法治思维如何深入国企经营管理，尤其是企业决策和公司治理；

（3）国企总法律顾问制度如何持续完善并切实发挥作用，尤其是决策影响力；

（4）法治文化与法务管理能力如何成为企业竞争实力；

（5）如何切实提高国企干部的法律思维与法治意识。

"形势比人强"，未来15年，国企法律顾问制度的改革与发展任重道远，机遇与挑战并存。

回顾国企法律顾问制度的发展历程，我们可以明显地看出两个特色：国资委统筹协调并强力推动；中央带动地方，即中央企业先行，地方国企跟进。但从长远来看，国资委只能起到监管、引导、协调作用，提高国企的法务管理水平要靠国家顶层设计，更要国企主动出击和改革创新。

第二节　央企依法治企工作走在前列

在国企方阵中，中央企业无疑是排头兵，在历史基因、规模效应以及国际化专业化水平方面，央企都具有得天独厚的优势。国务院国资委强势推动法律工作，尤其是三个三年规划的实施和正在进行的五年规划，成效比较明显。发展到今天，至少在理论上，现在各级央企领导干部对于法律和合规都是比较尊重和敬畏的，"守法诚信是第一生命，违法经营是最大风险""依法治企"已经成为央企开展法律工作和经营管理工作的必提原则，法律部门在一定程度上也充当了"减速器"或"刹车片"的作用，法律管理工作逐步深入和渗透到企业管理的方方面面，法律管理工作成为企业管理中的重要一环。

"十年铸一剑"，中央企业历经不间断的探索和实践，在依法治企以及法务管理工作的机制和制度上初步实现了"五大转变"。

一是在组织制度上，初步实现了从专职法律人员配备，到独立法律管理机构设置，再到企业总法律顾问制度建设的三步转变；尤其是总法律顾问制度实现了从53家中央大型企业率先建立，推广到全部中央企业，再延伸到中央企业重要子企业全部建立的三步转变。总法律顾问在企业经营管理和重大决策中的重要作用日益显现，总法律顾问作为企业的高级管理人员，正在形成与总经济师、总工程师和总经理助理比较接近的管理权威。

二是在工作机制上，初步实现了从事后补救为主，逐渐转变为以事前防范与事中控制为主，再到开始实现与企业经营管理、制度流程以及企业决策深度融合的三步转变。在通过仲裁、诉讼、谈判、调解等途径集中精力解决了一批重大历史遗留法律问题后，不少中央企业开始重视企业法律顾问制度建设和工作机制建设，尤其是编制和实施详细的企业法律风险防控体系，对企业重大法律风险进行全面的预测、评估、分析、预防、控制和落实到具体部门、具体岗位和具体业务，使之成为指导企业法律风险防控的纲领性文件。企业法律风险控制工作也不再限于法律部门本身，逐步形成了财务、审计、纪检、内控、人事、合规等相关部门密切配合以及职能管理部门、市场开发部门和技术部门加入的法律风险防控的全员、全过程机制。同时，中央企业大多数都建立了合同管理、案件管理、知识产权管理、授权管理、外聘律所管理、尽职调查、重大决策法律审核与法律论证等工作制度与流程，明确了国企法律顾问的权限和职责，畅通了国企法律顾问参与企业经营管理和决策的渠道与机制。

三是在业务领域，初步实现了从传统的打官司、审合同、充当"救火队员"，到规章制度、经济合同、重大决策三项重点法律审核，再到全面同步参与企业改制上市、并购重组、国际化业务、知识产权管理、投融资等重大经营活动的三步转变。国企法律管理与企业管理深度融合，法律业务与公司业务深度融合，不断拓展着法务工作的广度和深度。部分央企法律顾问在参与公司治理、战略制定、增强企业竞争力和创造独立价值方面也开始发挥作用。

四是在队伍建设方面，数量上，从国务院国资委组建之初的7000余人，到2014年超过20000人（持证上岗率超过80%），法律专业队伍10年翻了将近两番；质量上，实现了从"万金油"式向专业化和高学历化的转变。现在央企法律队伍人才济济，传统的合同评审领域人才辈出，同时又与企业主营业务特点相适应，在实践中涌现出一大批法律专家，成为合同谈判、国际经贸与合作、知识产权保护、上市监管、国际商事仲裁或合规管理等方面的行家里手。这支央企法律队伍综合素质高，业务能力强，忠诚于国家，耐得住寂寞，对得起"法律国家队"这个称号。

五是在功能作用上，初步实现了从单一的企业维权和法律风险防控，到同步为企业经营业务提供法律保障和支持，再到探索独立价值创造的三步转变。在发挥法律工作的作用方面，企业法律顾问要注意在当好"消防员"的同时，成为"设计师"和"监理师"：首先要做"设计师"，开始就参与；在过程中要管理和监控，做"监理师"；没控制住风险，再做"救火队员"。企业法律管理创造自身价值，不仅包括通过维权和应诉减少企业损失或获得经济补偿；也包括按照合同约定主动发起索赔，创设合理的交易模式（最典型的如税务筹划），提出可行的法律解决方案，通过合理利用知识产权等途径直接创造高额经济价值与社会效益，实现国有资产保值、增值；更在于为企业贡献一种文化和理念，深刻地影响企业的公司治理和可持续发展，如诚信、合规、公平、守法、规范、廉政、程序、权力制衡、契约意识和法治思维等。

这"五大转变"成绩可喜，但是各中央企业依法治企水平的不平衡以及法务工作转型的不彻底决定了企业法务工作依然任重道远，尤其是每个转变的最后一步，在大多数企业依然只是停留在理念和初步建设的道路上。我们不能否认，中央企业作为国有企业的"领头雁"，在依法治企方面取得了不少成绩。不过，一旦对标国际大企业，我们在提升依法治企能力、树立法律权威、强化权力制衡、依法合规决策、运用法律武器、加强境外法律风险防控、探索有中国特色的国企法律工作体系和企业法律顾问履职保障机制等很多方面，仍然面临巨大挑战。

尽管如此，我们还是需要简单分析一下中央企业的依法治企工作为什么走在了前头。笔者认为，以下几个客观原因不可忽视。

一是地位使然。央企在中国政治、经济、生活和国际竞争中的重要地位和示范作用决定了其在企业管理的各个方面必须走在前头，法务管理也不例外。国家在这方面无疑也提供了很多法律、政策和试点方面的支持。另外，部分央企在国内拥有市场垄断地位，市场竞争压力小，能集中精力做一些规范化、法制化建设与管理。利润效益最大化也并不是大多数央企的核心目标，所以其在规范经营、依法合规方面相对而言更是慎重以待。

二是政府推动。原国家体改委、原国家经贸委和国务院国资委强力推动、协调和引导，又持续出台了相关规章和政策加以规范和扶持，并设立了各种考核硬指标。这些数据指标尽管带有一定的功利性和政绩色彩，但客观上促进了国企法律顾问从无到有、从弱到强，循序渐进地推进了法律顾问制度建设，虽说原国家经贸委被撤销后，外企和民营企业的法律顾问就面临没有"婆家"的尴尬。

三是日积月累。历史悠久，法律管理基础较好，尤其是国际交流频繁（如技术进出口企业和国际贸易企业）和市场竞争相对充分（如工程承包企业）行业的中央企业，法律管理走在最前头，而且主动向国外同行学习借鉴先进的法律管理工具、手段和机制，加上时间和经验的积累，国企具有先天优势。

四是责任重大。中国的市场机制尚不充分，央企利润压力相对较小，经营行为讲求稳重而非冒进，加上国有资产保值、增值和防止国有资产流失的责任重大，需要法务管理进行规范和管控（当然，也包括财务手段），企业也能够腾出一定的精力来加强法律工作，做好风险防控与国有资产监管。相对而言，民营企业在这方面的内在驱动力有些不足。

目前，一个国有企业是否拥有专门的法律事务管理机构、是否建立了总法律顾问制度往往被视为企业经营管理是否规范、守法的基本标志之一。

整体而言，当前中央企业的法律工作主要还停留在法律事务的处理上，尚未上升到企业发展战略或企业管理的核心层面，距离法律管理和经营管理有机融合的目标也有一定的距离，企业法律顾问对企业决策的参与深度不够且影响力有限，更未在理念、文化和思维上形成一种深刻影响企业发展的内在力量。所以，

"知耻后勇，任重道远"才是央企法律顾问应该有的正确心态。

第三节 企业法律顾问制度亟待完善

企业法律顾问制度在中国还算个新生事物，笔者结合自己10多年的国企法务从业和管理经验，不妨先从整体上谈谈其不足。

1. 国企法律顾问的社会地位不高

从立法层面来看，首先，目前还没有一部专门规范企业法律顾问权利和义务的全国性法律，甚至连行政法规也没有。其次，具体制度虽不少，却要么是法律效力较低的部门规章或规范性文件，要么是强制力不够的指导意见或实施方案。再则，即使偶尔有个别法律或行政法规涉及企业法律顾问，如《全民所有制工业企业厂长工作条例》，也是点到即止，一笔带过。最后，在关于法律职业共同体的相关立法中，企业法律顾问几乎完全被忽略，就连公司律师也未能写入2007年新修订的《律师法》。立法的缺位、低层次、散乱、强制力弱严重限制了企业法律顾问的社会地位，导致其"名不正言不顺"。

从实务层面来看，时下，对企业法律顾问的地位和作用依然存在比较严重的分歧，社会上的"花瓶论""雨伞论""降低效率论""社会律师更会念经论"都具有一定的代表性。[1]企业法律顾问在企业经营管理中得不到尊重和重视，最明显的表现就是："顾问顾问，业务部门想起来了就问一问，没想起来就不问。"企业以市场营销和盈利为核心，法律部门被认为是风险和成本部门而不被理解和重视，投入不足。

从法律职业角度来看，企业法律顾问未能正式纳入国家司法体系和法律职业共同体，不能向社会律师、公职律师、法官、检察官、法律学者等其他法律职业进行无缝转接，其执业经历无法为其他法律职业所认可，甚至不少在校法律专业的大学生不知企业法律顾问为何。已被取消的企业法律顾问资格考试在社会上的知名度和受追捧程度远远比不上国家统一司法考试。近年来的法官、检察官选调在确立考查对象时，数量庞大的企业法律顾问包括公司律师几乎被排除在外。这

---

[1] 周鸿华. 法律顾问制度的发展方向[J]. 中国有色金属，2008（9）：58—59.

都极大地打击了企业法律顾问的职业荣誉感和归属感。

因此，制定一部行政法规如《企业法律顾问条例》或全国性法律《中华人民共和国企业法律顾问法》已迫在眉睫，只有通过权威的、具有高效力级别的全国性立法才能实现现行企业法律顾问制度向公司律师制度的转型，从而将企业法律顾问纳入国家统一法律职业资格范畴，使其真正成为国家司法体系中的一员。

2. 待遇偏低，又尚未建立完善的晋升机制

现在，企业法律顾问不仅要负责社会律师所做的专业性很强的法律服务工作，还要从事相关的管理和监督工作。但是，企业法律顾问常被视为普通管理岗位和成本中心，领着相对单一而稳定的基本工资，没有专门的岗位津贴，也缺乏合理的考核激励机制，不像其他业务人员或技术人员有更多的晋升、轮岗、调岗、调薪和交流的机会。特别是在与社会律师合作的过程中，做着类似工作的社会律师动辄每小时上千元的法律服务费会让企业法律顾问心理失衡。"同样的事，为什么我做就是一个月才几千元，而外聘律所做却是一个小时几千元？为什么不让我们自己做，把这部分钱直接给我们？"这是很多企业法律顾问的疑惑。不仅如此，案件交给社会律师来代理，企业会愿意考虑花费重金（即使败诉），甚至会考虑按比例提成；但如果交给企业法律顾问，不但分文不给，而且会要求"必须赢"，即赢了是理所当然、职责所在，输了则是能力不够。

许多国企存在官本位思想、僵化的薪酬体系等弊病，加上职等、职级的有限性，导致很多国企的法律顾问干上几年就很容易见到职业上的"天花板"，只要没有空缺位置，升职、加薪几乎就没有希望。在大多数国企法律部门，如果行政通道上做不到部门领导，轮岗又不太可能，这基本上就意味着一生只有2~3次晋升加薪机会，其薪酬收入与工作量、工作绩效、工作水平和能力、参与项目运营和企业管理的深度和难度等都没有太多关系，再加上缺乏独立而权威的职称评价晋升体系，因此技术通道的职业晋升与激励制度也不畅通。

3. 主管部门不明，多头管理，严重影响了企业法律顾问制度的整体发展

从企业法律顾问制度的演变历史很容易发现，企业法律顾问在政府管理方面处于严重的"多头管理"和"无人管理"状态。

说"多头管理",是指在相当长一段时间内,企业法律顾问执业资格考试的拟定和命题工作由国家经贸委会同司法部负责组织实施;其资格证书由国家人事部统一印制,人事部、国家经贸委、司法部共同加盖印章;经贸委系统负责执业证书的颁发、注册、年检和人员继续教育等。国家经贸委撤销后,上述职责又做了不少调整,包括注册和继续教育事宜,改为地方国资委、司法局或经信委主管的法律顾问协会负责。现行的资格证书由人力资源和社会保障部、国务院国资委和司法部三个国家部委加盖印章,但作为一个法律职业,司法部对企业法律顾问的管理和指导则显得不足。

说"无人管理",最典型的则是,2003年政府机构改革,原国家经贸委被撤销,吸收其主要职能的商务部并不具有管理企业法律顾问的职能,而新设立的国务院国资委只管理国有企业的企业法律顾问,剩下的庞大的非国有企业的法律顾问则无明确主管机构。实践也证明,作为国务院直属机构的国资委一家实际上难以独立担当不同所有制企业法律顾问的建设大任,其推行的制度难以得到国家人事、司法行政和财政部门的认可与配合。

这种比较混乱的管理现状使得30年过去了,企业法律顾问制度也一直无法形成一套统一、完备而高效的法律与制度体系。

企业法律顾问究竟应如何管理呢?笔者认为还是要回归其法律人的属性,应将其统一纳入司法行政机关管理,尤其是公司律师成为企业法律顾问的主要形式后更应该如此,而且规定以后只有通过司法考试或获得律师资格后才有资格以公司律师身份担任企业法律顾问。同时,修改《律师法》,按照国际通行做法,将公司律师纳入其适用范围,尽快建立公司律师和社会律师并行的职业体系,统一由司法部律师公证工作指导司负责政府监管和指导。

4. 没有全国性的法律顾问自律协会或工作会议

行业协会是市场经济发展和社会分工在市场领域细化的必然产物。在法律职业里面,社会律师、法官、检察官、公证员等都有全国性的行业自律组织,而全国性的企业法律顾问或国企法律顾问协会却一直都未曾建立。目前,不少省份已成立了省一级的法律顾问协会或企业法律工作者协会,有的则成立了专门的国企法律顾问协会(如黑龙江省、山西省、广东省和重庆市等),而中国钢铁工业协会也专门设立了企业法律事务分会。1994年10月,原国家经贸委在北京召开企业法律顾问国际研讨会,决定筹建全国企业法律顾问协会,但最终还是没有成立。

是否已成立完善的行业协会是该行业是否成熟的标志之一。作为行业自律组织,行业协会具有非常重要的职能。比如,国外的企业法律顾问协会除了管理会员之外,一是开展各种学术与实务活动,组织开发法务应用工具,为会员提供协助和职业培训等,从整体上提高企业法律顾问职业水平;二是进行行业战略规划,扩大企业法律顾问的社会影响力和社会地位。协会本质上为非官方的行业自律组织,但我们不少的法律顾问协会挂靠在国资委、司法厅等政府部门,工作人员是在职或退休的公务员,协会工作限于考试辅导、证书注册等,服务性功能和战略规划功能缺失。总部设在华盛顿的全球企业法律顾问协会是一家具有广泛影响力的全球企业法律顾问自律性组织,其会员单位主要是《财富》世界500强公司和伦敦《金融时报》500强公司,个人会员均是企业法律顾问,社会律师不能加入。截至2014年4月,该协会现有30000多名会员,来自全球70个国家的10000多家企业或机构。目前,ACC与国务院国资委已建立合作关系,共同探讨在中国推动建立一个全国性的企业法律顾问协会。

1984年,司法部举行过全国性的企业法律顾问培训工作会议;1985年和1986年,司法部、原国家经贸委两次联合召开企业法律顾问经验交流会;1991年,原国家经贸委召开了全国性的企事业法律顾问工作会议;国务院国资委举办过国有企业法律风险防控国际论坛。[①] 由于政府管理的不统一以及全国性自律组织的缺失,全国性的企业法律顾问工作会议未能成为常态,这些年几乎消失了。近年来,始创于2011年的民间组织平台"中国公司法务年会暨中国公司法务三十人论坛"影响力日盛,成为法律学者、法务总监与总法律顾问、高级政府官员、律师和仲裁机构共同探讨企业法务管理的高端、专业、关注热点的对话和合作平台,但参与者有限。

全国性的自律协会"难产"以及全国性工作会议缺失的主因,一是缺乏顶层

[①] 赵怍忧. 企业法律顾问制度要加速发展——首届全国企业法律顾问工作研讨会十周年有感 [EB/OL]. (2015-03-24). http://article.chinalawinfo.com/ArticleFullText.aspx?ArticleId=80048, 2015-03-24.

设计，管理混乱；二是与企业法律顾问的正式法律身份一直缺位有关，甚至其迟迟未列入全国职业分类大典。

5. 亟须改变法律顾问制度仅在国有企业单兵突进的局面

国务院国资委设立后，改变了原国家经贸委不区分所有制形式全面建设企业法律顾问制度的模式，变成了国企单兵突进而国家司法行政部门介入过少的局面。这种管理体制衍生出三大问题。

一是非国企没人管，难以在国有企业和非国有企业建立正常的职业认可、人才流动与交流培训机制，比如国企法律顾问职业岗位等级资格在民企和外企几乎不被承认。

二是难以获得国家人事、财政和司法行政等部委的配套政策和支持，比如，专业技术资格的在职与退休待遇、国家承认的职称序列、与社会律师的职业转换等都面临法律和政策困境。

三是淡化了企业法律顾问的法律人身份和职业荣誉感。

即使在国有企业内部，囿于体制和历史的原因，国资委的"权威"也是有限的。从中央层面来看，一是因为很多中央企业本身就是从国家部委改制而来，行政级别高，市场意识弱，对国资委并非"言听计从"；二是因为监管企业有限，中央管理的40多家国有金融企业、中央部委和中央党群机关直属的大量中央企业（据说总数在6300家左右）、转企改制后的109家中央文化团体，以及像中国铁路总公司、中国邮政集团公司、中国烟草总公司这类由财政部直接履行出资人代表职责或国有资产监管职责的中央企业及其子企业等，都不在国务院国资委的监管之列。从地方层面来看，不少地方国有企业也由于历史和行业等原因而未纳入地方国资委的监管范围。

由上述几大艰困现状可以看出，我国企业法律顾问制度的确尚处于起步阶段，并游离于社会主流法律职业之外。对于这种局面，企业法律人还是要辩证和乐观地看待，因为存在的不足越多，说明我们提升的空间越大，创新和改革的机会就越多。

第二章　国企法律顾问职责

国企法律顾问要做什么？在整个企业的运行管理中充当什么角色？笔者认为，服从和服务于企业改革与发展大局的企业法务是企业管理的重要组成部分，企业法律顾问的职能至少应当兼顾管理、监督（合规）和服务三个层次。

第一节　国企法律顾问的职能与工作

作为企业法律顾问制度起源地的美国，其企业法律顾问主要有以下四大职能。

（1）预防职能。美国企业家都认识到，要减少或避免法律风险，最佳的途径就是加强"事前的预防"，减少耗时、耗力的事后仲裁或诉讼。企业法律顾问工作的重心就在于采取一切手段帮助企业预防和避免发生法律上的困境。比如最常见的，通过制订详细而冗长的标准合同或参与各个阶段的合同谈判，争取最有利的合同模式和合同条件，从而确保合同进入执行阶段后风险最低。在与美国律师谈判时，我们常会发现，他们的法律团队人数众多且经验丰富，在合同谈判中据理力争，常为了一个词或一句话而反复琢磨、不断修改，因为在他们眼里，任何糟糕情况都可能发生，既然想到了，就要想尽办法在合同签署前就找到规避途径或解决办法。

（2）诉讼职能。如果说预防职能中谈及的风险只是可能或潜在的，那么诉讼职能中要解决的则是已外化为损失的风险。这里说的"诉讼"，不仅包括法院诉讼，还包括商事仲裁、劳动仲裁、专家裁判、诉前和解、协商谈判等替代性纠纷解决方式（ADR）。美国企业法律顾问在加入企业前基本都做过多年的律师或法官工作，具有丰富的诉讼经验、谈判技巧和法律技能。不仅如此，他们还都非常注重诉后评估，以此来完善公司管理体系、规章制度和流程，甚至通过公关机构游说政府或立法机构，修改相关法律。

（3）治理与决策职能。崇尚市场经济原则的美国政府并不直接干预企业行为，但企业一旦违法，动辄被处以10亿甚至几十亿美元的案例屡见不鲜。这种法律干预使公司若不遵守国家法律和政府管理就寸步难行，而要避免这种巨额违法成本，最根源的是要确保企业决策的合法、合规性。美国企业高层管理者很重视法律部门的意见，总法律顾问的地位很高，权力很大，统管企业法律事务和内部监管，自身就是企业决策的核心成员，具有很高的管理权限。同时，这种决策权限也是与美国现代化的公司治理机制相适应的。总法律顾问作为企业至少排名前三位的核心管理层，本身也是一种重要的制衡与监督力量。总法律顾问丰富的法律管理与企业管理经验，非凡的人生阅历，法律人特有的客观理性与缜密思维，对企业经营管理风险的超级敏锐性，以及解决复杂疑难问题的高超组织、协调能力，促进了整个企业完善公司治理结构并形成独特的企业法律文化。

（4）培训职能。这里的培训可不仅仅是简单地给企业管理层或职员上上普法课。美国企业法律顾问的培训职能系统而广泛。他们通过短期或定期培训的办法，介绍和报告当前的立法、法案、司法判例、附属企业正在面临的法律纠纷和其他法律问题，让公司经营管理者及时掌握这些情况，适应法律环境的变化，在市场竞争中立于不败之地。同时，他们还要努力创建一种法治与合规文化，让管理层和普通员工都既敬畏法律，又利用法律保证公司的政策、规划、对外言行和项目实施均与法律要求相一致并能从法律规定中获利。

若从具体业务来看，美国企业法律顾问几乎参与了企业运营的各个层面，按专业领域分为合同法律顾问、专利商标法律顾问、广告法律顾问、生产质量安全环保法律顾问、税收法律顾问、涉外法律顾问、人力资源法律顾问、反垄断与反倾销法律顾问、诉讼法律顾问等，涉及人事、财务、生产、市场、公关等众多领域。

在我国现行历史条件和政治经济环境下，国企法律顾问在企业中应有的作用和职能又如何呢？笔者认为，其至少有如下几个身份：

（1）作为企业领导层和决策层的法律参谋和助手，此为"幕僚长"；

（2）总法律顾问能直接参与企业决策和战略制定，此为"规划师"；

（3）对整个企业充当法律监管者和合规执行人，此为"监察御史"；

（4）为管理部门和项目部提供法律咨询和服务，此为"专业负责人"；

(5) 统筹、协调、组织开展公司法律事务工作，此为"管理者"。

对于企业法律顾问的具体职能，即"法务"（Legal Affairs）到底指的是什么，笔者结合法律、法规和具体实践，总结为如下几个方面。

1. 发挥决策参与职能，从源头保证决策的合法性和可行性

决策事关重大，影响着企业发展与生存的大方向。以前，企业决策更侧重于经济尤其是财务因素，追求经济效益至上，忽略合法性、合规性和法律可行性因素。国企法律顾问参与企业决策机制，是从源头上确保决策过程和内容的合法性与可行性的重要保障，也是国资委探索提高国企法律顾问地位、发挥国企法律顾问作用、保证企业依法决策的重要路径之一。

国企法律顾问介入企业决策，主要通过如下四种途径。

第一，对公司重大经营决策提出法律意见，对重大项目进行法律分析论证。这一般具有一定的滞后性和选择性，即企业决策层会在决策会议后把自认为涉法性比较突出或法律风险比较大的决策事项交由企业法律顾问进行分析和论证；否则，企业法律顾问可能完全不知道有何决策，更不要说该如何决策了。这种"领导指令"式的参与决策方式也让企业法律顾问无法了解与决策相关的完整背景和情况，论证目标往往也是"先入为主"，即想方设法论证其是合法、合规且可行的。

第二，直接列席或参与公司董事会、党委会或总经理办公会等决策机构的决策会议，对董事会会议议题涉及的法律问题进行分析论证。列席和参与的最大区别在于有没有发言权和投票权，通过发言权能够影响企业领导班子成员的思维、解答其他领导的法律疑问，也有助于了解决策事项的完整背景、目标与内容，通过投票权能够确保合法性审查具有相当的权威。但无论如何，如果国企法律顾问能直接列席或参与决策会议，这将是一个很大的进步。企业法律顾问参加决策会议之前，一定要弄清楚会议的主题及有关的信息、资料和背景情况，还要特别掌握有关的法律、法规、政策和通常的做法等。

第三，对公司的法人治理结构（包括董事会结构、股东会结构、监事会结构、经理执行层结构和党委会结构）、决策制度以及程序的合法性提供法律建议与方案。国企的现代企业治理机制处在不断完善与探索过程中，不仅有日趋严格的上市公司证券市场的规制，也有不断修订的《中华人民共和国公司法》（以下简称《公司法》）等企业治理法律的规范，还有国资委系统在政策和制度层面的要求（如规范国企董事会、党委会和经理层的权责关系），也有国企"三重一大"制度的制约。所以，国企法律顾问必须从法律和政策两个层面，为公司的企业法人治理结构把关，同时为国企决策的民主和法治程序贡献力量。

第四，主动出击，加强对法律问题的前瞻性研究。国企法律顾问忠诚于企业，以高度使命感和责任感，紧盯企业发展改革大局和立法、执法、司法的动态变化以及整个社会的发展趋势，要针对一些可以预见的法律问题积极、主动地开展前瞻性的调研和系统研究，为将来可能的企业决策提供储备，随时为企业决策服务。现在，很多通信业国企的法律部门都未雨绸缪，前瞻性地研究互联网金融、电子商务、大数据应用、新业态和新商业模式以及相关的监管政策和风险防范，做到与技术和新商业模式同步。

"有为才有位，有位才有为。"总法律顾问作为企业高级管理人员，能在更大范围内，更深入、更直接地参与企业决策并发挥影响力，而不仅仅是发表法律意见和事后审查。对此，笔者将在总法律顾问制度的相关章节做详细论述。

2. 发挥参谋职能：对企业重大经济活动提供咨询意见和服务

长期以来，法律都未被视为一个"专业"来服务于公司重大经济活动，企业法律顾问无法在过程中同步参与和保障，大多数情况下只是在企业出现法律纠纷时才出来充当"救火队员"。发挥国企法律顾问的参谋职能，就是要让国企法律顾问积极参与到企业重大经营活动的过程中来，用自己的专业知识、技能、经验和思维为企业的重大经营活动直接服务。

对于企业的日常经营管理活动，法律力量一般介入得不会太深，但是，事关国有企业改革与发展大计的重大经济活动则因为新颖性、复杂性和专业性而需要法律人来解决很多专业问题。何为重大经济活动？其是指对企业存续、发展、改革、治理具有重大意义或革命性意义的经营活动，诸如企业的分立合并、破产解散、融资担保、海外投资、产权股权交易、国有资产处置、招投标、企业改制重组、主辅分离、辅业改制、公司上市、转型升级、国际化经营等。同时，重大经济活动的外延处于动态变化的过程中，不仅与企业主营业务调整、企业决策变化相关，也与国企改革发展的大环境相关，如"十八大"提出的混合所有制改革。

企业重大经济活动中，企业法律顾问作为法律专业人员参与其中，积极发挥法律专长，进行尽职调查，分析法律风险，起草或审核重要法律文件，设计法律方案，协调内外部法律力量，比如：

(1) 参与公司的合并与分立活动，对其法律可行性和操作性进行论证，负责具体法律文件的起草、审订或公证、认证，参与项目谈判和监督执行；

(2) 参与公司招投标活动，参加资格预审、项目澄清和谈判，对招投标活动出具法律意见书以及制作项目标书及合同文本，监督开标、评标过程；

(3) 参与公司的股份制改造或资产重组，进行法律政策调研，明晰资产产权法律属性，合理组合公司资产结构与资产关系，出具法律意见书和起草、审核相关法律文件，参与公司新章程的制定，监督管理社会律师提供的法律服务；

(4) 参与公司收购与反收购，开展尽职调查，审核债权与债务，配合公司进行收购或反收购方案的可行性法律论证分析，起草审核相关法律文件并处理相关法律事务；

(5) 参与投资项目的选择、谈判，参与设计投资方案，以及项目所在国政治法律环境调研，参与协助寻找投资机会和投资伙伴，对投资伙伴进行尽职调查等；

(6) 参与国有资产处置，办理相关法律程序，核查资产证照，参与资产评估，制订招标、拍卖或挂牌出让方案，审核相关法律文件，监督相关程序。

企业法律顾问的重要作业边界之一是"法律文件"，包括对其进行审核、分析，甚至直接起草、决策。那么到底何为"法律文件"？在繁杂的具体业务中，这不见得有一个非常清晰而明确的定义，但是对于企业法律顾问而言，任何一个要对外部尤其是政府部门或公众提供的非纯粹的技术性文件都可以视为"法律文件"，都可能会对企业重大经营活动的成败以及合法性造成重大影响。很多时候，法律顾问还要对所有法律文件进行整体性的审核，确保内容、目标的一致性和协调性。

3. 发挥制度审核职能：参与起草、审核企业重要规章制度

为了克服"领导说了算"的弊病，国有企业这些年一直在强调"用制度管人"，把对企业规章制度建设的重视程度提到了前所未有的高度。企业规章制度是针对企业内部生产、销售、服务、经营、管理活动所制定的各种管理规定、标准、规章、章程和程序等对企业内部部门和干部员工都具有约束力的文件。有人说，企业法律顾问在规章制度的制订中有多大的发言权，其在公司的地位就有多高。为什么？因为规章制度是企业的内部"游戏规则"，是企业各部门以及领导层参与企业管理和运营、统筹和协调以及划定权利、义务责任的书面依据。企业法律顾问如果深入参与制度制订与审核，也证明其不仅是法律事务的当然领导者，也是企业管理中的重要一环。

我们常说企业经营活动要"合规"，而合规的其中一层含义就是符合企业内部的规章制度，包括公司章程、企业内部商业道德与准则、职能管理规定、工作程序与流程、作业文件与规程等，但基本前提是，这个制度本身必须是合法的。

企业法律顾问审查企业规章制度，首先要保证其合法性，即是否符合国家法律规定。这最重要的是不能违反法律强制性规定，因为规章制度的适用具有普遍性，一旦未能发现制度中的违法条款，就意味着所有员工都会从事该违法行为，造成的后果就很可能是灾难性的。其次，企业法律顾问要充分利用其法律思维与法律知识同步关注制度的逻辑性、实用性、规范性、内部协调性与可操作性，尤其要将权责对等、有违章必有处罚、注重程序、形成严密逻辑等法治思维贯彻到制度中。最后，要注意效率与程序的平衡，关键是要做到与业务部门的深入沟通，要做到对企业管理和经营有比较全面的了解，只有基于企业管理实际的制度才可能是高效且合理的。

关于企业法律顾问参与的国企规章制度建设，笔者将其主要分成以下三类。

（1）公司治理与公司决策制度。这是法律顾问最应当发挥作用的制度领域，但也是最难参与的领域。国企法律顾问应努力介入此类制度，既要确保公司治理和决策程序的合规性，又要使其体现现代企业制度的特点，还要将法律知识、法治思维等体现在公司治理结构、公司组织架构、决策参与机制与程序等的制度设计中。要做到这一点，法律顾问应该与国企高层保持良好、顺畅的沟通，与其有共同的法治理念，并获得领导班子成员尤其是一把手的支持。

公司章程对于公司治理和决策具有顶层设计者的地位，尽管其作为"企业宪章"的地位尚未显现出来，但是，现阶段不少法律、法规对章程有明确的定位和要求；而且从长远来看，要建立现代企业的法人治理结构，要适应国际合作伙伴的习惯性做法，要体现企业真正的自主经营权，要理顺国企出资人与经营者的关系，还得借助于章程的权威。2015年以来，国资委出台的很多关于依法治企和制度建设的指导性文件都开始强调"章程"在企业制度建设中的核心地位。

(2) 业务层面的企业管理与运营制度。这类制度的制订多以业务部门为主，法律顾问主要负责审核工作。对于此类制度，法律顾问不能只是充当"剔除违法条款"这样的消极者角色，因为这样的工作思维会限制法律顾问的手脚和思维。法律顾问应当与业务部门多沟通，多学习、多了解业务性质和业务流程，多从公司整体运行管理的角度思考问题，将法律思维和法治意识贯彻到制度中才会有事实基础，将风险防控机制嵌入企业管理流程才会有可操作性。对于此类规章制度，法律顾问要尊重业务部门的劳动和意见，但不能盲目崇拜，更不能当甩手掌柜。

(3) 法律事务管理制度。纯粹的法律事务在企业管理中所占成分并不大，主要是合同管理、法律纠纷管理等，这类制度的牵头制订部门往往就是法律部门本身。企业法律顾问在制订这类制度的过程中，一定要做到以我为主，做到精益求精。尤其在现阶段国企法律顾问地位不高的现实情况下，法律部门自己出手制订的规章制度一定要成为公司制定制度的精品和范例。

4. 发挥合同管理职能：合同策划、谈判、审核、服务与管理等

企业作为经济组织，其经营管理活动的各个环节几乎都与合同相关联，合同管理遂成了各行业企业法律顾问的核心业务和传统业务。要做好最基础的合同评审工作，掌握国家法律是最基本要求。这里说的"法律"，不仅包括通用性的合同法、税法或诉讼仲裁法律制度，很多具有特色性的、属于特定行业或领域的法律和法规、司法解释、部门规章，还包括各种规范性法律文件、国家优惠与鼓励政策以及国际惯例等。而后者很可能在学校阶段学不到，更多地要靠在参与国企法务的工作实践中不断学习积累和总结。

合同讲求"契约自由"和"意思自治"，但是大前提无疑是"不违反法律的强制性规定"。所以，一个优秀的国企法律顾问秉承的合同评审大原则应该是：尊重商业模式的灵活性和可变性，确保商业模式的可行性和权利义务基本对等；坚持法律禁止性规定的不可豁免性，勇于说"不"，又要主动寻求替代的法律解决方案。

这些年来，合同策划、合同起草、合同谈判、合同监督、合同纠纷处理以及合同总结与统计等工作也逐渐完善并成为国企法律顾问介入合同管理的途径，与合同评审一起形成了比较完整而系统的合同管理链条，能够深刻影响企业管理和经营模式并体现法律顾问工作价值。关于合同管理的全方位论述与分析，详见本书第五章。

5. 发挥专业服务职能：工商、知识产权、公证鉴证、尽职调查、税务等

如果说合同管理是企业法律顾问发挥专业服务职能的"主战场"，那么下列涉法性较强的领域则被视为"辅助战场"，其主要包括：办理企业工商登记与变更；著作权、商标、专利、商业秘密等知识产权的登记、申请、认定、许可与保护；公证、认证等有关法律事务；参与尽职调查与税务筹划等。

这类工作具有相当的专业性、涉法性和政策性，实务操作的要求很高，而且要与相应的政府部门、专业中介机构打交道，其最终形成的法律文件或报告对公司的经营管理和持续性经营具有重要意义。

（1）工商登记。对新成立的公司分支机构采用哪种法律形式（如子公司或分公司，有限责任公司或国有独资公司，或联营企业等）进行论证和分析；起草新成立的公司工商登记资料、公司章程等法律文件或对其进行审核；及时完成相关工商变更登记或备案；对政府部门提出的疑问进行解释或提供补充资料等。

（2）商标事务。商标管理是品牌建设的重要组成部分。企业法律顾问可以亲自代理企业进行商标注册申请，也可以根据情况聘请社会上专门的商标代理机构办理。对哪些文字、图案甚至声音组合申请商标，商标适用的类别，类似商标的甄别等，都需要法律顾问熟悉商标注册申请的实质要求和程序要求。如何保护和使用好商标、如何利用商标提高企业竞争力或品牌知名度、如何打击商标侵权等，都是企业法律顾问需要思考和参与的问题。除了普通的注册商标申请，还可以申请诸如"北京市著名商标""中华老字号"等具有相当市场影响力的荣誉性商标。

(3) 著作权登记或备案。对属于工程设计、计算机软件、出版业、电视影视音乐等领域的国有企业，其法律顾问应当负责办理著作权登记事宜，做好相关申请文件资料的准备与审核，通过著作权登记或备案程序，明确权属归属。中国的著作权立法主要适用自动取得原则，但并未排除自愿登记。同时，对于特殊作品的著作权（如计算机软件），法律要求办理登记才能获得实质性保护；对于著作权中的一些特殊权利，如著作权中的财产权质押，法律则要求必须办理登记才能产生法律效力。

(4) 专利申请与保护。现在国有企业越来越重视科技创新和专利保护途径，企业法律顾问要负责专利检索与查询；对专利申请文件进行起草或法律审核（尤其是说明书和权利要求书）；编制专利许可和专利转让的示范合同文本，参与专利许可谈判；参与处理专利合同或侵权纠纷；开展专利国际申请工作；参与制订公司专利发展与保护战略等；监督与管理企业所聘专利事务所的工作；收集整理并利用国家关于专利申请和使用的各种优惠与鼓励政策（包括各种创新基金以及奖励）。

(5) 技术秘密（专有技术）认定。国有企业最核心的技术机密通常通过专有技术而非专利方式来进行保护，以形成独家竞争"利器"。企业法律顾问应参与专有技术的管理工作，制订保护专有技术的规章制度，对企业的商业秘密划定范围，确定涉密人员的权利和义务，拟定保密协议，在正常经营活动中采取法律手段进行预防性保护，并运用仲裁、诉讼等方式解决对企业的窃密和泄密侵权行为。

(6) 公证认证。随着国有企业法律意识的增强以及企业"走出去"战略的实施，依照公证认证程序对特定民事法律行为、有法律意义的事实和文书的真实性、合法性予以证明成为企业日常经营和防范风险的重要活动，企业时常要对合同、授权委托书、原产地证书、招投标文件、公司章程、保全证据、文书副本与原本相符、文书上的签名与印鉴进行公证，并经领事认证，有时也需要要求国外合作伙伴对其相关事实、行为或文件进行公证认证，以有效防范商业欺诈行为。

（7）法律尽职调查，这在企业合资、并购重组和上市中作用重大，也已成为法律部门的一项重要工作。所谓"法律尽职调查"，主要指的是公司并购、证券发行等重大公司行为中，由企业法律顾问或企业委托的律师进行的对目标公司或者发行人的主体合法性存续、企业资质、资产和负债、知识产权、对外担保、重大合同、关联关系、纳税、劳动关系等一系列重要法律问题的调查。

（8）税务筹划。税务筹划虽说主要是公司财务部门的工作，但是往往离不开具体的商业合作模式、合同签署模式以及相关合同条款的约定。所以，法律人员与税务人员需要紧密合作，寻找或者设计一条在"商业上可行、在合同条款上明确、在法律上合规"的税务筹划方案。

（9）其他专业领域。除上述之外，国企法律顾问还可能在银行保函、工程保险、信用证、国际结算等方面的管理上提供自己的专业法律服务。

6. 发挥法律诉讼职能：参与诉讼、仲裁、行政复议、听证和调解等

合同审核与仲裁诉讼向来被认为是国企法律顾问"起家"的两大业务，而且分别代表了事前预防和事后救济两种典型的风险控制理念。

仲裁和诉讼活动因具有专业性和程序性，在企业职能划分中毫无例外地被纳入法律部的基本职责。经过专门法律职业和技能训练的企业法律顾问，熟悉仲裁和诉讼程序，了解基本证据规则，具备一定的应诉技巧，相对于外部律师又更了解相关案件事实和企业内部运作，更方便协调相关业务部门。实践中，企业法律顾问常常受企业法定代表人的委托，单独参加或与外聘律师一起参加仲裁与诉讼。在仲裁诉讼过程中，其往往还要参与协商、谈判和调解，尽可能使法律纠纷通过友好和平的方式得到解决，谈判能力与技巧备受考验，同时还需要牵头组织相关业务部门参与到仲裁和诉讼中来。

随着依法治国方略的全面推进，行政执法行为对企业的影响日益增大，但其可能存在适用法律错误、缺乏法律依据、执法过当、程序违法等行为，这时，企业法律顾问需要代表企业提请行政复议，撰写或审核相关法律文件，参与相关听证会等。

7. 发挥文化建设职能：负责法制宣传教育和培训，建设企业法律文化

毋庸讳言，中国国有企业长期严重缺乏法律文化和法治传统，没有运用法律武器保护企业和降低风险的意识，也没有对法律、制度和程序的尊重传统，违法教训深刻。国企法律顾问不仅要把自己的专业业务做好，还要通过长期细致的普法工作来推动整个企业的法律文化建设，全面提升领导干部的法治意识，在企业经营管理中逐步树立法律与制度的权威。

（1）普法的第一个层次，是法制教育与宣传。

法制教育是基础工作，侧重于法律条文和法律知识的简单传授或以身说法，这是企业法律文化建设的初级阶段。

法制教育主要包括：一是进行新法的宣传贯彻与讲解；二是进行合同管理、法律风险防范方面的专业培训；三是发放法律学习书籍或多媒体资料；四是替公司员工提供日常法律咨询；五是办好国企内部的法律刊物，如中国外运长航办的《法律观察》等内部刊物，使其成为法律探讨、风险辨析、实务研究、普法宣传的前沿阵地。

"基础不牢，地动山摇。"法制教育，最根本的是要坚持、坚持再坚持，要经常性开展，要长期积累，以量变待质变。

在普法的形式上，要不断创新工作。中粮集团法律部就结合公司实际陆续编辑了《中粮人法律知识手册》《上市公司规范运作手边书》等普法读物，并创办了每周《最新法制动态》和《最新重点法规解读》等电子读物，定期向集团员工发送。不仅如此，中粮将法律培训课程明确列入了中粮的"企业大学"——忠良书院的课程体系，该课程课件将由内部法律顾问结合多年的管理实践进行开发，并由内部法律培训师主讲。

（2）普法的第二个层次，是领导干部深入学法。

这里的法，不再是形式意义上具体的法律知识，而是法治理念、法治思维的入脑入心，是要将公平、公正、公开、平等、尊重权利、权责利对等、注重程

序、尊重制度、注重证据、权力制衡、风险预防等理念深深植根于领导干部的头脑中，使其在日常工作中以理念指导行动，让法治理念成为国企领导干部制订规则、重大决策和评价考核的本能意识。中央企业法制工作新的五年规划中，就特别指出要持续强化企业各级领导的法治思维，将企业领导干部集中学法制度化、常态化，要把法治建设成效作为衡量领导干部工作实绩的重要内容，把能不能遵守法律、依法办事作为考查干部的重要指标。

法治理念与思维的学习不是"放空炮"，学习的形式应该尽可能结合跨国企业的法律管理模式、法律专题调研报告以及真实司法案例。即使讲授基本的法律理论，也应该尽可能与公司的经营管理工作结合起来，尽可能与最新立法、司法解释与政策的变化，以及行政执法与司法环境的最新动态结合起来，诸如驰名商标的认定与使用、劳务派遣制度的规范、设立自由贸易区、环境污染案件立案量刑新标准、新出台的《中华人民共和国旅游法》等。

(3) 普法的第三个层次，则是推动建立企业法律文化。

企业法律文化是企业在经营管理活动中形成的，是企业成员共同信仰并追求的对法的认知、价值、评价、心态以及与此相应的思维模式及具体的管理制度的统一体，是主动追求法律制度与法治精神的需要。可以说，企业法律文化大可以推进现代企业制度和公司治理机制的建设，中可以引导、规范企业和领导干部的管理和经营行为，小可以创建和谐团队并维护员工的合法权益。

企业法律文化以"法治"为核心，以"依法经营、诚信合规"为内核，内化于心，外化于行，物化于制，本身就是企业的竞争软实力，是一种无形的内控机制。大唐集团在建设企业法律文化的过程中，非常注重中外法律传统、社会主义法治理念和大唐公司法律实践这三者的融合，将"奉法，诚信，规范，和谐"打造成企业的核心法律理念，成为大唐集团在经营管理中必须遵守的基础法则。

加拿大学者佩格·纽豪热、佩·本德和科可·斯特姆斯伯格曾经提出"企业文化的同心圆模型"。该模型包括三个同心圆：内层圆（魂文化）、中层圆（法文化）、外层圆（形文化）。其中，"法文化"承上启下，如果有"魂"无"法"，则"魂文化"不能实现，"形文化"也没有保证。"法文化"以法律理念、法治思维加上具体的国际惯例、国内法规和企业管理制度为内容，对上体现公司理念，对下制约员工行为，对外平衡企业与政府、客户、供应商、分包商和社区的关系。

8. 发挥沟通协调职能：充当外部机构和企业内部的沟通"桥梁"

企业法律顾问在企业管理工作中起着重要的桥梁纽带作用，这得益于企业法律顾问具备的企业职员和法律人双重角色。企业法律顾问需要将企业的信息和领导的要求经过法律思维和法律技能的加工再转达给外聘律师/政府机构，同时也要将外聘律师/政府机构的信息、要求和法律咨询意见先进行过滤、甄别、梳理，然后转化成通俗易懂的语言并转达给企业职能部门和企业领导，接着又要将企业和领导的决策意见和指示进行一个反向转化，更准确而有效地传递给外聘律师/政府机构，做好相关解释、沟通、监督和督促，以实现企业的相关目标与决策。在这个过程中，企业法律顾问要融入自己独立的法律分析，要启动其独有的法律思维，凭借自身敏锐的洞察力、鉴别力，为相关法律问题的解决和企业业务的开展贡献自己的力量和智慧。

要充当好"桥梁"角色，自然就要求企业法律顾问具备复合型的综合素质，要熟悉"桥两边"的情况，既要了解国有企业的决策机制、运行方式、管理特色、主营业务以及政策法律环境，又要了解政府机构的行事风格和决策机制，了解其行政执法或市场监管的通用做法，也要了解律师事务所如何经营管理、律师如何提供服务等。所有法律思维的运用也必须基于这些信息基础，否则就是"空对空"了。

在企业管理过程中，企业法律顾问很多时候都并非决策者，所以，这时候其在相当程度上充当的是一个协调者和组织者的角色。

9. 发挥法律监督与国有资产监管职能：做一个忠诚的"监督员"

国企法律顾问要保持对国家、对企业最高程度的忠诚，因为其一要监督企业是否依法经营、依法决策、依法管理，企业员工的言行是否合法；二要重点监督国有资产，保障资产安全。这两个监督职能正是在国企大力推行企业法律顾问制度的初衷之一，被明确写入了行政法规、政府规章和地方性法规。

企业法律顾问发挥监督职能的第一步，无疑是明确"游戏规则"，这里的

"规则"包括国家法律、法规，也包括内部的规章制度和作业流程（程序）。"规则"是公开而明确的，作业流程是可追溯的。

发挥监督职能的第二步，则是在制度的执行与企业的经营管理过程中，企业法律顾问对其有知情权、内部调查权和一定的处罚权，没有这三个权力，监督就是一句空话。这些年来，国有企业开始学习国外探索建立"合规"机制，就是要想办法让企业总法律顾问总揽这几个权力，确保监督的有效性，同时也在考虑将财务、内控、审计、法务、纪检、监察等纳入"大合规"体系，建立特色化的国企与国有资产监督体系。

国有资产流失，主要集中在公司治理混乱、违规盲目决策、盲目投资并购、低价出售资产、高价采购等方面。防止国有资产流失，实质上依然是对权力的限制与监督，必须要关口前移，一是尽可能完善招投标和资产评估的实施与监督制度，这种制度设计必须融入两个重要的法律理念：公开且可追溯、分权并制衡；二是要对法律决策的程序、内容进行把关，重点监督国有企业"三重一大"事项的合法性审查。

10. 发挥法律政策咨询职能：参与立法与政策制订，利用好政策与法律

近年来，国企尤其是央企越来越多地参与和影响国家法律和政策的制订，以更好地从根本上维护国企或行业的整体利益，这项职能在国外叫"法律公关"。

"法律公关"可以被动参与。全国人大及其常委会、国务院、国资委或其他部委经常举行专门的经济立法或修法过程中，经常在国企中征求意见或进行立法调研，甚至直接委托相关企业负责起草法律草案，如《石油天然气管道保护法(草案)》就曾在石油系统企业广泛征求意见。

"法律公关"也可以是主动出击，即国企就相关法律问题主动进行社会调研，分析国内外立法与司法现状，向政府或人大提出立法建议与措施，表达国有企业的意见和观点。比如，中国外运长航的法律部门就曾强化重点领域的法律研究，编撰完成关于航运法的10个专题报告，还与最高人民法院合作开展船舶修造合同纠纷案例研究，取得了丰硕成果。

从长远来看，国企不仅要影响国内立法，还要力争成为国际规则的参与者，提升其话语权,打破欧美国家的"规则霸权"。比如,东航集团通过促成上海国际航空仲裁院的设立,提升中国航空界在国际市场的话语权,并在全世界范围内首创航空争议解决的仲裁国际合作模式,赢得了对手的尊重,为今后的企业改革、发展与重大法律纠纷解决创造了有利环境,占得了先机。

以上10项工作,基本上囊括了现阶段国企法律顾问的主要职能,但很多锐意进取的国有企业及其总法律顾问依然在孜孜以求地探索拓展法律管理工作的横向广度和纵向深度。横向的扩展体现在对相关业务的渗入与参与,如人事、财务、纪检、监察、技术开发、文件控制、市场开发、项目管理、科研、新闻宣传与企业文化建设等。纵向深度方面,则既体现在针对项目和重大经济活动介入时间逐步前移,甚至提前到调研阶段、策划阶段;也体现在专职企业法律顾问全程深入参与到项目的执行中去,贴身为项目提供服务、管理和监督;同时还体现在项目关闭后对法律管理经验教训的全面梳理和总结上;更体现在既有高层次的公司治理结构和企业决策,又有中等程度的企业管理,还有具体项目的参与。

但不管企业法务的具体职能如何扩张,就其工作内在性质的差别而言,我们可以将国企法律顾问的职能分为三个方面:服务、管理和监督。这种划分比较全面和合理,能够体现企业法律顾问不仅是企业律师,还是企业管理者和监督者。

"服务"是法律顾问最基本的职能,体现了其"法律人"特质。企业法律顾问为同事、项目、部门和领导提供法律服务和咨询意见,具有专业性和技术性,侧重于商业的灵活性,前述的参与合同谈判、参与项目、保函保险管理、参与重大经济活动以及诉讼、仲裁维权等,整体上都属于此范畴。

"管理"体现了法律顾问的"企业人"特质。它强调法务与财务、人事、生产、营销、安全等平行部门的合作与协调,国企法律顾问通过参与战略决策、审核规章制度、制订管理流程、完善企业治理结构、参与企业文化建设以及系统的合同管理等工作,将法律人特有的程序意识、风险意识、权力制衡理论、权责对等理论以及注重全面性和严谨性等法律人理念融入企业管理,从而实现整个公司行为与运营的科学化、规范化和高效化,做到"用法律的思维审视管理问题,用管理的语言明确法律要求"。

"监督"体现了法律人的"公正与中立"特质,而且在国企语境下具有特殊意义。对于完善公司治理体系、建立与健全内外部监督体系、保障企业合规经营和依法决策、防范国有资产流失风险，法律都赋予了国企法律顾问神圣而权威的监督职责，国企法律顾问注定需要充当"减速器"和"黑脸"的角色，要敢于说"不"，确保企业发展中速度、效率、规模与质量、效益、风险之间的平衡。前述的合规管理、法律监督、合同履约监督、合同签约审查等主要属于监督职能。

第二节　国企法律顾问履职的总原则

明晰了法律顾问的职能，知道了我们要做什么，那么作为国企的法律顾问，到底该如何履职才算是尽职尽责？同样从事法律事务，其和民营企业、外资企业的法律顾问相比，到底又有何区别呢？

与法律顾问三大核心职能定位（服务、管理和监督）相适应，结合自己10多年国企法务工作经验与思考，笔者认为，国企法律顾问履职应该坚持以下三大原则不动摇。

（1）坚定的国有资产"看门狗"角色。永远不要忽略国企姓"国"的特殊性质。近年来，国企重组和海外投资剧增，国有资产流失的法律风险逐步加大，尤其是企业对外设定担保、资产转让、产权确认、重组并购、分立、上市、发行债券、设立海外分支机构、招投标、企业基建等重大经营活动，涉及金额巨大，程序复杂，监督措施不到位，内部人操作空间大，国有资产流失及其廉政问题不仅仅是个案，而是时有发生。作为国有资产监管链条中的"一环"，国企法律顾问要做好"看门狗"，这虽任重道远，但义不容辞。《企业国有资产监督管理暂行条例》中，已经明确将法律顾问与财务、审计和职代会并列为国企加强内部监督和风险控制的重要手段。《国有企业法律顾问管理办法》也是开宗明义地指出，建立国企法律顾问制度的目的之一就是要"进一步加强企业国有资产的监督管理"。国企法律顾问应当以"火眼金睛"和雷厉风行的作风做好国有资产监管工作。

国有资产监管的角色，意味着国企法律顾问首先要把合规工作做好，一方面要建立一套真正合规（Compliance）的管理制度，培育企业的合规文化，让合规成为一种自觉；另一方面，要通过相对独立的合规管理机构（如垂直管理体系或对公司总经理直接负责等），实现对公司领导干部、职能部门和普通员工行为的动态监管。一旦发现有人违反这个制度，就要启动企业内部的调查与处理程序，不管违规者是多高的领导，都要真正做到权责对等。在国外的很多大企业中，预防企业高管的违法、违规和违纪行为属于法律部的职责或列为总法律顾问直接管理的事项。

与民企和外企相比，国企的国有资产是全民资产，资产姓"公"不姓"私"，其经营、管理、使用等本已受到国有资产监管法律、法规以及党纪、政纪廉政制度的严格规制，其产业也多是维系国计民生的重要支柱，所以，确保国有资产保值与增值、杜绝国有资产流失永远是第一位的。在国有资产监管问题上，国企法律顾问制度在一定程度上就是要充当"刹车片"和"黑脸包公"的角色，要敢于说"不"，不能做和事佬、打哈哈。

虽然"监管"之责该说"不"还得说"不"，但笔者认为国有资产监管需要更多的顶层设计，尤其要反思我们现阶段的法务、财务、内控、合规、纪检、监察、审计、职代会等众多监管手段最后在"一把手意志"和所谓的"领导权威"面前为何纷纷失灵？国企法律顾问固然有责，但更大的责任还应归咎于公司治理和权力制衡等顶层设计问题上。

（2）相对独立性原则与业务融合原则的结合。"相对独立性"是指企业法律顾问不仅是企业的雇员，同时还是法律职业者，以法律和制度为信仰，避免成为领导、权力或行政力量的附庸而失去应有的独立性。履行职责中，如与公司的某项具体经营决策意见不一致，或受到企业内部职能部门的干扰时，企业法律顾问必须享有相对的独立性，能够不受高管或部门领导干扰，独立而公正地发挥分析和评价功能。基于国有企业的特殊性质和使命，这一点更应该被特别强调。当然，独立性不是简单地说"不"，法律顾问可以对经营决策提出否定意见，但同时也要告知应该怎么办，采取何种措施可以实现经营决策目标，以及合理规避法律的技术等，这就需要了解业务——因为法律的判断离不开事实做基础，而事实离不开业务。企业法律顾问与被动消极地从事司法裁判活动的法官不同，不能单纯为领导和业务部门解答法律询问与事后被动参与处理法律纠纷，而是要积极主动地为企业提供法律咨询服务，同时要与商务人员和其他企业管理者一起落实法律意见并建立制度，为企业做好有关法律风险的防范，堵塞经营管理中的漏洞，防止或尽量减少引发纠纷的因素。

　　国企法律顾问工作中的独立性绝不意味着"就法律谈法律",更不意味着法律部门与业务部门要"老死不相往来"。恰恰相反,越来越多的法务实践证明,企业法务工作的生命力在于"融合"。只有充分融入企业经营管理业务,才能真正为企业改革发展中心工作提供支撑和保障。企业法律工作与经营管理贴得越紧,融入得越深,切入点也就越多,作用显现得就会越明显,法律的支持、服务、保障、管理和监督作用就能发挥得更好。离开业务而就法律谈法律,最后只能落入"空谈误国"的结局。然而也要看到,法律人自有法律人看问题、分析问题的角度和专业技能,有自己的职业操守和相对独立的超然地位,更不应当放弃守法合规的基本原则。国企法律顾问更深入地了解企业的主营业务、市场战略、管理流程和项目管理等,是为了更好地认定法律关系和性质,是为了更好地建立法律风险防控机制,为了能够提出更有针对性的、可行的法律解决方案,为了更有效地协调和组织相关业务部门开展法律工作,为了更好地制订、修改和完善企业管理制度和流程,最终提高整个企业的依法治企水平。为此,我们应当永远牢记国务院国资委提出的"五个有效融合",即法制工作与企业转型升级的有效融合、法制工作与科技创新的有效融合、法制工作与国际化经营的有效融合、法制工作与精细化管理的有效融合、法制工作与企业和谐发展的有效融合。

　　(3) 善于提出法律解决方案原则。经济思维要求把事情做成,法律思维要求把事情做得规范,文化思维要求把事情做得圆满。国企法律顾问不能只是机械地适用法律条文,更不能只是简单地说"不"而为其他部门、项目部设置难题或否决业务部门的辛勤劳动,而是要在综合分析法律风险的基础上提出替代性的或更完善、更规范的法律解决方案,要热情服务,当好参谋,做好咨询,体现出法律人特有的知识、技能和专业效果。这一点之所以特别重要,还与中国目前的法律大环境有关,即立法不完善、法律滞后或前后矛盾、法律规定模棱两可、各种层级的法律与法规繁杂、执法甚至司法的随意性和不可预见性大等。企业法律顾问必须在全面研究立法、执法和企业实际的前提下,精准把握立法原意,突出重点,运用法律职业技能与思维,出谋划策,提出合适的解决方案。即使没有完美的替代方案,企业法律顾问也应该对各方案进行详细的法律风险分析,让企业领导对风险的性质、数量和在本企业爆发的可能性等有全面的了解，以利于其科学决策。在依法治国、鼓励创新与创业以及适应"经济新常态"的形势下，连李克强总理都旗帜鲜明地提出了市场主体"法无禁止即可为"。如何为？这就要求法律人抛弃保守，抛弃明哲保身，分析论证更大胆一些，思维更活跃一些。业务部门往往是有解决不了的难题才找上门来，法律人虽然不是"救世主"，但是这时一定要竭尽所能把"不行"变为行，只有这样才能体现出法律人的价值。最后，总结起来一句话：企业法律顾问不但应该有运用法律分析问题的能力，还要具备解决问题的能力，即如何将"不可能"的事情通过法律转化为可能，并具备实际操作的可行性，为企业实质性地解决问题，或提供几种合理合法、切实可行的选择性方案供领导决策。

现阶段，国企法律顾问要集中力量做好"服务"之本，打好法律工作的基础，这是企业这种经济组织的定位使然。我们要让业务部门的人觉得，你过来不是给我说"不"、给我设"障碍"的，而是来给我"把脉"、给我"开药方""找出路"的，这是为了企业好，也是为了业务部门/业务领导人好，大家同心协力，为了一个共同的目标，各自从专业角度出发，既彼此尊重，保持一定的独立性，又融会贯通，主动创新，这样才能最终把事办好、办成，才会让业务部门在日常工作中"主动"想起来要"问计"于法律顾问。如果在一个国有企业，其业务部门的人本能地排斥法律部门，或者业务部门在工作中想不起来应该征询法律顾问的意见，则基本上可以断定这个企业的法律工作是失败的，其监管职能也是要大打折扣的。业务部门要么不让你知道相关信息，让你无法监管；要么不合作，对于很多事情，他们也能找到一定的理由或依据作为其支撑，这样，法律部门很快就会被边缘化。

国企法律顾问的履职，说到底还是要时刻牢记三大基本职能：一是服务，二是管理，三是监督，而针对不同的职能定位，履职原则应有所侧重和调整。对于服务职能，我们会更强调要提出法律解决方案，所以会尽可能地融入项目团队，尽可能地想办法，帮助服务对象实现目标；对于管理职能，我们会更强调与业务的融合，更集中地思考法律管理如何与企业管理更有机地结合起来，形成你中有我、我中有你的企业管理体系和制度；而对于监督职能，我们会更强调独立性原则，对违法、违规行为坚决给予否定性评价和制裁。即便如此，我们也要注意，就算是履行国有资产监管职能，也要注意与业务融合，只不过与业务融合的目的此时不再是服务于业务，而是希望通过对业务和流程的了解，去发现通过什么环节或文件可以发现贱卖国有资产的行为，去发现哪里容易存在造成国有资产流失的风险与漏洞，从而制裁此类行为并修改制度、堵塞漏洞。有时候，即使从事的是一个法律业务，国企法律顾问也可能会同时承担专业律师、企业管理者和国有资产监督者的角色，这时候，一定要对工作进行清楚的定性，从而采取不同的履职原则。比如，在合同谈判中，我们都会因为其服务职能而强调灵活性，强调配合和支持业务部门，但是，如果合同条款严重偏离权责对等原则或者甚至与公司的基本战略相违背，作为国企法律顾问，就要勇于说"不"，勇于监督。

第三节　国企法律顾问的价值与作用

"有为才有位。"

很多国有企业的法律部门在成立之初，主要工作就是充当"灭火队"，投入精力处理多年积累下来的历史遗留案件，忙于协调、谈判和诉讼或仲裁。历史遗留问题处理得差不多后，法律顾问则依然要关注新的诉讼或仲裁案件以及各种合同与法律纠纷的处理。在这个过程中，大家逐步意识到防范重于救济，合同评审成为法律部的核心工作之一，合同在正式签署前请法律部门再把最后一道关，法律部门在业务部门眼中成了挑刺和说"不"的部门。因为很多业务人员对合同管理具有丰富经验，能自己编制合同，直接谈合同并处理合同纠纷，他们经常会觉得法律顾问的工作并不是那么具有专业性和不可替代性，所以对法律顾问的价值多少会持有怀疑的态度。

随着国有企业国际化战略的深入以及重大经济活动的日益专业和复杂化，商业模式日新月异，新的交易工具不断涌现，合同结构和合同条款也越来越多样化，业务部门开始觉得合同管理以及相关的风险管理有些吃力，典型的如银行保函、保险、信用证、国际贸易术语、知识产权侵权、国际商事仲裁、担保、联合体、非注册 JV 以及注册 JV、指定分包、融资等。这时，国企法律顾问开始用自己掌握的独有的法律专业知识为企业提供服务和支持，更广泛地参与市场开发和项目管理，更系统和深入地介入合同管理，各类专业法律事务管理开始和财务、人事、税务、技术等一起合力促成交易，开始具有一定的"不可替代性"。

企业管理主要依靠财务和法务两种手段，所以，法律部门不能把自己仅仅视为一个单独的专业服务和咨询部门，随着介入的法律事务和业务领域越来越广泛，法律部门引入风险管理理论，开始从系统角度开展法律风险防控机制建设，法律管理介入企业的方方面面，不局限于合同管理和法律事务管理。法律风险防控机制建设，从企业经营、管理和交易的各个角度找出法律风险源点，逐一进行评估，制定防控措施并落实到具体的岗位和部门，进行实时跟踪与监控，动态进行改进和升级。与此同时，法律部门开始站在公司整体利益（而非部门利益）的角度来统筹整个企业的制度体系建设，以制度理顺管理。借鉴立法三原则，即坚持合法性、科学性和民主性合一，国企法律顾问在制度建设中应注意把握制度的内在统一协调性、权责对等、有责必有罚、注重程序又不忽视效率、完善民主参与机制等。而随着总法律顾问机制的引入，国企法律顾问开始参与企业决策，为决策提供法律咨询意见。

长期以来，我们较多地强调法律工作作为一种规则和风险管理手段对企业行为约束的一面，具有很大的被动性，而忽视了法律作为一种制度性资源对企业管理和发展的战略意义。在这方面，民企和外企以及一些市场竞争充分的国有企业已经开始让法律顾问主动介入公司治理架构和企业战略决策的过程，从根本上影响企业的经营、管理和发展，其中典型的例子就是阿里巴巴。阿里巴巴能够如此迅猛、稳健地发展并在美国上市，永久合伙人、法律博士蔡崇信在阿里巴巴创建之初确定的具有国际先进形态的基本企业治理架构与权责机制为其打下了良好的基础。而华为公司的内部股份制这种独特的公司治理模式也为企业的发展注入了极大的活力。为什么国企在这方面的价值体现还不够？一是因为国企的公司治理自主权非常有限，公司治理结构比较整齐划一，体制、机制相对僵化，行政化和指令式的传统势力依然比较强大；二是因为国企法律顾问进入企业核心决策层依然存在制度障碍，尤其是涉及企业战略规划与公司治理的决策，虽然国外的经验证明非常需要法律人的介入，现实却是国企法律顾问在这类问题上发言权非常有限。

所以，简单地说，国企法律顾问基本上经历了或者说正在经历一个从"消防员"到"参谋"，再到"管理者"和"监督者"，甚至有可能成为"战略规划者"的角色转变，但探索依然在路上。

时任中煤集团法律部总经理张巧曾说过，要解决好法律风险管理和企业业务发展冲突的对策，还是要让企业决策层重新认识法律部门的价值，要以自身实实在在的业绩不断地改善企业领导和其他部门人员对法律工作的认识。[1] 什么是实实在在的业绩？这包括打赢一个重大诉讼而避免重大损失或获得较大赔偿，申请一项国际专利并成功转让而获得巨额效益，提出一个新的合作方案或签约模式而大幅节约成本等。只有这样，才能使企业领导层认识到法律是一种资源，能够创造价值，否则，法律工作将永远局限于事务性、后台性的工作。

笔者认为，国企法律顾问兼具企业职员和法律人双重身份，只有同时兼顾这两个角度才能全面地看出国企法律顾问的战略价值。

作为法律人，国企法律顾问的价值归根结底都要体现在法律风险防控上，前述国企法律顾问的所有工作、职能和工作机制最终都会落脚于此，这是国企法律顾问生存的根基和意义。只不过，我们不应将法律风险简单等同于说"不"，而是要真正将"防"和"控"结合起来，也就是说，一要发现风险，通过合同谈判等方式将这种风险消除或减到最小，这就需要充分设计法律方案；二要在过程中加强监控，让方案得到落实，而不是偏离。过去，国企法律顾问的价值得不到体现，客观原因还在于企业对法律服务和法律管理的需求不大甚至不需要。随着从计划经济到市场经济的转变，从国内竞争到国际竞争的转变，从无法可依到法律体系逐步健全、完善的转变，从企业行政化管理到建立现代企业制度的转变，从依靠领导权威治理企业到依法治企的转变，从粗放式管理到精细化、规范化管理的转变，法律风险成为一种常态，违法成本和守法获益的区别也将日益明显，这必将推动法律工作成为企业管理和企业战略的一个重要组成部分。

作为企业人，我们又必须有"商人"的头脑。企业首先是一个经济组织，以营利为主要目标，即使国企还肩负着提供公共产品、维护社会和经济稳定等责

---

[1] 张巧. 在 2012 中国公司法务年会的发言实录 [EB/OL]. [2015-02-04]. http://news.hexun.com/2013-01-05/149799382.html.

任，也一样不能否认其"趋利性"，不能否认盈利和效益在国企中的基础性地位。我们在国有企业设立任何一个部门，最终目的都还是为了企业有效益，尤其是经济效益与商业利润。所以，我们要本能地试着从"商业"的角度来审视法律顾问的价值。实际上，国企法律顾问的工作并不处处将"风险"挂在嘴上，很多时候也要思考如何让自己的法律建议更具可操作性，更具盈利最大化的可能，更好地与商业目标和商业条款相匹配；而且，我们要与商业团队一起去落实和执行这个方案，这与社会律师只负责提供法律意见而不负责执行的思维方式是截然不同的。其实，国企法律顾问通过自己的工作为企业盈利和效益贡献力量已经不是什么稀奇事。我们可以直接创造商业价值（如设计更低税率的合同签约模式、争取最大的税收优惠或财政补贴），也可以提升企业的竞争力和形象（如参与知识产权管理与品牌管理工作），也可以通过参与公司治理结构等顶层设计和制订流程等途径优化管理，提高管理效率，节约管理成本，甚至也可以直接赢得利润（如主动发起索赔或提起诉讼而获得赔偿）等。正是有了"效益"这根主线，法律顾问开始越来越主动地参与商务合同谈判、法律方案和商业模式设计、项目策划、业务管理与生产运营、科技创新、变更与索赔管理，逐步彰显其能力和价值。即使是"严肃"的合规管理，也要关注它是否能给企业带来直接的效益，不再被"风险"简单地困住手脚。鉴于此，国企法律顾问的思维方式、知识储备都将面临更大的创新和挑战升级。

从商业角度思考法律顾问的价值，在民企中更为常见。有的企业利用商标、专利、商业秘密、诉讼等法律手段为公司的转型、发展和提升竞争力与品牌知名度做贡献；有的甚至将法务部定位为盈利部门，与市场部门合署办公，尤其在商业模式策划、投标报价、合同谈判、专业服务咨询以及索赔谈判等方面与市场人员协同作战，做好支持。这种能将"竞争"和"经营"理念赋予法律顾问的思维归纳起来就是"商务意识"，这是现阶段法律服务职能能否向纵深拓展并获得企业高管重视的关键所在。对此，有些民企的法律顾问提出以"商业风险"取代"法律风险"，否则，法务工作会偏离企业的商业目标。比如，在审查合同时，如果只关注纯粹的法律条款、违约责任条款、责任上限条款或知识产权保护条款，公司法务就永远做不大。时任乐视网法务总监刘晓庆提出的"三围绕"理论，即法务工作要围绕公司品牌、围绕市场、围绕前沿①，就很好地体现了从商业角度改造法务工作的理念。当然，对于这种观点，我们还是要辩证地看待：一方面，国企具有特殊性，如国有资产的保值增值和流失风险、国企相对稳健和保守的经营策略、国企对利润的追求不具有民企那样的急迫性、国企具有公益性和社会责任等，所以，国企法律顾问作为管理者尤其是监管者的角色不可或缺，过分强调商业目标会让我们在履行监管职责的时候失去方向；另一方面，企业终究是企业，企业法务的商务意识与商业价值理论是一种创新，对国企法律顾问是一种启迪，甚至也代表了一种发展方向，毕竟国企最后都要面对激烈的市场竞争和国际竞争，而国资委对企业利润和效益的考核权重也在增加，国企法律顾问的价值也应该为服务于这个目标而做出适当的调整。

现在，法治作为一种国家战略已经是共识和常识性判断。那么法务之于国有企业的价值体现在哪儿呢？是否也能拔高到战略层面？就现阶段而言，质疑声也许是难免的，而且不在少数，但长远来看，我们坚信，法治之于一个国家，与法务管理之于一个国有企业的价值是一致的。一个健康稳定、基业长青、可持续发展的国有企业必然是从战略层面重视法务管理，只不过国企法务管理的能力、水平和做出的成绩目前还没有适应这种形势和要求而已。可以说，公司内部治理的需求和外部环境的变化共同决定了国企法律部门的战略价值。权力制衡理念、科学决策与依法决策要求、高效管理目标、尊重专业咨询意见以及经济发展模式的变化、市场对资源的基础性配置作用、社会主义市场经济的确立、法律监管与立法和司法的法治化都推动着国企法务部门的战略价值不断提升。法务部门在企业的经营、管理、改革、发展、稳定各项工作和企业战略的制订和实施中都将发挥系统的、长期的重要作用。长期以来，我们过多地强调法律作为一种"规则"对企业行为的约束与限制，只看到其风险、消极的一面，而忽视了法律作为一种积极的、能独立创造价值甚至整合整个企业管理体系的制度性资源对企业稳健发展的战略意义和基础意义。现在，是时候改变这种传统观念了。

当下，中国国有企业只是有了从战略层面定位法律部门的初步意识，但实践

---

① 张舒. 中国公司法务"矛"时代到来 [EB/OL]. [2015-06-26]. http://www.legalweekly.cn/index.php/Index/article/id/4786.

中还没有实现法务部的战略定位，法务部门作为一个职能部门并未能显示出适当高于其他职能部门的地位和作用。就国有企业整体而言，企业的法律工作目前还无法全面进入管理层的视野，很多企业决策层只是"从法律很重要"这个理念出发片面地解读法律工作，认为法律工作就是事务性的、操作性的和业务层面的事情。要将法律工作提高到战略的高度，法律工作本身首先要探索围绕企业的改革与发展战略实际，建立注重整体性和前瞻性的"法律战略管理规划"，不能再走一步看一步，为完成工作而完成工作，那将导致法律工作长期在低水平、重复性事务工作中徘徊不前。

要实现国企法律顾问战略价值的提升，从具体实现路径来看，笔者认为，国企法律顾问一定要踏踏实实做好下列三项工作。

(1) 基础的、传统的法律事务尤其是法律服务咨询工作要做得更细致、更完善、更规范，做成典范和标杆，正所谓"基础不牢，地动山摇"。

(2) 在公司治理、参与决策、制订制度、参与重大经营活动等高端领域要勇于探索和创新，做出成绩。

(3) 建立系统的法律风险防范体系与法律工作体系。这个体系可以不是很复杂、很全面，但一定要具有操作性和实效性，符合循序渐进的原则，这个体系必须实现与企业战略、公司业务和经营管理的深度融合。

第三章 国企法律事务机构

国企法律事务机构是企业自主设置的专门承担法律事务工作的职能部门，是企业法律顾问的执业机构，具有明显的自主性、专业性和职业性，我们习惯简称其为"法律部"（Legal Department）。一般来讲，国企法律部组织机构的设置要符合三方面的要求：上级主管部门的要求、企业生产经营实际的要求和成本—收益规律的要求。目前国务院国资委对央企法律事务机构设置的基本态度是：大型国企应当设立独立的法律部；中小型国企则鼓励设立独立的法律部或采用合署办公方式设立法律事务机构，但至少应当配备一定数量的专职法律顾问。

第一节 法律事务机构的设置与职能

设立独立的法律事务机构作为企业一级职能部门是国际通行做法。美国的公司原来相对固定的部门就五个——财务部、人事部、生产部、市场部和法律部，其他部门都是在此基础上演变而来的。在美国，法律服务非常普遍并成为老板管理企业的本能需求，稍具规模的企业都设有法律部；一些小公司即使没有法律部，也有相对固定的外聘律师作为常年法律顾问。美国企业给人的感觉是，若没有法律部，这个企业的组织机构就不健全，这个企业要健康运转就很难；而中国很多企业正好相反，什么部门都不能少，但没有法律部照样转。这无疑也显示了法务工作在中外企业管理中的地位和作用的差别。

设立企业内部部门本来属于企业自主行为，不宜用行政指令的方式强制，但是鉴于我国国企法律工作薄弱、起点低，国资委一直在强势推动设置法律事务机构。按照《国有企业法律顾问管理办法》的规定，大型企业应设置专门的法律事务机构，其他企业可以根据需要设置法律事务机构。但笔者认为，这样仅仅按照规模来确定是否设置法律部并不全面，更本质的因素应当是其法务需求量和法律风险程度，而这跟规模并无必然联系。比如，有些国有企业规模不大，但从事的经营业务涉外性（如从事国际投资业务）、涉法性（如高新技术企业）很强，那么即使是中、小规模的国企，设立法律部也是有必要的。再如，现在很多国企在海外设立分支机构，而考虑到海外业务的特殊法律环境与风险以及由总部直接管理海外分支机构的全部法律事务不现实，因此，要求海外分支机构聘用专职的法律顾问或设立独立的法律部也是有必要的。

国企法律事务机构的名称，最常见的是"法律事务部"或"法律部"，也有的叫"合同法务部""法律事务办公室""法律处""合同条法处""法律顾问室""法律与知识产权部"或"政策与法规部"。国企将法律部设置为一级职能部门是常态，但也有的设置为二级职能部门，比较多的情况是设置在总经理办公室，合署办公，人员相对较少。这样的合署设置比较便于了解和参与相关决策、及时获得重要信息、审核文件与制度、统一协调（通常会由一名办公室副主任兼任法律办公室的一把手）。还有个比较普遍的做法则是设置企管法规处，这种设置便于将企业管理尤其是制度建设与法务工作相结合。

《国有企业法律顾问管理办法》规定法律部主要有九项核心工作，基本上对应本书第二章第一节论及的国企法律顾问职能，如果说合同管理、诉讼管理（含外聘律所管理）、法律咨询和普法是国企法律事务机构传统的四大职能，那么起草审核规章制度、为重大经济活动提供法务、为企业决策提供法律意见和知识产权管理则是新时代下建立现代企业制度以及实施"走出去"战略、科技兴企战略、品牌立企战略和建设具有国际竞争力的一流企业战略对企业法律事务机构提出的新四大任务。不过，作为一个机构，法律部更侧重于组织、协调与管理，必须同时加强法律工作规划、自身制度与工作流程建设、部门基础资源库建设和法律队伍建设，将法律部打造成法律顾问履职的重要组织保障和精神家园。

我国的国企法务工作整体来说还处于初级阶段，所以，在法律部职能方面，接下来的 10 年或许都将处于一个扩张和扩权的趋势，不管是在广度还是深度，以增大其发言权和证明其存在感。当这种扩权达到一定程度，职能会过于庞大混杂，这时法律部门又会进入一个缩小职责和专业化重组的阶段，即法律部的部分职能可能会独立出来由新设立的部门负责（如有些国企现在已经单独设立合规部、风险管理部、合同与商务部、知识产权管理部），或归入现有的其他职能部门（如保函业务纳入财务部、保险业务完全纳入商业保险部）。另外，在集中主业的基础上，法律部内部分工逐渐细化也将是大势所趋。

当前国企的法律部职能范围和以前相比大为改进，逐渐突破了传统的合同管理和仲裁诉讼业务范围，但总体来看，和国外的大企业相比，法务部的职责还是比较狭窄，基本还是以交易法律事务尤其是合同管理为主，是"小法务部"的概念，对于其他比如合规管理、公司治理、政府关系、内部调查、证券事务、风险管控等具有战略意义的工作，法务部门管理得较少。法律部门职能狭窄且限于事务性层面带来的主要问题是：一方面影响了很多涉法工作的开展；另一方面也无法支撑其总法律顾问进入企业高管和法务工作纳入企业战略视野的行列。比如，美国 GE 公司总部的法律部门职责就包括涉外法律与政策、仲裁与诉讼、不正当竞争、政府事务与公共关系、知识产权、有价证券、员工与雇用、商业秘密、安全生产与环境保护、日常法律事务（如合同等交易法律事务）等，比国内法律部的职责要广泛得多，相应的工作体系也要完善得多，总法律顾问在企业战略规划和重大决策中的重要性非常突出。

然而无论法律部职责如何扩张，法律部整体上依然不会偏离服务、管理和监管这三大基本职能。那么实现企业法律部这个定位的方向在哪里？除了通过建章立制来赋予法律部权力和强化企业内控流程外，欧美企业目前最新的做法是突破法律风险防控的传统定位，让法律部来创造价值/效益，他们认为业务部门受到重视是因为他们创造价值/效益，实际上企业法务管理也能创造价值/效益，合同谈判争取最有利的合同计价模式与付款条件，这是创造价值；合同管理帮助企业高效安全完成交易，这是创造价值；知识产权管理让企业保持竞争优势或赚取高额的许可费，这更是创造价值。法律部过于强调法律风险的传统思维需要被改造，至少应当开始试着从企业效益目标去看待和推动企业法务工作。时任 IBM 大中华区高级法律顾问唐功远曾将企业法律部的职能定位概括为三个方面：一是支持业务发展；二是风险管理和防范；三是确保合规。其中，支持业务发展是法务部最重要、最基本的职责定位，放在第一位——这是由企业的使命和价值决定的。为此，法务部要理解公司业务，支持企业达成公司的改革发展战略与成长目标，通过法务工作保障企业有效益地发展。所以，落实《国有企业法律顾问管理办法》规定的 9 项核心工作，国企法律顾问都应逐步树立"价值/效益导向"，做好服务、管理和监督，这才是实现法律部定位的关键路径。

法律部门的规模多大合适？2014 年 12 月，时任国务院国资委政策法规局局长的周渝波在中央企业法制工作会议上的总结讲话中指出：欧美跨国公司法律人员总数已占到其企业员工总数的0.7%以上，每10亿美元营业收入所对应的企业法律顾问人数也达到了5～9人，但一半以上的中央企业前述比例尚不足0.15%，远低于欧美平均水平。[①]跨国公司的法律顾问规模如此之大，不能简单归因于其主观上重视法律工作，客观方面的原因也不能忽视：一是客观法律环境要求其必须重视法律工作，企业法务的需求量很大，法律业务迅速扩展到劳工管理、知识产权、反商业贿赂、公共关系、环境保护等领域；二是法律顾问的工作尤其是法律服务确确实实给公司的发展带来了巨大的效益和经济价值，不管是短期的还是长远的。否则，任何资本家都可能会本能地省下这一大笔法律费用而用于市场开发、产品制造或技术创新。

在机构设置和规模上，中国航油的"五级设置模型"值得国企尤其是资产规模巨大、管理链条很长的国企借鉴。中国航油要求集团所属企业设置法律部不能一刀切，而是要根据企业层级、业务规模、风险大小和法律事务工作量而定，一共分为五级。其中，一级为专职总法律顾问、独立的法律事务机构，专职法律人员6～8人；二级为专职总法律顾问、健全的法律事务机构，专职法律人员3～5人；三级为兼职总法律顾问、明确的法律事务机构，专职法律人员2～3人；四级为明确的主管领导和法律职能部门，设专职的法律顾问；五级为明确的主管领导和法律职能部门，设兼职的法律顾问。同时，集团鼓励各企业从长远发展考虑，选择较高的标准进行配备。

实践中，在企业内部甚至有不少人不知道法律部是干什么的！出现如此尴尬的境地，除了用实力说话外，法律部门还要突破传统形象，善于"自我营销"(self-marketing)。法律部可以通过创办内部法律刊物、组织撰写和发表论文、主动接受媒体采访、开展部门联欢活动、组织法律培训、主动进行员工法律咨询、法律资源与信息分享、参与重大诉讼与仲裁等来宣传和推销自己。营销面要广，从基层到班子成员，让他们认识到法律风险防控的重要性和法律服务的专业性，看到法律人特有的思维、知识和技能，发现法务管理的效益和独特价值。当然，

[①] 周渝波. 周渝波在中央企业法制工作会议上的总结讲话 [EB/OL]. http://www.sasac.gov.cn/n1180/n1566/n11183/n11199/16138211.html.

国企法律顾问更要通过解决问题或法律纠纷来体现其"不可替代性",即所谓的"打响第一炮"。很多国有企业的法律部地位得以提升,让上至领导下至普通员工都刮目相看,是因为在一个大的仲裁、诉讼或索赔中战绩出色,效益突出,从而"一炮走红"。然而即使这样,如果没有主动、大胆地宣传,依然只会埋头干活,那么法律部的价值就很难为人所认识,也不利于法务工作的长远发展。总之,法律人要打破"冷静有余,活力不足""干活有余,宣传不足""保守有余,创新不足"的固有形象,因为我们是站在经济发展第一线的"企业法律人",而不是国家公务系统的法官、检察官;我们有着严格的政治和纪律约束以及法律的直接限制,更不是象牙塔内一门心思著书立说的法律学者。

最后谈一下法律部门的自身制度建设。这是法律部门和法律顾问履职的基本保障和前提,由这些制度的完善与否也能看出法律部在整个企业中的地位。综合目前国企的实践来看,国企法务制度主要分为三个层次。

(1) 综合性制度:如《公司法律事务管理办法》。这是法律部的"章程",建立科学、规范的企业法律顾问工作制度和工作流程,规定处理企业法律事务的职责、权限和程序等,尤其是要解决与业务部门的合作、反馈与沟通问题。目前很多国企都没有这类系统的综合制度。

(2) 专业制度:如《重大决策事项法律审核与论证管理规定》《重大法律事项讨论制度》《公司合同管理规定》《公司授权管理规定》《法律纠纷管理办法》,或《仲裁诉讼管理规定》《外聘律所管理规定》《法律培训管理规定》等。这类制度构成了当前国企法务制度最核心的部分,尤其是合同管理制度,更是核心中的核心。这类制度目前存在的主要问题是:制度雷同,缺乏特色;与业务融合的深度不够;法律人员参与决策的制度比较缺乏。

(3) 具体工作流程、指导意见、工作模板、标准合同文本等。这也是法律部的基础工作制度,更是法务工作精细化发展的方向,却也是当前国企法务制度建设的短板。

第二节 法律部门与业务部门的关系

法律部门的核心工作之一是以法律知识、法律思维和法律技能为业务部门提供支持和服务,出谋划策,参谋咨询,但又因同时兼具的管理、监督与合规职责,法律顾问很多时候都被视为"防火墙"或"刹车片",这就意味着容易与业务部门的想法和做法产生冲突。这时,如何看待两者关系以及协调冲突特别重要,否则,即使大家的最终目标一致,也仍然可能因为过程不协调而失败。这些年来,国资委系统特别强调法律工作与业务工作、法律部门与业务部门要深度融合,就是希望彼此在合作的过程中互相了解、互相谅解,找到一种有效的合作方式,两者形成管理合力,以实现企业的平稳、健康而又快速的发展。

我们不妨先看看美国的实践。美国企业的法律部门依据业务分工不同设有多个法律风险防范部门,涵盖政府监管、商业合同管理、知识产权、诉讼与仲裁等法律风险的关键领域,涉及企业的各个经营环节,各业务部门有义务识别和防范自身业务领域的法律风险,但法律部门又必须在法律风险防范中发挥牵头和引导作用。美国企业法律部门与相关业务部门之间一般都有良好的沟通机制和信息共享机制,如,Exelon 电力公司的法律顾问一般每周都会应邀参加两次业务部门的例会或一些项目专题会议,以提前获知项目的有关背景、具体进展和面临的问题或风险。法律部门进行法律论证或提出法律建议时,并不能独断专行,而是会尽可能充分地与业务部门沟通、商量和进一步获取相关信息资料,甚至共同寻找新思路,找到防范法律风险和获取商业利益的最优组合和可行组合。法律部门需要业务人员提供准确的信息和进行事实与技术上的判断,业务人员需要法律人员严谨、周密的分析与对项目法律性质的准确认定以及对法律结果的论证,最终通过有效的沟通和共同努力来解决问题。两者在长期的合作中形成了工作上的默契,互相理解,互相支持,各司其职,协同作战。在与美国企业谈判时,我们很少看到其律师在谈判过程中频繁地临时向业务部门询问项目信息或技术问题,也很少看到律师与业务部门因为重大问题意见相左而发生冲突,因为法律部与业务部门在平常的工作中已经建立了通畅的工作与分享机制,基本上能做到信息同步,而且彼此的建议、想法和担心都在谈判前的内部会议或沟通中已得到了解决,且达成了一致意见。

在中国,关于法律部门和业务部门的关系,最著名的反面教材就是"两张皮"现象,即法律工作和业务运行管理脱离,法律顾问"就法律谈法律",不愿了解业务,不考虑与业务的融合;而业务人员则只关注业务效益,忽视风险。长期下来，法律部门和业务部门处于一种微妙的紧张关系中。在大多数国有企业，各个业务部门因管理已相对成熟和体系化（如生产系统、市场营销系统、服务支持系统等），会看轻新生的法律部门，惯性思维会让他们觉得，以前没有法律部门，企业一样运转正常。但是，如前所述，客观法律环境的改变与依法治企的要求迫切需要国企法律顾问在业务部门的管理惯性中"切入"法治意识、流程和法律风险防范机制，需要法务部门与业务部门深度结合、协同作战，这样才能实现风险可控和效益最大化目标。

这里以比较敏感的法律事务与市场营销的关系为例。之所以说"敏感"，是因为按传统观念来看，法务强调保守、风险和法律的强制性，而市场强调激进、冒险和商务的灵活性。市场部门对法律部门较大的意见主要有如下几点。

(1) 法律部门"以法律的名义"说了太多的"不"。法律人员说"不"，无非是两种主要原因：一是本身说错了"不"。为什么？因为不懂业务，事实不清，导致对法律关系和性质的认定错误，适用法律自然就错了；二是本身没有说错"不"，确实有风险，但对风险转化成损失的可能性有多大、造成的损失会有多大以及企业可以承受的损失限度在哪里未必了解，只是单纯地从法学理论上去认定，从而会用法律的名义轻易地去否决一个得之不易的商业方案或合同条款。

(2) 法律部门没给出一个更合理或更优化的方案。商业方案和合同条款都有很大的灵活性，但是，我们很多时候说了"不"却给不出替代方案与条款，从而让市场部门很反感。其实，在立法相对落后、配套法规还不健全的当代中国，依据"法无禁止即授权"以及"契约自由"的法学原理，我们在工作中不宜简单说"不"，而是要与市场部门一起，各司所长，互相启发，合作研究出更合理或更优化的选择性方案或条款。对于国企法律顾问而言，要提出新方案、新条款，必须了解业务和合作背景，这样才能获得灵感，才有沟通交流的基础。

(3) 法律部门仅提出了一些泛泛而谈的意见，严重缺乏针对性。我们常说给出法律意见或合同评审意见要有针对性，要能抓住主要的问题，要能针对主要问题提出最切合项目实际的建议，要针对问题和建议进行充分的说理和分析，而非"千篇一律"。为什么？因为不同企业提供的产品或服务不一样，每次的竞争对手和合作方也不一样，市场形势也不一样。针对销售成套设备和销售大宗材料，销售通用产品和销售专利产品，长期合作和第一次合作，销售到国内和销售到海外，供过于求的市场和供不应求的市场，企业采取的商业策略和面临的合同风险都是有巨大差异的，如果法律部门给出泛泛的意见，会让业务部门无所适从，也会让业务部门瞧不起，觉得法律部门根本不懂交易规则，不懂得变通和创新。

对于与业务部门的合作，法律顾问一定要视野开阔、敢于创新，否则很难避免出现前面的情况。比如，依据司法解释，工程建设中施工单位的工程价款优先受偿权在银行的抵押权之前，但在实际操作中，有的业主会要求承包商签署一份放弃优先受偿权的声明文件，这常常也是银行对项目提供贷款的要求。这对于承包商的法律部来说，如果简单地从法律风险角度出发说"不，不能接受，这样会导致我们承包商失去最后一道支付保障"，那项目很可能就拿不下来。这时候，法律顾问可以与商务人员评估工程的利润情况，要重点了解合作方的企业信誉与资金状况，如果评估下来，风险爆发的可能性不大，或者损失在企业可以承担的范围内，就可以接受此条款。更深一步，法律顾问还可以与商务人员或项目执行团队一起探索寻找其他途径（如修改支付条件）、金融工具（如保险）以及加强履约监管（如及时请款、适时停工）来降低风险。

法律顾问与公司业务高度融合要求国企法律顾问在工作过程中不断了解企业所在行业的基本信息、工作内容、业务特点、市场地位、国内国际行业惯例、热点问题、潜在的技术与商务风险、国家政策调整和发展趋势以及法律、法规与标准规范的强制性规定等。比如，在我国汽车行业[①]技术许可过程中，专利技术与专有技术混合在一起且往往是整车打包许可的，而非一项一项技术进行许可；汽车车尾必须有中文标志是中国的一个强制性行业标准；汽车技术许可的范围和程度就是打包许可你造车，可能下次再造车还得许可，这里面就存在重复许可的问题，但又很难区分；外方会千方百计通过各种途径来不合理地限制中方进行技术的后续开发与改进；因为税收差异，海关和税务机构对技术许可费的严格稽查与认定政策随时会调整；国外技术许可方特别注意保护其知识产权，但又特别想进入中国市场，因为中国汽车市场规模非常大，这使得其做出一些让步成为可能，而这些与法律风险、合同责任等紧密相关的做法与规定实际上又是与特定业务密

---

① 关于汽车行业与国外品牌合资合作中技术许可的通行做法，可以参阅：王海波，潘跃新. 法律顾问如何在企业技术引进中发挥作用 [J]. 上海国有资产，2007 (1)：41—43.

切相联系的，如果不了解，法律工作就无法切入业务，甚至会提出一些违反行业惯例做法的建议。所以，法律顾问要虚心向业务人员了解行业，同时也借助这个学习的过程主动向业务部门分析其可能的法律风险和应对策略，从而形成一种互相理解、互相需要、良性互动、信息共享的工作氛围，也推动业务部门的人员主动将法律管理融入日常业务和行为，让业务人员在工作中时常能想起来要咨询法律人员的意见。

法务要和业务形成良性互动和深入融合，尤其是在处理个案的时候，基本前提是信息对等。对法律顾问来说，就是要深入基层、深入一线、深入项目，同步参与各种会议，经常查阅各种文件与来往信函，而不是高高在上地坐在办公室里"空想"各种法律关系、权利义务和法律风险。电信科学技术研究院改变了"坐堂行医"的法律风险防范模式，实行"前线法律顾问""派驻法律顾问"制度，让法律顾问深入业务领域，了解电信科研这一主营业务的主体、流程、行为、交易模式、风险和法律关系，了解业务人员的思维、想法与担心。

法务要与业务深度融合，除了要解决个案的法律服务与监督，更是为了将法律管理融入企业管理及其流程。在这个过程中，笔者甚至认为，国企法律顾问必要时要先"暂时忘记"法律思维。比如做一个房地产的销售内控流程，法律人员需要首先忘掉法律思维，完全以业务思维配合业务人员拉出业务线来，在虚心了解了业务线之后，才开始考虑植入法律思维，用法律思维分析每个阶段或每个节点的法律风险，然后再完善合同内控流程。这么做既可以深度介入业务流程，也不会受到业务部门太多的抵触，法律人员也容易成为业务方面的"小专家"，业务人员也会成为法律方面的"小专家"，互相影响，进而才能互相理解、互相支持而且经历了此融合过程的法律人员在对业务人员开展内控培训时，沟通更通畅，效果更好，因为在业务人员眼中，他们认为一个懂业务的法律人员是值得尊敬的，是"一家人"。

法律认定基于事实，法律也是一门实践的学科，灾难性的后果就是国企法律顾问在处理法律事务中"说外行话"，这极易失去业务人员的信任。国企法律顾问必须在实践中逐步突破传统法律人的思维，突破法律事务原来看似壁垒森严的界限，与业务、投资、商务、税务等进行融合，不自我设限，这样道路才能越走越宽，才能最终实现法律工作的主动防御和主动创造价值目标，才能与业务部门形成工作合力。

我们强调法务要与业务深度融合，是基于目前法务与业务脱节和严重的"两张皮"现状而言的，但法务和业务终究还有彼此的界限，法律顾问也不可能"十八般武艺样样精通"，所以，在法务与业务深度融合的过程中，还要纠正两种错误思维。

第一种，国企法律部门的工作是全方位、综合性的，法律部门作为企业组成部分，既要从全局把握企业经营、财务、管理上的法律风险，又不能代替其他职能部门的工作。因此，还必须探索建立法律部与业务部门的沟通协调机制，把握法律部行使权力、履行职责的主要环节和切入点，最大限度地发挥法律部门的作用。

第二种，法务要与业务深度融合在发挥法律服务职能时固然重要，但同时还要保持一定的独立性和中立性，不能无原则地与业务部门"站在同一战线"，而且法律服务职能本身与风险防控和监管职能并不能完全割裂。在一些大是大非的原则问题上，我们要敢于说"不"，不能和稀泥。

法务要与业务深度融合，法律管理要与企业管理深度融合，这几乎是近10年来国有企业法务实践得出的一致性结论，否则，法律顾问的作用难以发挥，地位也难以提高。笔者一直认为，看一家国有企业的法律部门地位高不高，主要有三个标准：一是在企业决策上的发言权，这是"领导人眼中的法律部"；二是与业务部门的关系，这是"平级眼中的法律部"；三是二级单位的法律部门建设，这是"下级眼中的法律部"。而与业务部门的关系，一是看法律部门与业务部门的互动多不多，是有固定的交流、分享机制和途径，还是一年难得打一次交道；二是看业务部门在日常工作中的思维，是经常能主动想到法律部，还是只有等到出了问题才拍着脑袋说"噢，该让法律部门介入了"，如果是后者，法律部门的地位就岌岌可危了！

第三节 法律部纵向层次与横向结构

中央企业和地方国企近年来都在压缩企业纵向管理层级，尤其是严格控制三级子企业的设立，禁止设立四级子企业，以防止经营链条过长和风险不可控。对于不同层级的企业,基本功能和定位差异较大,与之相适应的是法律事务机构的不同功能、定位和组织设计。对此,下文以最典型的纵向"三层级管理体制"为例加以详细解说。

第一层,总部机关层面(企业总部/集团公司/股份公司):拥有相对庞大的综合性法律事务机构,设立多个专业处室,其职能基本上分为三大块:中央企业总部自身运营的法律事务,尤其是国内外投资与资产处理事务;对子企业法律事务的监督、指导和协助;需要总部直接办理或管控的子企业的重大经济活动所涉法律事务(如海外并购)。整体而言,因为总部机关层面自身涉及的经济活动相对较少,主要集中在国内外投资与资产处理业务方面,所以,该层级的法律事务机构通常都会聘请在此领域有丰富经验和业绩的律师事务所作为常年法律顾问。除此之外,该层级的法律事务机构更侧重于宏观管控、资源共享和统一协调功能,具有较强的管理和监督性质。需要注意的是,中央企业总部自身的经济活动总数量虽然不多,但作为投资中心,其项目规模、复杂性和专业性、国际化水平等往往惊人,法律环境和法律关系复杂,面临的法律风险很大,不管是直接投资还是授权子企业投资,法律服务和监管的压力都很大,对法律顾问的专业能力和综合素质的要求都很高,尤其是统筹协调能力。

国企总部机关主要负责战略管控、投资计划和监督,所以,国有资产监管与法律监督应当且必须成为总部法律部的核心职能。这样的监督一是具有公平性,符合异体监督的原则;二是具有便利性,因为总部机关主要负责对下属企业的重大投资、重大决策、重大经营活动进行监管,有一系列内部的监控制度作为保障,如内部审批、内部备案、内部汇报等;三是具有权威性,下属企业服从于作为出资人的总部,总部对下属企业的干部人事任命、工资总额确定、重大事项决策等具有控制权。

对于一些巨型央企,体量过于庞大,业务也很多元化,则会设立业务板块这一管理层级,设立形式有事业部制、分公司制或控股公司制等,但基本上处于虚化状态,要么承接总部的部分投资功能,要么负责联络和协调相关业务单元的下属企业,所以,其法律事务机构相对比较简单。

第二层,利润与运营中心(一级子企业):中央企业的大量资产与利润来源都集中在其重要子企业,其主营业务的实际开展、营业收入、利润创造也主要集中在重要子企业或业务板块。其直接面对市场从事大量经济活动，规模较大，本身往往也是集团型企业，下辖许多市场企业。所以，其法律部门的专业化程度非常高，其法律工作往往具有较强的服务性质，包括对下属生产企业提供大量统一的法律服务与支持，其法律工作会侧重于某个专业领域，如，有的侧重于工程法律事务（如工程公司），有的侧重于知识产权法律事务（如科研院所），有的侧重于国际经贸法律事务（如进出口公司），有的侧重于房地产法律事务（如房地产公司）等。该层级的法律事务机构对法律人员专业素质和服务保障能力的要求非常高，其大部分精力都放在了合同管理方面，同时处理一些相关的法律事务。在面对一些复杂的、有重大社会影响的法律事务时，该层级的法律事务机构可以寻求总部机关法律部或专业律所的支持与帮助。比如，中国建筑总公司就明确要求所有二级施工企业（如中建[①]一局）和三级施工企业（如中建一局六公司）必须设立法律事务机构，所有二级施工企业必须建立企业总法律顾问制度。当然，在国企法律事务垂直管理逐渐加强的情况下，该级子企业的一些高风险重大经营活动（如海外并购、重大投资等）的法务管理会由总部机关法律部直接控制或牵头办理。然而需要注意的是，实践中，也可能因为总部（集团）对情况了解得不全面，反而增加了许多的工作量和处理问题的成本。一级子企业的法务工作具有专业性，与此相对应，其在聘用律师事务所的时候会更关注该律所在相关业务领域的专业性、经验和团队实力。

第三层，专业生产公司（二级子企业）：该层级的企业本身规模不大，结构简单，业务相对单一，专业分工更细（如油田公司下面的采油企业、设备公司、后勤公司等），一线生产是企业的核心工作，管理部门则相对精简。这类企业的法律事务相对比较简单，未必会设立专门的法律部门，但应当有专职的企业法律顾问，尤其是有较多涉外业务的企业。这类企业自主权较小，专注于生产，其经营中的法律风险相对较少，遇到重大涉法事务可以直接寻求母公司法律部的支持。

对于海外的子企业，则要更谨慎。单从层级来看，其很可能是二级甚至三级子企业，但是海外子企业多直接从事投资，资金规模非常大，而国外法律环境也

[①] 中国建筑股份有限公司的简称。

非常复杂，法律风险很大，所以，在海外子企业中，至少应当配备1~2名专职法律顾问并聘请当地律师作为重要的参谋和咨询力量。对于这些海外资产和海外分支机构，国资委系统近年来已意识到国有资产流失的风险，一系列监管措施正在陆续出台，并且相关的专项检查也在加紧进行。

除了在公司层面组建法律部，一些企业本着"贴近和服务一线"的原则，积极探索建立"项目法律顾问制度"。比如，中国建筑总公司开展了项目法律顾问试点，为典型项目配备专职法律顾问，同步参与项目管理，接受法律部与项目经理的双重领导，为项目执行提供最直接、最便捷、最有效的法律服务，真正实现了国资委提出的"法律风险防线前移"以及"法律工作与业务部门深度融合"。

各国有企业的规模、业务结构与公司治理模式各异，即使是前面所说的纵向"三层级管理体制"也只是一种相对理想的模型，实际情况千差万别。所以，政府在推行法律顾问制度建设中，必须注意这种差异性，实行区别对待、分类指导，不能搞"一刀切"、一个模式；企业要对自身的法务需求和面临的整体法律风险进行评估，以确定与之相适应的法律事务机构、人员配备和外聘律所。

与此同时，中央企业和地方国企也在努力压缩企业横向职能管理部门，实现扁平化管理和协作的高效率。笔者一直认为，企业法务工作具有综合性，具体业务会涉及方方面面的法律问题，涉及的深度各有不同，而不少职能部门实际上从事的也是广义上的法律工作，所以，应借助政府机构的"大部制"概念，将国有企业中常设的诸如审计、纪检、监察、内控、合规、招投标管理、知识产权、合同商务等涉法性比较明显的职能部门和监督部门与传统意义上的法律部进行整合，组建"大法律部"。"大法律部"容易形成管理合力和监督合力，同时可以有效解决当前国企人浮于事、责任推诿、内部协调成本高的毛病，解决职能交叉重叠和条块分割弊病。这种"大法律部"可以实际设置为一级职能部门，即成立"大法律部"，在内部再进行合理的专业划分；也可以是虚拟设置的，由总法律顾问来统一领导上述多个部门及其资源，目的都在于真正实现法律服务、管理和监督（合规）的一体化以及风险防控的一体化（不限于法律风险，而是企业的全面风险）。目前，已有部分国企设置有"法务审计部"，如中粮置业、北京国有资产经营公司等，这样能够比较好地将过程审计与法律管控结合起来，将在审计中发现的问题与漏洞及时反映给企业法律顾问予以解决，而对于法律服务、管理和监督中遇到的一些难题，也能够借助审计工作的权威进行有效监督和惩戒。同时，法务人员和审计人员在一个部室内互相学习、思维互换、融会贯通、资源信息共享，两者的严格界限会逐步淡化，这对于打造公司一体化的监督体系和法律服务体系很有帮助。现在很多企业设置"法律合约部"，也有"大部制"的思维，但笔者一直认为合约管理和法律事务还是有一定界限的，两者的管理思维和手段都有比较明显的区别：合约管理讲究意思自治和契约自由，以服务为主，与商务部门关系紧密；而传统的法律事务更侧重于监管，尤其是合法性审核和仲裁、诉讼活动。

当然，这种大部制也不是无原则的合并，要想成为"大法律部"的一员，至少应当具有如下两个特点：一是工作的涉法性比较强，即属于"法律相关事务"，如知识产权管理等；二是监督职能比较强，如审计、合规等。只有具备类似职能特点的部门并入"大法律部"才能融为一体，形成法律管理合力。大多数企业的法务管理都曾经历或正在经历诉讼管理、合同管理、法律事务管理、法律风险管理和全面风险管理五个发展阶段，而"大法律部"制的实施有助于企业实现由法律事务管理向法律风险管理的转变，进而为总法律顾问总揽企业全面风险管理打下基础。

美国很多大企业都在董事会中设置了风险管理委员会，该委员会的核心职能是负责公司法律风险管理战略的制定，即"定规矩，定流程"，这也是一种"大法律部"。该委员会制定的主要制度基本上囊括了法律部门的所有职能，但又更广，主要包括：一是防止违法、违规方面的管理，如上市公司遵守证券监督规定和行业监管规定；二是合同管理；三是知识产权管理；四是索赔、仲裁与诉讼管理；五是国内和国际商业活动管理；六是公司治理和董事会秘书管理；七是环保、人身健康和安全（HSE）法律事务管理；八是劳动关系法律事务管理；九是企业投资、资产出售、并购和重组等重大经营活动管理。也有美国大企业在董事会内部专门设立了合规管理委员会，由首席风险官和企业法律顾问组成。这类有效运行且拥有明确职权、程序和专业人员的实体化风险管理委员会或合规委员会，同样具有"大法律部"的功能。中国的不少国有企业也有类似机构，但基本上处于虚化状态或仅仅作为特定议事机构或临时机构存在，难以发挥实质作用。

"大部制"是法律事务机构设置的一个选项，但是不是趋势呢？这倒未必。

如前所述，这个大部制可以是虚拟设置的，关键是要将一些存在内在关联的、具有一定共性的职能部门进行整合，加强内部沟通、交流和资源调配。从长远来看，或许专业化的分工才是大趋势，审计、纪检、监察、内控、合规、招投标管理、知识产权和合同商务等专业与传统法律事务分分合合，本身也在不断完善和发展，但有一点是比较肯定的：广义的法律风险是企业经营管理的主要风险，法务与财务是并列的两大企业风险管控手段，所以，将前述专业和传统法律事务置于总法律顾问的统一协调之下应该是大势所趋，这也是大力推进与完善总法律顾问制度、提高总法律顾问权威的途径之一。

第四节 国企法律部门工作制度创新

如前所述，与人事、财务等业已成型的企业核心职能不同，企业法务在中国起步晚，其工作机制尚未形成完整的标准体系和模式，这也为国企法律部门创新、探索和完善中国特色的国企法律顾问制度提供了机会。这些年来，在国资委系统的推动、引导和一批优秀总法律顾问的带领下，国企法律部门的工作制度创新不断，在此专门选择了9个范例加以介绍，供国企法律部门的领导们参考借鉴。

（1）法律信息披露制度。中远集团麾下有600多家分支机构，经营网络遍布全球几十个国家和地区。对于如此庞杂的国际化运营网络，管控法律风险势在必行，于是，集团法律部门就统筹协调建立了一个法律信息披露制度：跟踪企业在不同发展阶段应该关注的一些特别法律问题，进行专门研究，并给予一定的法律指导；适时公布一些大的案件，以便供各企业借鉴，避免纠纷。

（2）最佳实践小组的知识管理。中国石油化工集团公司（以下简称"中石化"）法律部集中系统内在特定领域最有突出专长和经验的法律顾问组建了"最佳实践小组"，由该小组集成开发法律知识管理，将个人经验转化为系统知识，运用集体智慧提高法律事务工作的整体应变能力和创新能力。该小组设立了贸易、投资、服务、知识产权以及专项法律事务等几大业务领域，在此基础上又再细分为资本市场与兼并收购、海外投资项目、国别法律环境研究、风险管理等几十个小组。最佳实践小组通过知识管理路径，做强法律基础工作，很好地发挥了集团企业的资源优势。

（3）法律专业化人才培养储备计划。中石化曾经实施过"321"法律人才培养储备计划，即培养300名不同板块、不同区域、不同领域和跨板块、跨区域、跨领域的专家型法律领军人才队伍。目前该计划已分领域、按专业建立了55个专家组；培养、储备了200名懂外语的涉外法律人才队伍；专职法律人员持证上岗率达到100%。专业化、涉外型和职业化是法律人才队伍建设的趋势，同时，考虑到不同国家或地区的法律传统、法律规定、商业惯例和业务类型不同，有的大型国有企业也根据地域有区别地建设了不同的法律服务团队，如亚太区、中东区、非洲区、欧洲区和中南美洲区法律顾问小组等。

（4）区域法务中心制。大型国有施工企业法务需求大，跨地域特点明显，于是中建三局探索建立了"局总法律顾问—局法务部—局二级单位法务部门—局二级单位区域法务中心—项目法律顾问—项目法务联络员"的法务管理体系。二级单位设立的"区域法务中心"，负责对一定区域内的法律顾问进行集中管理。该中心下设项目法律顾问和法务联络员（通常由项目商务经理兼任），覆盖100%的在建项目，对项目风险进行动态监控、实时预警。区域法务中心比较好地解决了"总部法律顾问太远，项目法律顾问太散、太弱"的问题，有利于法务资源共享和形成团队合力，而且增强了项目法律顾问的归属感与荣誉感。

中国电子信息产业集团（以下简称"中国电子"）也采用了类似的组织制度。在时任总法律顾问郎加的倡导下，集团在北京、南京、深圳三大城市分别成立了"法律工作地区中心"，每个中心由一家企业牵头负责。该区域内的中国电子成员企业的总法律顾问和法律工作人员统一纳入中心统筹管理。通过地区中心这一平台，区域企业经常组织开展重点工作布置、重大案件研讨、重点法规学习、资源和信息分享以及法制管理工作经验交流等活动，有效地提升了企业法律顾问的专业素质和协同作战能力。

（5）一线项目法律顾问制度。一线项目法律顾问制度在建筑工程企业中比较普遍，中建做得尤其出色。截至2014年年初，中建旗下5000多个在建施工项目和150多个投资项目全都配有相应的项目法律顾问。

中国建筑工程总公司法务部针对项目法律顾问制度设置了两种形式。

第一种是委派法律专业人员担任项目法律顾问。对于特别重大、风险高的项目，配备专职法律顾问，有的甚至一个大项目配备几位拥有不同专长的法律顾问；对于标的额相对较小、风险较低的项目，则配备兼职法律顾问，一般是一位法律顾问负责两三个项目的法务工作。

第二种是法务经理。中建法务部发展了一批项目合约商务经理兼任法务经理。项目合约商务经理的本职工作是招投标、工程预算和结算、合同履约等，与法务工作高度契合和交叉。对合约商务经理进行一定的法律培训，一方面解决了法律部人员短缺的现实问题；另一方面帮助了合约商务经理在日常工作中具备法律思维、熟悉法律风险、了解风险防范之道。项目上一般性的法律问题，法务经理自己就能解决。为进一步提高工作积极性，兼任法务经理的合约商务经理每月还能获得一定的津贴。与之类似，中国铁建[①]在风险最为集中的项目部普遍建立了"法律联络员"制度，其10000多个项目部共设立了4000多人的法律联络员，以掌握项目重要信息和动态，同步控制项目风险。

通用技术集团总部法律部对重大项目推行法律顾问全程参与制，为项目提供了深层次、全过程的增值法律服务，这也是一种一线项目法律顾问制度。

（6）法律风险管理体系。法律风险管理体系是法律事务管理的升级版，它将风险管理的理念、思维、方法和技术融入各个单独的法律事务管理，从而从系统上建立起法律风险的评估、应对、监控和改进机制。以"创新"和"专业"为主题，中国移动集中企业内部法律顾问、外部律师、专家学者、专业风险服务机构等各方力量，巨资打造了极具特色的"法律风险管理体系"。该体系主要由三个模块构成，被称为ACE法律风险动态管理体系，即法律风险的分析（Analyze）、法律风险的控制（Control）和法律风险的控制实施评估（Evaluate）。三个模块相互作用、循环往复，形成一个动态、闭环的管理体系，涵盖通信企业重大法律风险最集中的四个领域——市场经营、增值业务、网络建设和劳动用工管理。当然，先进的体系最终还要依靠人的执行。2015年的中央第十二巡视组对中国移动的专项巡视结果表明，这个法律风险动态管理体系"形同虚设"，巡视报告中提及的寄生性家族式利益共同体、恶意提高分成比例向合作方输送利益、虚构对外合作业务、收受贿赂等问题在该风险防控体系中不可能未曾提及并制定对策，

[①] 中国铁建股份有限公司的简称。

但最后都落空了，为什么？因为法律和制度并未成为中国移动领导层、中层干部和移动普通员工的一致信仰，没有成为企业和员工言行的本能规范。

（7）法律管理信息系统。通过将因特网与现代计算机技术引入法务管理工作，不少中央企业开发建成了法律管理信息系统，将法律管理的各项要求嵌入业务流程（如合同管理、招投标管理等），使法律审核成为不可逾越的节点，实现了法律管理链条可追溯、法律审核意见可查询，在降低法律风险、提高效率的同时，也实现了法律顾问工作与经营管理的进一步融合。同时，法律部门也努力打造自己的专门信息管理系统，如授权管理系统、纠纷案件处理信息系统、法律查询信息系统等。

（8）法律体检。与法律风险防控体系的"大而全"不同，中粮集团独创了"法律体检"机制，专门针对特定业务、特定阶段或特定法律进行专门的"法律体检"，有针对性地完善风险防控措施。例如，新《中华人民共和国劳动合同法》（以下简称《劳动合同法》）实施后，立法对劳动者权益的保护得到强化，员工维权意识增强，政府行政监察与处罚力度显著加强，从而劳动用工法律风险和纠纷不断增加。为此，中粮集团法律部对全集团劳动用工情况组织了专项"法律体检"，全面覆盖集团及下属的193户企业，与企业人事部门一起，发现重要风险点386个并完成整改。为控制品牌消费品业务中广告和包装标识法律风险，中粮集团法律部门还对集团及下属企业的广告包装物进行了专项"法律体检"，并以此为契机加强了对广告设计、包装设计、市场部等业务人员的法律培训，完善了对各业务单位广告、标识的法律审查流程。这种体检机制也非常有利于形成业务部门和法律部门的良好互动和深度融合。

（9）法律团队文化建设。文化，是真正能影响法律顾问内心的力量。中石化法律事务系统十分注重自身的作风建设，并逐步内化成公司特有的法律团队文化。"法律服务就是要沉下心来服务，主动上门服务，热情周到服务，超出预期服务"，这是中石化法律人员的自觉追求。中石化总部法律部还坚持每月一次思想政治务虚会，强化法律人员的责任意识和服务意识，要求每个法律事务工作人员对待工作要"上心、热心、用心"，投身事业要有自强不息的"意志"和坚韧不拔的"毅力"，注重"戒散、戒乱、戒骄、戒躁、戒浮、戒飘"；强化"四贴"服务，积极主动地服务于企业大局，善于找切入点和结合部，努力为业务提供

"贴近、贴身、贴心、贴切"的服务；倡导"妈妈心、婆婆嘴、闲不住的两条腿"的作风，坚持做到既认真、细致把关，又周到、热情服务，切实提升积极向上、投入有为和无私无畏、无怨无悔、忠诚于中国石化事业与利益的思想境界。中石化法律事务部曾经至少连续3年分别获《Asian Legal Business》（《亚洲法律杂志》）"最佳国有企业内部法律团队大奖"和"最佳中资公司内部法律团队大奖"提名，并且至少连续5年获得《China Law & Practice》（《中国法律商务》）"最佳中国企业内部法律团队奖"。

第五节 外聘律所与法律部门的合作

从20世纪80年代到90年代初，在各行业部委的推动下，企业法律顾问制度曾经迎来一个"小春天"。1996年《律师法》颁布后，国企法律顾问制度又曾一度陷入沉寂，不少企业取消内部企业法律顾问，改为由律所委派律师驻企业提供法律服务。但是，社会律师兼职过多，难以全身心地投入企业的法务工作和企业管理，加上非企业职员的身份，归属感很弱，沟通协调不畅，这使得国有企业在法律服务供给方面严重不足；企业遭遇法律纠纷后，又要额外寻求社会律师的介入，代价不菲。在这种情况下，国家有关部门再一次看到了企业内部法律顾问的重要性和不可替代性，要求国有大型企业必须设立企业法律事务机构，配备专业的企业法律顾问，并借鉴西方发达国家已经比较成熟的总法律制度加以推行。与此同时，国企依然聘用律所作为常年法律顾问，但一般不再要求派驻律师。

那么企业内部法律顾问和律师事务所到底有何不同的角色与功能呢？

从业务范围来看，律所和社会律师受企业委托，旨在解决企业的特定专业法律问题；而企业法律顾问要解决企业日常经营管理中的所有涉法问题。

从利益关系来看，社会律师将国有企业作为自己的客户，有偿提供法律服务，是简单的商业利益关系，看重短期利益；而企业法律顾问是企业的内部人，有人身依附关系，忠诚于受聘企业并有对法律事务的决策权，看重长远利益。

从法律责任来看，社会律师提供法律咨询意见，律所仅依据双方法律服务合同承担有限的合同责任，除非存在重大过失或恶意，这个责任非常小且不涉及律师个人；而企业法律顾问作为企业职员提供法律意见，其承担的责任却是非常全面的，任何不尽职或疏忽都可能面临企业内部处分、党纪政纪处分以及业绩考核，甚至被开除。

从法律意见的落实来看，社会律师提供法律咨询意见，并不负责落实，而且法律意见偏于保守，会设定很多假定条件，但他们并不对这些假定条件的实现负责；而企业法律顾问则不同，不仅要提出意见，还要负责组织、协调和落实，尤其要负责将一些当前并不具备的假定条件想象成现实，以实现法律意见中的目标，所以难度更大。

从成本角度来看，作为自由职业的社会律师收费是相当高昂的，多以小时收费，费用难以控制，即使按照固定总价方式聘请一位优秀的律师做常年法律顾问，成本最低也不会少于50万元[①]，而且依据惯例，仲裁和诉讼事务都是要单独计费的；相对而言，国企法律顾问的薪酬稳定可控，而且现在很多国企的薪酬标准都是参考一般行政管理人员来制定的，整体水平不高。

这里要特别说一下社会律师和企业法律顾问在法律思维上的一个区别，从中更能看出两者的不同角色定位。企业法律顾问在提出法律意见时，仅仅评估法律上的风险是不够的，必须要考虑到公司战略与目标、公司运营情况与实力、市场或行业变化、内部制度与流程，甚至是现金流、汇率或税收等因素的影响。也就是说，企业法律顾问不仅仅要考虑纯粹法律上的风险，更要综合考虑商业上的合理性与可行性。而社会律师在给公司做法律咨询时，一般只关注法律的规定，给予比较保守的意见，会设定各种假定条件（而这种假定条件未必与现实相符合，或者未必能够轻易达到），而且时时处处把法律规定和司法认定中的风险摆在显著位置，这也是实践中企业领导对律所意见比较"反感"的原因。由此可见，企业法律顾问的思维是基于权衡法律风险、业务需求和现实条件三方面，而这种决定有时是需要承担一定风险的，这也是企业法律顾问对公司的独特价值所在。

通过上述分析不难发现，国企法律顾问与单纯的社会律师相比，素质要求不但不能降低，相反，还应当更高、更综合，不仅要具备法律知识与技能，还应当了解企业经营与管理，具备组织协调和沟通能力，了解市场、商业、业务和行业基本规则，甚至还要具有商业头脑。

---

① 景宜春. 试论企业总法律顾问制度 [J]. 市政技术，2008，1 (26)：86－88.

任何事物都具有两面性。在企业法务工作中，企业法律顾问一样不能代替社会律师。在欧美发达国家，其企业法律顾问尽管绝大多数都具有多年律师执业经验，但依然需要与社会律师一道分工协作，才能做好企业法务工作。

那么社会律师又到底具有哪些独特优势呢？

笔者在10多年的国企法务实践中，与国内外多家律所的律师有过合作经验，在此简单谈一谈自己最强烈的三个感受。

优势之一：人脉。这种律师人脉包括立法、执法和司法等实务部门，也包括专家资源，比如法学教授、会计师、知识产权代理人、税务师等，这是社会律师在常年的专职法律工作中尤其是一些大案、要案中积累的宝贵外部人脉资源。这种人脉资源十分有利于掌握立法现状与趋势、现实执法限度和尺度，尤其是在立法不完善情况下的政策把握和自由裁量权等。与此相反，企业法律顾问将更多的精力投入到企业的日常事务、组织协调和企业管理等工作中，因此对外联络的渠道和资源就非常有限。

优势之二：专业。企业法律顾问固然也有其专业的一面，但主要限于公司主营业务和与日常经营管理相关的法律事务，在面对企业的新领域、复杂的或涉外法务时，企业法律顾问的知识、能力、经验往往不能满足。比如，一家专注于国内市场的设备制造企业，突然有一天做出决策要并购一家美国企业，这时候，其企业法律顾问的语言能力、对美国法律环境的了解以及对跨国并购法律风险的认识和实际操作经验都非常欠缺，而自行招聘该专业的企业法律顾问又无必要，成本上也不经济，因为几十年内该企业都可能不会再并购海外企业了，这时，外聘一家律所就十分有必要。律所有专门做跨国并购业务的律师团队，有美国合作律所和中介机构资源，甚至可能近期刚刚运作过针对美国企业的跨国并购案。有的专业化律所只做海外并购的法律服务，对美国的法律监管、并购的操作流程、主要的法律风险以及各种并购方案与惯例都非常熟悉，经验和资源亦非常丰富。这种强大的专业能力实际上都是专注于企业日常管理和主营业务法律事务的企业法律顾问难以具备的。

另外，社会律师在重大诉讼和仲裁方面具有相当丰富的诉讼技能、技巧和实践经验。综合性的知名律所都有专门的诉讼、仲裁业务部门与团队专注于此类业务，这也是企业法律顾问所欠缺的。

优势之三：地位超然。国企法律部是企业的组成部分，企业法律顾问本身是企业的职员，所以难免会有自己的部门利益、个人顾虑和受到相关部门的掣肘，"有些话不方便说"，有时候会想着推脱自身责任。与此相反，受委托的律所和社会律师则处于一种相对超然的地位，能够更大胆、更直接和更中立地全面分析法律风险和设计方案，就事论事，就法律分析法律，不会有太多的利益掣肘。在法务实践中，一个外部专业机构的法律意见往往更能影响决策层。

可见，外聘律所与企业法律顾问地位、职能和专长的不同，其实是社会分工细化的体现。因此，做好企业法律事务工作，需要社会律师与企业法律顾问相互协作、优势互补。企业法律部门要在充分考虑降低成本和风险可控的前提下，与那些法律资源丰富、服务口碑良好、业务有所专长的律所进行灵活多样的合作，充分利用外部的法律服务资源和力量，将企业法务工作做得更好。

社会律师为企业提供法律服务，通过法律服务外包的形式实现，即企业与律师事务所签署常年法律顾问合同，由律所指派律师或律师团为企业提供法律服务。目前，这种法律服务外包模式主要有三类，即预约服务模式（涉及日常法律事务的"一揽子性服务"，一般仲裁和诉讼须另行单独计费）、项目服务模式（类似于"一事一议"，限于特定的专项法律服务或项目部法律服务）、驻点服务模式（委派律师进驻企业建立办公系统，与企业内部工作人员整合成企业的法律部，具有一定的专职性，需要去企业坐班，在协议约定的范围内全面处理企业的日常法律事务）。其中，以第一种最为常见，而第三种模式在一定程度上结合了企业法律顾问和社会律师各自的优点。需要注意的是，法律事务外包的范围应该主要指法务工作中服务职能的外包，而不是企业法律顾问的管理和监督职能。在一家国企里，法律服务外包越少，则意味着企业法律顾问越辛苦，专业化程度越高，那么其薪酬待遇就要相应提高，否则，其很可能会跳槽去做社会律师，或者去以管理和监督为主要职能的企业做法务。

在处理律所和国企法律部的关系时，最怕的一种倾向就是：将法律事务委托给律所，自己当"甩手掌柜"！实际上，两者合作，企业法律顾问职责重大。首先，企业法律顾问要不断将企业的利益诉求和相关的背景情况传达给律所和社会律师，充当好沟通桥梁作用。其次，在等待律所法律意见或服务的过程中，企业法律顾问不能干等，要主动出击，同步工作，形成自己的"影子报告"。再者，企业法律顾问要结合自己的"影子报告"对律所提供的法律意见和服务进行审阅、过滤、甄别、补充、澄清和重组，尤其要结合企业的具体情况和市场形势进行修正，以形成"终版方案"，真实反映企业关注的焦点并解决相关问题。最后，在整个服务的过程中，国企法律顾问都要充当法律业务和法律服务的监督者以及落实相关问题的组织协调者。如果国企法律部门在上述工作中缺位或不尽职，很可能出现的一种后果就是：企业花了不少钱，律所的法律意见和法律服务的质量却很糟糕——我们不能只寄望于律所和社会律师自身的自觉性和职业道德约束。

所以，律所（社会律师）与国企法律部门（法律顾问）两者的工作机制应当以企业法律顾问为主、外聘律所为辅，分工合作、优势互补、相互学习、完善机制，共同服务于国有企业改革发展大局，并为其保驾护航。

与社会律师合作的过程也是企业法律顾问不断学习提高、吸取经验教训的过程。"知己知彼，百战不殆"，当一个企业法律顾问也能从社会律师的角度考虑问题的时候，其也就真正成长并更成熟了。所以，用不用社会律师，都要以"壮大公司内部的企业法律顾问队伍"为根本出发点，因为这些企业法律顾问是企业内部的自有资源和支撑，是真正忠诚于企业的"自己人"。只有企业内部法律顾问与社会律师在业务能力上没有太大悬殊，才能建立起和外部律师对话的平台。正所谓"师夷长技以制夷"，如果业务能力相差悬殊，又如何管理、监督和评价社会律师的工作？

十八届四中全会提出，要"构建社会律师、公职律师、公司律师等优势互补、结构合理的律师队伍"。企业法律顾问的律师身份再次被强调，而且随着企业法律顾问资格考试的取消，公司律师制度很可能因此得以加快建设，公司律师将与社会律师具有统一的资格考试、共同的法律信仰、统一的协会管理，内外部律师将具有更多的共同语言和职业经验，其合作和职业交流也将更加密切而有效。

第六节　国企法务管理体制及趋势

在集团化、一体化管理渐成趋势的今天，国企的母公司如何有效管控子企业的法律事务？母公司法律部如何管理子企业的法律部与法律顾问？如何处理企业自主权与一体化管理的矛盾？这就涉及企业法务管理体制问题。目前，企业法务管理体制主要有三种。

1. 分散管理体制（横向管理模式）

总部（集团公司）和子企业（地区公司）均设有法律部，法律顾问向所在公司的法律部和管理层负责，两者各自独立，各负其责，这属于典型的分散管理模式。在分散管理模式下，集团总法律顾问和法律部对子企业的法律顾问仅基于同一业务对口部门而具有一定的业务指导关系，而不具备领导或监督关系，子企业的法律顾问在选聘、任命、工作、晋升、考核、薪酬等方面都不受集团总法律顾问或法律部的任何制约。

分散管理模式的优势在于法律顾问对自己所在的公司负责，待遇由所在公司决定，所以，有动力与业务人员更加频繁和密切地交流，尽最大努力为企业提供高效、专业的法律服务和相关管理工作；但其在履行法律监督和合规职能时，自身利益容易受到企业内部的制约，履职的独立性受到较大限制。

此种分散管理模式在各子企业（地区公司）与总部业务差异性比较大、业务多元化的国有企业中比较常见。

2. 垂直领导体制（纵向管理模式）

对于重要部门或业务，打破独立法人资格限制，实行垂直管理。这种做法在政府机构改革中早已成为事实，如国税系统，为了摆脱权力和利益地方化倾向，确保国家整体利益最大化，地方国税局改为直属于上级国税部门领导，统帅于国家税务总局。此种经验移植到企业也不鲜见，如比较常见的集中采购模式（总部询比价确定合格厂商与价格，子企业选用）和财务管控体制（由总部任命和派驻总会计师，以及设立总部随时可监控的财务信息系统等）。在欧美发达国家的跨国公司里，法律事务采用垂直管理模式比较常见。

法律事务采用集中管理模式，子企业的法律顾问地位超然，其待遇、工作汇报与考核等直属于集团公司总部的法律部或区域法律总部，确保履职过程中不再受所就职企业的掣肘，能够全力做好法律风险防控与合规管理工作，也实现了总部对重大涉法事务的决策权与监督权，子企业的法律顾问甚至负有对子企业高层管理人员进行监督的职能。这种模式下，法律顾问的管制者和监督者角色更为持重，即使是对于相对比较灵活的合同管理业务，总部的法律部也具有很直接的控制权与审批权；总部的资源、制度、流程等都是对子企业法律顾问开放的，总部的法律顾问和分布在世界各地的子企业法律顾问是一个联系异常紧密的一体化团队。以 IBM 公司为例，其总部的总法律顾问直接对公司 CEO 负责，而在其下又设置了 10 余名总法律顾问助理，分别负责全球技术、营销、知识产权、环境与产品安全等方面的专项法律事务，他们直接对总部总法律顾问负责；而其分布在全球各业务板块和关联企业的法律顾问或法律事务机构负责人也都直接向所在企业总法律顾问报告工作，从聘任、培训、考核到薪酬都实行垂直管理，公司总部和世界各业务板块及关联企业的所有法律顾问最终都只对集团总法律顾问负责。这种垂直管理的模式使法律顾问所在的企业对其话语权反而非常薄弱，从而在全球范围内构建起严密的法律风险防范体系。

这种垂直模式比较适合于业务高度集中、垄断地位明显的国有企业。这种模式的缺点也比较明显，就是法律顾问不受所在企业的管控与考核，导致其服务与支持企业发展的动力不足，与企业的业务人员常处于对立状态；反过来，业务人员对法务人员的关注和支持也不够。

鉴于合同管理工作（如合同起草、谈判与评审以及合同履约管理等）的服务与咨询职能比较突出，所以，一些欧美跨国公司会将合同管理职能从法律部中独立出来，成立单独的合同部，其与商务部门的联系更加紧密。这时，法律部的法律顾问即使实行垂直管理，也并不介入具体的合同管理工作，而是专注于重大合同纠纷处理、合同非正常终止、提供合同标准文本以及关键法律条款审核等重大事项。

3. 结合前两种模式的双线考核体制

近年来，国企法务管理逐渐由分散模式向集中管理模式靠近，注重发挥总部统管重大风险的优势和发挥二级单位法律部门的积极性相结合，在保留部分子企业法务管理权力的同时，又统一收回了部分权力，法务管理体制逐步演变为接受子企业和总部法律部双重管理的双线考核体制。至于保留何种权力，收回何种权力，不同企业的做法会有所差别。比较常见的总部收回的权利包括：

（1）统一的法务管理制度（子企业仅有权做非常有限的调整和变通）；

（2）对子企业总法律顾问的任免权和一定的考核权；

（3）对子企业法律顾问一定比例的绩效考核权；

（4）重大决策与涉法事务的知情权和一定的审批权；

（5）对法律顾问的统一培训权；

（6）统一的信息化管理平台（如合同管理、重大法律纠纷等）；

（7）重大经济活动的监督权和一定的参与权。

比如，为适应企业战略，中粮集团就明确了法律顾问实行"双线考核与汇报"制度，即集团各级业务单位的法律顾问同时接受本单位业务负责人和集团法律部的双重领导，法律顾问的工作绩效由所在单位和集团法律部共同考核与评价。这个制度初步实现了全系统法律顾问的专业化垂直管理，有利于建立一个统一的法律风险管控体系，又能让法律顾问深入一线，做好法律服务和支持。

这种双重管理模式下，中国国企多以所在企业的横向管理为主，以总部的纵向管理为辅。集团公司（总部）仅在重大项目、重大投资、海外市场开发等高风险领域要求报集团公司审批方可实施，必要时集团公司会再行组织法律论证（即使子企业在申请文件中已经有相关法律意见书），平时则主要提供优质的法律资源和业务指导，以提升子公司的法律业务操作水平。比如，中石化总部与系统基层企业就建立了重大事项由总部与企业两级法律审核机制。

更多的外企则采取的是纵横结合、以纵为主的双重管理模式，即以管控为主、服务为辅，对地区企业法律顾问的"授权"非常有限，这在一定程度上也体现了法律部较高的管理地位。

总法律顾问制度的引入对我国国有企业法务管理模式也有较大影响，总部对子企业法务的管控能力得到加强，主要体现在：子企业的总法律顾问由总部任命、委派、控制和考核；法律事务机构负责人和普通的专业法律顾问则主要受本企业控制；总部的总法律顾问对整个集团的法律事务进行统一的规划、协调和制定法务战略。这种模式能够保证法律部门作为一个相对独立的工作系统，内部实行专业分工，工作开展却与经营、管理部门相互配合，形成法律工作与经营管理相互渗透的工作机制，有效地满足公司业务发展目标的实现，同时确保在履行监督职责时独立、公正地履职。整体来看，这种机制又能保证整个企业集团法务管理工作的一致性和统一性。随着总法律顾问的公司决策参与者、法律事务顶层设计者和统一协调者的角色日益深入，法律事务纵向管控的比重会越来越大。

那么企业到底采用哪种法务管理模式比较合适呢？一般来讲，这取决于三个内因（即企业规模、业务复杂程度和业务本身的性质）和一个外因（即企业面临的法律环境）。企业规模越大，子企业越多，业务类型越多元化，法律关系越复杂，业务领域法律规制越多，法律风险越大，就越会强调法律事务纵向的管控和统一，但又考虑到发挥子企业的积极性，考虑到让法律人员与业务人员的有效融合、迅捷服务，这就需要适当"放权"和"授权"。

第四章　国企法律顾问队伍建设

所有制度的实施和战略目标的实现,最后都归结于人的因素,法务也不例外。在中国国有企业法务管理水平整体偏低的大环境下,人的因素会显得更为重要,或者可以这么说,现在国有企业急需一批冲锋陷阵、开疆拓土的法律先驱,进行一场"革命式"运动,以打造中国特色的国企法务模式。所谓"先驱"者,不仅要具有能力、知识,更要有战略意识、创新意识和坚韧的意志。

在对中国法律顾问队伍建设展开论述之前,我们不妨也先看看具有悠久法治传统和历史的美国法律顾问队伍是何等"霸气"。

美国没有设立企业法律顾问资格,其企业的法律顾问通常是由律师来担任。美国律师要么受聘于企业做法律顾问,要么受聘于律所做社会律师,两个选择对美国律师而言,只是职业不同而已,但都属于律师职业群体。取得了美国州律师资格后,企业并不一定聘其为法律顾问,其一般会先到律所或国家机构(法院、检察院、司法部或政府执法机关)工作,取得了丰富的实务经验,工作有了业绩,社会上有了声誉,企业才会慕名而高薪聘其为本企业的法律顾问或其自愿到企业从事专职法律顾问。所以,美国企业的法律顾问通常来源于律师事务所和政府部门的公职律师,并且都是诉讼、商业合同、公司业务、知识产权、政府监管等方面的法律专家,很多法律顾问都同时具有项目管理、财务、税务、企业管理、金融、证券监管等方面的专业背景。当然,也有未取得律师资格的企业法律顾问,但主要限于个别专业性较强的行业,一般其本身是该行业的技术或管理专家,而后又有机会接受了法学教育者。与此同时,美国公司有充足的经费保障法律顾问的履职、知识更新和培训等,以适应不断出现的新法律问题和不断调整变化的市场监管环境,如,NCCI 公司全年法律经费支出占公司总预算的 1.75%,Sempra Energy 电力公司每年法律业务支出约占公司年销售收入的 0.5%[①]。不仅

[①] 王思鲁. 美国企业法律风险防范的主要做法［EB/OL］. http://article.chinalawinfo.com/ArticleHtml/Article_74169.shtml, 2015—03—12.

如此，如之前章节所述，美国的企业法律顾问与业务人员联系紧密，法律部与业务部门建立了良好的工作协作机制与信息分享机制，这使得企业法律顾问在解决专业法律问题方面如虎添翼。

第一节　国企法律顾问核心素质能力

我们到底需要什么样素质或能力的企业法律顾问？很多时候，我们的国企领导不是不知道法律工作的重要性，甚至也不是不知道法律人员提前介入项目或全面参与经营管理能产生重大效益，而是一旦需要法律支持或保障时，却发现公司法律部并没有合适的人。

我们先谈一谈专业要求。

如果仅仅就专业要求而言，时任中国石化法律事务部负责人邵敬扬的观点比较有代表性："我需要的是懂法律、懂管理、懂业务、懂财务、懂外语的人才。"顺着邵敬扬的这句话，下文一一谈谈我们国企法律人才的核心素质能力。

第一，懂法律。

企业的法律顾问首先是"法律人"，懂法律是专业方面首要的基本要求。然而在企业从事法务工作，我们更强调"一专多能"。首先，国有企业的法律顾问应具备基本的法律功底，包括系统的法学基本理论、丰富的法律知识储备、法律运用技巧、法律分析能力与法律意识等，这主要来源于法学的科班教育。什么法律都要懂一点，因为企业运营中遇到什么法律问题都是可能的。其次，还得有专长，这是专业化分工在法务领域的必然要求，比如知识产权专家、并购重组法律专家、劳动合同法专家等。要成为名副其实的"专家"，离不开科班教育打下的基础，但更多靠的是后天的实践。最后，要特别熟悉国有资产、国企治理方面的政策、法律法规、部门规章、地方性法规和行业惯例。

第二，懂管理。

国资委特别强调企业法律顾问的"管理"定位，多次提出企业法律顾问是企业经营管理人才的重要组成部分。什么是管理？简单来说，就是调用资源，通过计划、组织、指挥、协调及控制等手段，实现目标的过程和能力。企业法律顾问是企业管理人员，这是其区别于法官、检察官和律师等传统法律职业人的标志，也是法律毕业生或社会律师转行成为一名优秀法律顾问的难点所在。

企业法律顾问要懂管理，一方面，要对企业的经营体系、管理内容、管理流程等有着较为透彻的了解；另一方面，对于其负责的法律事务和法律顾问团队，要具备一定的组织、协调和沟通能力。比如，中国移动就要求，作为电信运营企业法律人员，不仅要对国内电信政策法规、通信业务规程和国际电信惯例进行研究，还要加强国外电信监管、经济管理、营销学、财务管理等法律边缘学科的学习与研究。

如果说懂法律就是"埋头干活"，那么懂管理可以总结成"能组织、会协调、带队伍、擅经营"。企业法律顾问必须具有法学和企业管理诸方面的复合知识和经验背景，这已成为业界共识。遗憾的是，目前我国高校和法学院的专业设置中还没有法律和企业管理相结合的综合性本科专业。

第三，懂业务。

前文已经多次说过，法务与业务要紧密结合才能从商业的角度提供创造性的法律解决方案。"法律的生命在于实践而非逻辑"，这句法律谚语在企业法律顾问身上体现得更加明显，而实践本身必然是与公司业务紧密相关的。

懂业务，更多的是懂业务流程，懂业务基础知识，懂行业惯例做法，而不是说要让企业法律顾问越俎代庖，直接成为专业技术人员或市场开发人员。企业法律顾问要懂业务，还有一个重要原因就是企业法律顾问如果只懂法律而不懂业务，就会在跨部门协调和沟通的时候遇到很大的障碍和困难，也无法拉近彼此的距离，难以得到业务部门的支持与理解，得不到必需的信息，法务工作目标必然难以实现。

第四，懂财务（包括税务）。

我们已经有财务部门了，还需要法律顾问去学财务吗？有必要单独强调财务知识的重要性吗？有！这几乎是每个企业法律顾问做了多年法务工作后得出的共同结论。

首先，无论是国企、民企或外企，企业存续的核心目标依然是盈利，财务制度成为企业的核心制度，其他制度甚至在很大程度上是服务或适应于公司财务制度的。其次，近年来国有企业的国际工程承包、海外投资与海外并购重组业务发展迅速，实践中发现财务与法务的关联度越来越高，两者往往交叉在一起，需要思维互换、协同作战。企业法律顾问要懂得基本的财务制度、会计制度、税务知识、金融知识，了解发票、现金流、融资、政府优惠贷款、信用保险、国际支付与结算、成本—利润、财务风险等基础知识，才可能在进行商业模式策划、合同签约架构设计、合同条款评审、税务筹划以及合同风险评估时找到介入点。最后，在法务实践中，选取哪个法律主体来签约、如何设计资金流向、如何规避高额税种、为贷款提供何种有效可执行的担保、选择何种国际结算工具等，都会与整个合同架构、合同条款以及相关的法律分析直接关联，如果仅仅依靠财务部门的奥援，企业法律顾问自身完全不明就里，工作就难以有效开展。

现在，企业法律顾问开始越来越多地被期望也拥有商业头脑，法律人的意识里不仅有"风险"两个字，抑或还应当时刻牢记"利润、效益和现金流"，同时还应将两者联系起来。

第五，懂外语。

涉外型法律人才缺乏几乎是所有法律职业群体的通病，法官、检察官和律师如此，冲在经济第一线并经常与跨国企业合作或竞争的国企法律顾问更是如此。

近年来，随着"走出去"战略的深入实施，国际化战略是大多数国企的核心战略之一，不少中央企业的发展目标也定位于"国际一流企业"。正如笔者一直强调的，国企法律顾问既是风险防控力量和监管力量，也更是企业发展的服务保障力量，在涉外业务中地位重要，所以，法律顾问全面的外语听、说、读、写能力和外语谈判能力就显得尤为突出。懂外语，更要借助外语这门工具了解当地的法律、法规与司法制度，掌握国外谈判对手的法律思维和逻辑，这都不是翻译能够轻易做得到的。

除了专业能力，优秀的语言与文字表达能力、良好的组织与协调能力则是比较重要的两项职业能力。尤其是良好的组织与协调能力，在企业法务一线工作中，团队作战、外协作战、跨部门作战、上传下达的沟通与协调等早已成为大多数国企法律顾问的工作常态。

再则，这里重点谈谈国企法律顾问的思维：法律思维、跨界思维和系统思维。

什么是法律思维？举个例子，并购一家高技术企业，大家肯定都对被并购企业的专利非常关注，技术人员往往本能地去分析其技术的先进性和具体性能指标，财务与商务人员去评析其投入市场后的成本与效益，从而企业据此做出决策要花费多少钱来收购这批专利。而作为一个法律人，本能的思维方向则是：第一，这些专利中最具价值的发明专利有多少？第二，这些专利是否已经过期？第三，这些专利是否存在重大法律纠纷？曾经有一家国企的法律顾问，通过检索专利发现被收购企业70%的专利都已过期，而按中国法律相关规定，过期专利是可以免费使用的，由此一下子节省了几千万元的专利转让成本！所以说，法律思维是可以创造财富的，是企业管理的重要方式之一。

法律素质不意味着单纯的法律思维，企业法律顾问具有复合性，系统思维和跨界思维也是同法律顾问地位和定位相称的思维能力。

首先，何为系统思维？比如，在笔者参加的与中美洲政府的一个大型工程合同谈判中，对方聘请的在融资和工程领域具有30年经验的顶级美国律师是整个谈判的牵头人。该美国律师作为谈判的"主帅"，负责众多技术专业（如费用、进度、设计、采购、施工、安全等）和多个机构（如业主、政府、专利商、项目管理承包商等）的组织和策划。美国律师需要考虑方方面面的关系和事情，负责组织整个谈判，一直牢牢控制着合同文本和谈判节奏，其系统思维能力明显要比我们的法律人员高。而我们的法律人员则仅就合同与法律问题充当辅助、咨询和协助的服务角色，牵头的是市场开发人员。我们可能会说企业并没要求法律人员来承担牵头协调的大任，但问题并不在于是否有外部要求，而是法律人员在日常工作中是否具有全局意识和大局观念，是否能关注事情内部各个部门和专业的内在联系和影响，这就是系统思维。

其次，关于跨界思维。过去，我们常讲"不在其位，不谋其政"，这是典型的"自我设限，画地为牢"。现在，"跨界"已成为互联网领域和娱乐圈的时髦词汇。我们看到，企业内部其他部门的人也都在"跨界"：技术人员在学习商务法律知识，战略规划人员在学习项目管理知识，市场开发人员在学习法律和技术知识，会计税务人员在学习合同知识及项目管理等。法律人员反而要不思进取吗？其实，法律工作同样需要跨界思维能力。例如，在海外投资时，大家都在考虑自己专业相关的风险，各自守着自己的"一亩三分地"，孤立地坚持着自己专业内的风险原则，导致跨专业的风险很少有人考虑，系统的风险很少有人考虑，专业之间互相影响的风险也很少有人考虑。结果呢？系统的、部门间的和专业间的风险在过程中不断放大并进而影响到专业本身的风险。怎样才能使专业间和系统的风险不被遗漏？这就需要在一定程度上打破专业界限，需要法律和投资、财务、业务部门的跨界。在项目中，我们常常会发现"1.5大于2"，就是说一个懂财务的法律顾问的作用远大于仅懂法律和仅懂财务的两个人员。而在实践中，又很难确保各个专业的人员永远都是齐全的、全过程参与的。因此，法律人员需要不断提高综合素质，只有具备管理、投资、运营、财务、金融、税务等多个方面的知识储备，才可能具备实现跨界的能力。

最后，是对国企的忠诚、责任心以及大局观。笔者认为，作为国有企业的企业法律顾问，第一要求就应该是"责任心"或者说"忠诚度"，这也就是我们常说的"讲政治""讲大局"，大致包括如下几个意思。

(1) 高度的国家意识：即防范国有资产流失的监督者。这是对国有企业特殊的经济、政治地位与责任的认可，也算是国有企业对企业法律顾问的特殊政治要求，否则，其难以将自己的专业能力全心全意地投入到为国有企业发展提供保障、服务和监督的法务工作中来，而是将国有企业作为一个工作跳板，或贪图国企工作的稳定安逸。

(2) 责任意识：保障国有企业健康和可持续发展，保障企业依法经营和依法管理，这是当代国企法律顾问责无旁贷的义务。这种责任意识决定了法律顾问在具体的法务工作中能够投入几分心、尽几分力、想多少种方法去达到目标。

(3) 以身作则的示范意识：国有企业要做合规守法和诚信履约的典范，国企法律顾问应当以身示范，大力推进，义不容辞。同时，国企法律顾问多是党员，所以在工作作风和廉洁自律方面一样要严格要求，担当表率。

(4) 国家政策的把握能力：立法滞后、法律冲突，国家给了国企很多政策、很多大原则、很多指导性意见，在这个框架范围内，国企法律顾问有很大空间作为。

这些年来，理论界和实务界还推出了一个新概念，即法律人的"商务思维"或者叫"法商管理"或"法商智慧"。"商务思维"要求我们具有一定的商人意识，法律风险被认为是一种商业风险，要求企业管理人员（包括企业法律顾问）有责任像管理企业的其他商业经营风险一样去管理法律风险。这种思维是由企业法务的工作性质决定的，因为企业首先是经济体，追求效益理所应当是核心目标，即使国企也不例外。而企业法律顾问作为这个经济体的一部分，理应为公司效益做出贡献，要更重视对现金流、税务、商业价格、商业合作模式及市场策略的审视与分析，要结合法律思维去追求公司效益最大化。在企业经营过程中，法律很多时候不一定是解决问题的最好方法或优先选择。与法官比较单纯地考虑法理和法律条文不同，国企法律顾问很多时候要让自己观察事物的角度变为商业团队的一员，要不断拓宽知识面、了解行业知识并提升协调人际关系的能力，时刻提醒自己要以客户、市场和效益为中心来考虑和解决问题、增加价值和沟通交流。虽然商务思维对现今的企业法律顾问很重要，但决不能忽视"度"的把握。在法务部门内部，充分的法律思维才是工作的立足点，商务思维只适用于和业务部门协调配合时。在2014年举办的第三届中国公司法务年会上，全球企业法律顾问协会在中国首次发布了《21世纪总法律顾问技能报告》，该报告将总法律顾问定位为同时具备"法律部门领头人、首席咨询师、商业策略师"三个角色才能的人。这个定位特别强调了商业能力、商业价值和商业灵活性，实质上是对法律服务这一基础职能的推崇，用在外企和民企身上无可厚非，但用在国企身上则有一定的局限性，也存在"过度"的问题，因为它淡化了管理和监督这两大职能，在国有企业，这两大职能尤其是监督职能恰恰是完善国企治理和内部监督机制的关键所在。

最后强调一点，那就是国企法律顾问要有终身学习的能力和不断创新的勇气。这两点在法律顾问制度尚未完善阶段特别重要，不仅要不断解决工作中面临的新问题，而且要大破大立新的制度、新的体系和新的理论。

第二节　走向市场化的法律顾问招聘

人才对任何企业来说都是关键资源。国企职员招聘，一直存在比较严重的任人唯亲和小圈子招聘问题，不公开是最大的问题。面对外企、私企的围追堵截以及全球市场竞争力的考量，尤其是市场化越来越成为国企今后的发展方向，国企招聘也必然逐步走向公开、公正的市场化招聘，国企法律顾问的招聘也不例外。这种市场化招聘应当至少具备三个特点：过程信息的公开、公示与公正，即"阳光招聘"；招聘渠道的多样化甚至国际化，绝对不应限于应届生和系统内，社会律师、法官、检察官甚至是竞争对手的法律人员都应该纳入招聘视野；入职后的可进可退、可上可下机制和优胜劣汰机制。三者缺一不可，否则，进入国企法律部的，有能力的进不来，就算进来了，最后也不能很好地发挥作用。

国企法律顾问招聘有没有比较成功的例子？有！这里以市场竞争程度很高并不断重塑行业商业模式的中粮集团为例。2008年左右，中粮集团的法律部一共有17人，人数并不多，但来源比较多元化，这17人中，有8人近两年被充实到业务单位，有5人则是从法院、律师事务所和跨国公司招聘过来的。[①] 2010年以来，为了落实中粮集团知识产权战略，集团法律部下辖的知识产权部从北京第一中级人民法院的知识产权庭等国家司法机关业务庭和工信部的电子知识产权研究中心等相关科研事业单位选拔和引进专业人才；其下属的中粮营养健康研究院则从国家知识产权局专利复审委员会、集佳律所等引进高素质的专利人才。这和以前国企新招法律部职员清一色地从应届法科大学生中遴选的传统模式有天壤之别，中粮集团开明开放的人力资源政策和所在行业充分竞争的市场经历显然为高端法律专业人才的引进创造了环境。中粮认为，其系统内部的合理流动与交流也是人才成长的必要途径。中粮从集团法律部输送业务骨干到各级下属单位从事法律工作或企业管理工作已经制度化、常态化。其通过法律顾问下派这种模式，不仅在一定程度上解决了人才缺口，而且使法律管理更接近业务，有效改变了以往法律、业务"两张皮"、集团和下属单位"两张皮"的不科学状态。当然，也有下属单位法律顾问上调到总部或者到总部挂职，这些法律顾问熟悉基层业务和运作，这对总部发挥整体的法律管控和监督职能也有很大的帮助。

然而就国企整体而言，能够做到中粮集团这样五湖四海群英荟萃的其实很少，在一定行政垄断或资源性国企中更是鲜见。究其原因，有大环境的问题，也有法务功能不显著以及企业市场化、国际化水平不高等深层次问题。部分国企对高水平的法律工作和高素质的法律人才的需求并不急迫，也有的是虽然急迫但思想跟不上形势变化，因为要改革总是会触及既有利益格局。在现阶段，国企法律顾问招聘与队伍建设中还存在不少问题，主要体现为：

(1) 公开招聘的力度不够：内部招聘和关系户问题比较严重；

[①] 辛红. 高素质法律顾问团队列阵央企[N]. 法制日报，2008-05-11.

（2）市场化力度不够：渠道单一，应届毕业生多，导致缺少法律实务经验，缺少社会阅历，缺少组织、协调能力；

（3）队伍固化严重，缺少活力：国企法律顾问与法官、律师、学者等法律职业未形成良性互动和有效的职业衔接；

（4）待遇低留不住优秀人才：人才流失快，国企法律部一定程度上成了外企、私企法务人才的练兵场；

（5）发展空间有限难以吸引优秀人才：在企业里，相对于生产系统和市场营销系统，作为小专业而存在的企业法律顾问的地位、待遇和职业发展有限，这导致难以招聘到最优秀的人才，企业法务是很多法律人的第三甚至第四选择。

市场化招聘带来的好处是显而易见的，不仅有利于实现法律人才来源的多元化，实现人才专业知识与业务能力的多元化，更有利于借助律所、跨国企业、民营企业处理和管理法务工作的经验和思维改造国企法务工作，突破传统思维和利益的束缚。

国企法律顾问招聘要走向市场化，最终还得寄望于国企整个干部人事制度的改革，不太可能单兵突进。国企整个干部人事制度改革的关键还在于让国企本身回归企业和经济组织的本来面目，从而根除几十年来备受诟病的国企官本位思想、领导干部行政级别制度以及"能上不能下，能进不能出"的僵化体制。这种改革可不可以以法律顾问作为试点窗口或小小突破口？笔者觉得可行。在法律顾问发挥重要作用的国企，理应通过市场化来寻求更优秀的人才，在法律顾问发挥作用尚不明显的国企，更是要多渠道引进优秀人才，把企业法律工作搞上去，至少要逐步达到国资委这些年提出的基本要求。法律部门相对而言人数较少，法律人本身又特别讲究公平正义和程序透明，推行改革的阻力相对较小，国企若能在法律人才招聘和使用方面进行改革创新，不仅对企业运营的影响相对较小，而且容易树立国企尊重法律、带头推进法治建设的良好形象。

与招聘阶段的市场化相适应的是薪酬待遇的市场化，这是市场化招聘的延伸。实际上，目前不少法务管理走在前头的国企，其法律顾问的工作压力、业务范围、工作价值以及对其综合能力和素质的要求都是很大的，而对应的薪酬待遇却没有跟上来，也就是说，"干着市场化的活，拿着计划经济的钱"。如果这种情况得不到改变，即使通过公开、公平的竞争选能聘贤了，最后也还是留不住人才。

有意思的是，相对而言，位高权重的总法律顾问的招聘在市场化招聘方面反而更开明一些，其中的原因可能还在于总法律顾问本身的待遇（不管是政治待遇还是经济待遇）在一定程度上体现了市场价值。从 2006 年开始，国资委先后分几批组织了几十家中央企业面向海内外市场化招聘总法律顾问，吸引了国内外数千人报名和竞争，不仅实现了招聘过程的公开化、国际化，也实现了总法律顾问来源渠道的多样化。最近几年来，也有越来越多的国企法律部门从政府官员、法学专家、学者中选拔优秀人才充实到这支队伍中来，如原国资委政策法规局副局长陈丽洁担任中国移动总法律顾问、原司法部律师公证司司长宫晓冰担任香港中旅总法律顾问、原厦门大学法学院党委副书记郭俊秀担任东航总法律顾问等。他们丰富的法务实践经验、较高的法律综合素质、一流的管理协调能力以及对特定专业领域的深入研究，尤其是先进的理念和敢于创新的精神，为总法律顾问队伍能力的提升以及完善总法律顾问履职环境提供了很大帮助。总法律顾问的市场化招聘本身也可带动普通法律顾问的市场化招聘。将心比心，一个通过市场化竞聘选上来的总法律顾问，其综合能力和素质本身是经过多方检验的，通常也具有较为国际化和开放的视野，其本能地也会比较倾向于通过类似市场化手段而不是行政任命来获得优秀的企业法律顾问，也会在完成国家应届大学生就业指标的渠道之外，探索新的途径来寻找优秀法律人才。

第三节　企业法律顾问职称评定制度

职称（Professional Title）在中国具有特殊的意义，尤其在国有企业，不仅是一种重要的职业荣誉、职业证明和职业认可，也是一定身份地位的象征，而且与在职期间的各种待遇、薪酬福利挂钩，也跟退休后的养老金政策挂钩。企业退休人员基本养老金上调时，具有高级职称的人员通常都能获得倾斜，额外增加一定的养老金，这 10 多年来这几乎已成为惯例。而问题是，是否具有某个专业的高级职称不是企业或法律顾问自己说了算，而是需要国家或专门的高级专业技术职称评审委员会评审通过的。

当前的现实情况是，在国家系列（专业）职称资格分类一览表上，居然没有企业法律顾问的一席之地，这对于企业法律顾问的职业荣誉感与归属感是一种很大的打击。既然没有独立的企业法律顾问职称资格，那么只有曲线救国，往最接近的专业靠。于是，大多数情况下，法律顾问的职称评审认定走了财经系列中的经济师专业。但理论和实践都证明，这两个专业之间实际上是具有较大差别的，在进行职称申请和认定时，其专业成果和指标相差千里。

没有相关职称，并不意味着没有执业资格制度。在《律师法》开始实施的当年，企业法律顾问执业资格制度也正式开始实施。1997年，国家人事部、司法部、经贸委联合发布《企业法律顾问执业资格制度暂行规定》，企业法律顾问资格与律师资格一样实行全国统一考试，考试合格者由三部委联合授予从业资格。企业法律顾问执业资格制度规定，通过全国统一考试取得企业法律顾问执业资格的人员，企业根据工作需要可聘任经济师专业技术职务。这种"挂靠经济师"的方式意味着在国家庞大的职称体系中，企业法律顾问未能成为一个独立的职称，加上本暂行规定仅属于部门规章层级，效力等级较低，缺乏国家层面的普遍认可，所以，在实际运行中，很多国企并未严格遵守或实施。企业法律顾问要被企业聘任为经济师，仍需要通过国家组织的经济师资格考试并完成相关经济师职称的申请与评选程序。

没有国家统一的企业法律顾问职称，国资委又探索了另一条类似的路：专业技术岗位等级。

2004年，《国有企业法律顾问管理办法》出台，推行了企业法律顾问专业技术岗位等级制度，将企业法律顾问资格分为一级、二级和三级法律顾问。2008年4月，国务院国资委又专门发布了《国企法律顾问职业岗位等级资格评审管理暂行办法》，明确一、二、三级企业法律顾问分别对应正高级、副高级和中级专业技术职务任职资格。与前面的直接申请经济师不同（"借壳上市"），这里采用了"直接比照"模式，将企业法律顾问等级与中高级职称建立了直接联系。规定尽管更具体了，而且与社会上通用的、国家统一认可的中级、副高级和正高级职称体系——对应起来了，但是同样因为法律顾问执业资格制度相关文件的法律效力层级低下，仅仅是国务院国资委一家制定的规章，难以得到最关键的国家劳动人事与社会保障部门、国家司法行政部门和财政部门的认可，相关配套制度也未能及时出台，最后成为一个内部制度。即便作为内部制度，部分中央企业和地方国资委在实施该制度的时候也不是很积极，相关的待遇未能得到落实。例如，截至 2010 年 8 月，该等级制度实施 2 年来，全国仅有 159 人取得该等级资格证书，其中一级企业法律顾问仅 17 人，这与庞大的国企法律顾问队伍对比起来，简直不值一提。即使是第三个三年目标实施期间，也只有 25 户中央企业开展了职业岗位等级资格评审。

如笔者之前所述，企业法律顾问的多头管理看起来好像是大家都管，但实际上又是谁也不想管，这一弊病在其职称制度上体现得尤其明显。企业法律顾问执业证书上盖着人力资源和社会保障部、司法部、国务院国资委三家的公章，而三大部委却未能协同一致，至今没有对企业法律顾问的评等定级、职称待遇做出统一明确的法律规定。国务院国资委单兵突进，虽然制定了国有企业法律顾问评等定级办法，但缺乏国家统一的立法支持，至今没有得到很好的落实，其职称评定、待遇晋升至今没有纳入国家正式职称序列。

作为一个新生事物，这个三级企业法律顾问等级的具体申报条件、申报程序、申报文件、批准非常烦琐，配套不齐，权威不够。这些年来，有一些具有专业技术资格评审权的中央企业为了避免麻烦，干脆将企业法律顾问直接纳入"工程师"序列，按照工程师的标准进行申报和评定，弄得有点不伦不类，而且在晋升至正高级职称的时候会面临国家法律和政策层面的限制。

尽管缺乏国家法律层面的统一规定，但是一些国有企业还是主动出击，进行了企业法律人才"内部职称"或"专业等级"激励机制的探索与创新。有的中央企业专门设置法律事务专家、法律事务主任师、资深法律顾问、高级法律顾问等专业技术职位或职级，有效解决了法律顾问职级晋升问题。比如，航天科工集团甚至规定：凡是集团评聘的法律顾问，应当享受不低于业务处室副职待遇等。

关于企业自主认定，美国企业的做法或许是一个不错的参考。比如美国 GE 公司，除了兼任执行副总裁的总法律顾问外，其公司内部的法律顾问又分为一、二、三、四级，一级是初级，二级是中级，三级是高级，四级是最高级。也有的美国公司把法律顾问分为助理法律顾问、法律顾问、高级法律顾问、资深法律顾问和总法律顾问等，形成一个阶梯状的内部职称与专业等级晋升体系，与相关待遇挂钩。然而我们必须明白，在中国，作为企业自主层面的行为，依然无法解决国企法律顾问缺乏法定身份和正式职称的问题。

如果连一个国家承认的正式独立职称都没有，这对于数十万企业法律顾问无疑是一种"制度性伤害",也与国家提出的"依法治国"战略和十八届三中全会提出的"普遍建立法律顾问制度"的要求不符。可以说,尽快建立独立的企业法律顾问职称体系是加强法律顾问队伍正规化建设和留住优秀人才的当务之急。当然,司法部与国务院国资委等部委也可以牵头修改相关立法,尽快建立公司律师制度,结束其试点状态,同时探索将现有企业法律顾问资格平稳地向公司律师资格过渡,并应注意区别对待:

(1) 对于长期专职从事企业法律顾问工作满 10 年、仅持有原企业法律顾问资格证书的企业法律顾问,经司法行政部门业绩考核授予公司律师执业资格。

(2) 对于专职从事企业法律顾问工作不满 10 年、仅持有原企业法律顾问资格证书的企业法律顾问,通过司法行政部门设立的专项法律考试后授予公司律师执业资格。

(3) 对于持有法律职业资格证书的企业法律顾问,可以直接申请公司律师执业资格。

然而作为限制,也是为了维护国家法制统一精神,对于前两者授予的公司律师执业资格(我们可以叫 B 证),并不能转型做社会律师,只有通过了国家司法统一考试的公司律师执业资格(我们可以叫 A 证)才可以与社会律师进行职业衔接。这种过渡安排有利于保持企业法律顾问队伍的稳定性,尤其是留住一批实践经验丰富的资深企业法律顾问,同时也是适应中国现有的国情(比如,现阶段和在相当长一段时间内,我国企业面临的法律风险并不能与欧美企业并驾齐驱),也不会对现有社会律师的数量和质量造成大的冲击。

企业法律顾问转型为以公司律师为主,律师职业明确为社会律师、公职律师和公司律师三种类型并由司法部统一管理,那么建立全国统一的职称评定体系就指日可待了。目前,社会律师已经直接纳入国家专业职称体系(但明显不包括作为企业法律顾问职业的公司律师),作为新闻出版司法文化序列下的一个专业,设立律师助理、一级律师、二级律师、三级律师和四级律师 5 个等级。不过,作为自由职业的社会律师,对职称评定并没有太大的热情。

另外,如果中国企业法律顾问能正式纳入国家职业分类大典,即《中华人民共和国职业分类大典》范畴,对推进建立独立的企业法律顾问标准体系包括职称、评价和晋升体系来说也是一大利好,尤其有利于国资委与劳动和社会保障部两大中央部委之间的协调工作。最根本的解决办法，依然是通过制订法律或行政法规的方式，明确建立独立的企业法律顾问职称体系。

第四节 国企法律顾问履职机制建设

对于国企法律顾问队伍建设，自身的责任心、主动性和学习能力很重要，但更重要的则是履职机制保障，将法律顾问的法定权力变为现实中的权力，从应然状态走向实然状态。

1. 知情权机制，包括文件查阅权

"信息量决定发言权。"所有法律分析、论证与建议都是基于基本的事实和条件，所以，若不掌握决策、项目和业务的基本信息、事实和背景，法律顾问履职就如"空中楼阁"，别说不敢发言，就算发言也可能是文不对题。建立和保障法律顾问履职机制，首要的就是知情权。

信息最好同步获取，所以，要尽可能让法律人员参与业务的关口前移，让法律顾问走出办公室，走进一线，走进基层，走进项目，走进业务部门，本身具有一定的参与权和发言权。而在事后的知情机制上，则要赋予法律顾问一定的特权，要建立其与业务部门的良好合作与信息分享制度。

建立、健全企业法律顾问的知情权机制，无外乎如下几条途径。

一是参与重大会议制度。这种会议可以是决策会、策划会、专题研讨会，也可以是项目例会，即使不能亲自参与，也应将会议纪要同步发给法律顾问知悉或审核（纯粹的技术问题可以除外）。

二是随时调阅文件资料的机制。不管是在项目部还是公司职能部门，法律顾问应该享有这个特权，因为任何关键信息的缺失都可能会导致法律顾问做出错误的判断，得出错误的建议或方案。当然，与调阅文件相配套的是对业务人员的询问权，因为关于事件或纠纷的来龙去脉和前因后果，业务人员最熟悉。

三是同步参与具体经营活动的机制。作为专业力量，法律顾问直接参与并服务于企业的生产经营活动，为一些重大项目配备专职的法律顾问，有利于法律顾问及时获得项目的第一手信息和资料，避免信息"失真"。

这三条途径打通了，才能从根本上改变目前法律顾问在履职中的最大抱怨："什么都不让我们知道，出了问题才想到我们。"是呀，法律顾问不是万能的，事先不知情，事中不参与，事后得不到相关文件和业务人员的支持，那真是"巧妇难为无米之炊"。

可以说，没有同步的知情权作为前提，若信息不对称，就谈不上法律审核和法律服务的有效性、针对性和及时性。知情权对普通的法律顾问履职是如此重要，那么对国有企业的"法律事务的决策者"——总法律顾问而言，重要性就更加突出了。总法律顾问影响力的大小，在很大程度上也取决于其是否享有对公司内部信息的无限制知情权。这一点，对英美发达国家的企业总法律顾问而言几乎是毋庸置疑的。建立并维持一套总法律顾问可靠的信息网（从公司管理层，到职能部门层，到项目层，到下属企业的管理层与法律部，再到外部专业机构等）是总法律顾问履职和发挥作用的基础条件。对此，《关于进一步加快中央企业以总法律顾问制度为核心的企业法律顾问制度建设有关事项的通知》第四点中专门强调，要"建立科学、规范的企业法律顾问工作制度和工作流程，保证企业法律顾问享有企业经营业务的知情权和法律审核权"。

2. 调查权保障

企业法律顾问除了服务支持生产的职责，还有监管和合规审查的职责，而后两个职责的落实如果离开了调查权的保障机制，就会沦为形式。国有企业应当通过建章立制，首先赋予国企法律顾问对企业内部违法、违规和违章、违纪行为行使一定的内部调查权，可以调阅相关文件，可以接触到一定保密级别的信息，可以询问相关当事人，可以与纪检、监察、审计、内控、财务等监督部门联合调查，可以协调相关业务部门。

赋予法律顾问一定的内部调查权，不仅有利于依法规范处理企业内部的违法、违规、违纪行为，也有利于提高法律顾问的威信，培养"依法合规"的企业法律文化，更有利于完善规章制度和企业管理漏洞。

3. 裁判权保障

"公平、正义、理性、不偏不倚"是法律人的基本价值追求，法律人也因此得以在整个国家和社会中充当裁判者角色和终止纷争的"最后一道防线"。国企法律顾问在企业中自身冲突利益小,能保持相对中立,作为法律人,天生又具有尊重程序、尊重制度、思维严密的特质,所以是企业最适合的裁判者。国企法律顾问在解决内部部门冲突、部门与项目的冲突、关联交易冲突、员工违规惩戒、规章制度冲突等方面,都可以作为一个合适的裁判者。这种裁判应当在公司内部具有相当的权威,相当于企业内部的"法院判决书",除非经过公司领导班子会议集体审议,不得推翻,必须执行。

可以说,法律顾问的监督权和管理权如果没有裁判权机制作为保障,就如同"没有牙齿的老虎"。国企法律顾问承担起裁判是非、制止纷争的角色,也有利于改变当前国企普遍存在的唯领导意志马首是瞻、制度权威缺失的弊病。

4. 落实企业总法律顾问制度

总法律顾问制度的落实能够直接有效地带动企业法律顾问履职环境的改善,但总法律顾问制度本身也亟待完善,尤其是要优先落实如下机制。

(1) 明确总法律顾问"高级管理人员"的定位、干部管理权限与选拔考核机制;

(2) 建立总法律顾问向企业负责人(一把手)直接负责的机制;

(3) 建立总法律顾问参与企业决策甚至直接享有核心决策权的机制;

(4) 建立总法律顾问享有的"无限制"知情权机制;

(5) 赋予总法律顾问享有的内部调查权、惩戒权和一定的人事权;

(6) 落实总法律顾问在企业内部监督体系中的核心地位,发挥统一协调作用;

(7) 落实总法律顾问的法律经费保障和人员编制决定权。

上述机制不落实,总法律顾问制度就难免落入"只是又增加了一个位置"的窠臼。对于如何完善总法律顾问制度,本书将在第七章中详细论述。

5. 企业法律文化建设

文化是能够真正影响灵魂的东西。建设国有企业的法律文化,就是要将法治的精神和理念与企业的治理、决策、经营、管理、运行融为一体,让企业、领导和员工的言行发自内心地敬畏和遵守法律和制度，本能地运用法律思维和法律工具解决问题。

国有企业法律文化建设，关键是尽可能地融入法律人特有的理念与思维：

(1) 公平、正义与客观、理性；

(2) 阳光是最好的防腐剂（公开透明）；

(3) 敬畏法律，尊重制度，尊重程序；

(4) 任何人都不能做自己案件的法官；

(5) 利益回避（防止利益冲突原则）；

(6) 权责对等；

(7) 权力制衡；

(8) 尊重个人的每一项权利和人权（以人为本）。

成功的企业法律文化，也能够让国企法律顾问的工作得到同事和领导最大限度的尊重、支持与配合，更重要的是让体系和制度得到普遍的遵守。

第五节　如何留住优秀企业法律顾问

笔者在与跨国企业打交道的过程中发现，跨国公司的企业法律顾问几乎都在40岁以上，不少还白发苍苍，法律经验和经历非常丰富，而且大多数做过律师，有的还当过法官，即使来自企业，也可能在不同的管理部门或岗位上历练过。他们不管是起草复杂的合同文本还是主持重大的合同谈判，都能独当一面，承担起组织协调的重任。相反，我们国企的法律顾问以20多岁的年轻人居多，而且基本上都是法学院毕业后就一直在企业法律部工作。所以，笔者总是忍不住感叹：那些经验丰富的国企法律顾问都去了哪里？流失了？是的，工作5～10年后的国企法律顾问有相当一部分都跳槽了。这是一种非常危险的"单向流动"模式，即纷纷跳槽到跨国公司、民企做法务，或者转行做律师、做法官、考公务员，或者继续读书深造。具有丰富法律工作经验的法官、律师和外企法律顾问，却很少有进入国有企业发展的。所以，不管是国企的高层管理者，抑或是总法律顾问和法律部的领导，的确需要认真思考一下如何留住或引入优秀的国企法律人才。

其实，国企人才流失是个老话题，但相对于技术人员、管理人员和市场开发人员而言，国企优秀法律顾问人才的流失似乎更严重。为什么？整体薪酬偏低、职业发展前景不明、职业荣誉感不强、企业归属感不强、工作压力责任日增、国企管理水平不高和效率低下等都是导致人才严重流失的原因。对此，笔者罗列了如下原因并一一加以分析，或许能给大家一些启迪。

1. 尽快融入法律职业共同体

能否融入法律职业共同体，事关职业荣誉与社会认可。从 2002 年开始，法官、检察官、律师统一参加国家司法考试。三考合一的目的，是使我国法律职业者形成一体化培养的机制，以此培养造就优秀的、同质的法律职业者群体，使之担负起推进国家法治化的历史使命。后来，连公证员都纳入了司法考试之列。然而遗憾的是，拥有数十万之众的企业法律顾问却被单独排除在司法考试之外，这使企业法律顾问从一开始就被排除在这个法律职业共同体的体系之外。

要融入法律职业共同体，首先要解决"入口关"，以后应当将司法考试取得的法律职业资格证书的职业范围囊括企业法律顾问，要被企业聘为企业法律顾问，首先要通过统一司法考试。2014 年，国务院取消了企业法律顾问职业资格及其考试，中央政策大举"公司律师"的旗号，这种以公司律师取代企业法律顾问资格的趋势更趋明朗，企业法律顾问向法律职业共同体的靠近更进了一步，门槛也更高。基于同一专业背景下不同职业的准入制度，可以优化国家法律人才资源的配置，建立共同的法律语系和对法治的理解，这对推进国有企业的法务管理水平也有帮助。其次，要解决"职业衔接关"，即要通过立法明确企业法律顾问与社会律师、公司律师等职业的正常转岗与职业衔接机制。国家应当尽快正式在全国推广公司律师制度，尤其是要允许已经通过国家统一司法考试的企业法律顾问直接申请成为公司律师。在欧美发达国家，一个法律人是从事企业法务还是社会律师工作，只是职业选择不同，两者不能兼任，但其角色互换基本上没有法律上的特别限制。实践也证明，企业法律顾问兼有社会律师的职业经历对做好企业法务工作本身也有很大帮助，如熟悉诉讼与仲裁、能在高压力下工作、服务意识强、能够了解不同企业甚至是竞争对手的信息及法务管理等。比如，法国法律规定，有 8 年以上法律工作经验的资深企业法律顾问，只要辞去在企业的专门职务，不用经过其他考试即可直接到律师工会注册转为律师事务所执业的社会律师。①

有人提出，原企业法律顾问资格考试涉及很多企业管理和财务方面的内容，所以不应该以司法考试取代原企业法律顾问资格考试。然而笔者认为这个理由并不充分，一是因为司考证书只是一个"资格"证书而非"执业"证书，是个"入门证"，确保具备系统的法律知识和素养，其难度远高于原企业法律顾问资格考试；二是因为企业管理或财务知识，抑或是其他经济方面的知识，并不需要一个考试尤其是一个资格考试来评价与考核，其更多的是来自执业后的实践和经验。

2. 建立全国认可的职称与职务晋升机制

如前所述，作为国家司法体系的一员，企业法律顾问本应单列职称体系或专业等级，对应现行国家统一认可的中级、高级和正高级职称，这对企业法律顾问的长远、健康发展极其重要，亟须国家层面的立法确认。

在内部，目前国家立法缺位，国有企业要敢于创新，加快设立和落实内部职称与专业等级晋升制度，这毕竟与职业发展和薪酬福利密切相关。

另外，还需要改变企业法律顾问在部门间交叉任职和去二级单位任职或锻炼机会稀少的局面。行政级别的晋升如果仅停留在本部门内部，则渠道相当有限，很容易碰到职业"天花板"，过早进入"职业倦怠期"，而且对其全面提升素质能力不利。另外，因为国企法律部领导和总法律顾问比较强调管理水平和协调能力，所以，来自业务部门的优秀人才作为"空降兵"一定程度上还在挤占企业法律顾问的内部晋升空间。

在行政级别晋升编制极其有限的情况下，建立专业技术通道以及与之相对应的待遇就显得特别重要。这既包括前文所述的部门规章层面的国资委三级法律顾问等级制度，也包括企业自主设立法律顾问级别制度、设立法律专家等探索，确保相关待遇与该等级、年限、资历、经验和贡献等匹配，不要让人人都去走"当

---

① 国务院国资委政策法规局. 欧洲企业总法律顾问制度的现状与启示——中央企业总法律顾问赴法国培训团考察报告 [J]. 经济管理文摘，2004（2）：28.

官"这个独木桥。西门子的企业法务人员晋升通道为：法务—资深法务—（业务领域）首席法务、总法律顾问—（上一级）总法律顾问—全球总法律顾问。西门子的这种既注重传统的纵向晋升又注重业务领域专业化的横向发展的模式独具特色，值得借鉴。

3. 建立科学合理的薪酬机制

职场上有一句话说得好：一个人要走，不外乎两个原因，要么是委屈了，要么是钱少了。作为所谓"体制内的人"，尽管国企法律顾问从入职那天起就知道相对稳定的国企法务在薪酬上肯定比不上作为自由职业的社会律师，但薪酬整体偏低、僵化的薪酬机制加上日益增加的工作压力和责任依然是国企法律顾问离职的主因。

根据 Robert Half Legal 发布的法律职业 2015 年薪资调查显示，同样是 10 年以上经验，大型企业的法律顾问的平均薪酬为 179000～251500 美元，大型律所的律师则为 185250～270250 美元；4～9 年以上经验，大型企业的法律顾问的平均薪酬为 152500～221250 美元，大型律所的律师则为 157000～219000 美元；不足 3 年经验的，大型企业的法律顾问的平均薪酬为 121500～156500 美元，大型律所的律师则为 119000～156500 美元。考虑到尚未计入的美国企业中比较普遍的期权、奖金、津贴、股权激励和健保等企业福利，美国的企业法律顾问工作稳定且整体收入水平高于社会律师的平均数，加拿大也是如此。当然，这并不排除作为自由职业者的律师中有一小部分高收入精英群体，其收入水平可能远超企业法律顾问甚至总法律顾问。欧洲的情况也比较类似，比如，在德国奔驰公司，企业法律顾问的收入不低于社会律师的平均收入，加上企业的各种福利和津贴，实际收入更高一些。[①] 在中国，国企法律顾问薪酬低是不争的事实，关键就是定位不准。法律服务的专业性决定了专业技术人员的高智力活动对应的较高薪酬，而法律监督职能又决定了其必须要有较高的待遇来保障其相对独立性。也就是说，国企法律部和法律顾问，除了作为企业管理人员，同时还是市场开发和生产系统

---

① 张建南. 它山之石，可以攻玉——欧洲企业法律顾问制度的特点及启示 [J]. 施工企业，2005 (6)：57.

的专业服务人员和内部监管系统的核心人员，但很多时候，我们只注重前者，而把法律部视为与人力资源部门类似的职能管理部门，从而按照职能管理部门来设计其薪酬体系。

国企法律顾问内部未能建立有效的薪酬调整机制，有的甚至照搬党政机关工资体系，薪酬只与行政级别挂钩，与经验无关，与贡献无关，与工作性质无关，与工作负荷无关。长此以往，工作负荷与价值跟薪酬待遇出现偏离。相反，很多跨国企业非常看重经验、贡献和服务年限等因素，将薪酬分为若干等级，即使不升职也能加薪。从刚入职的助理公司律师到最后成为公司高级副总裁的总法律顾问，BP—阿莫科分为9级，埃克森—莫比尔更是多达30级，涵盖对应的基本工资调整、奖金和期权等激励措施。①

笔者认为，现阶段，国企法律顾问的整体薪酬水平可以稍低于社会律师的平均水平，也可以低于正在积极直接地创造价值的技术人员和市场开发人员，但应当比一般的企业行政管理人员高出一大截。之所以得出此结论，一是因为法律人员本身也是一种专业技术人员，尤其是在从事最为基础的法律服务工作时；二是与当前大环境下法律顾问不断增加的工作内容、责任、压力和风险相适应；三是因为法律顾问还承担了内部监督、监管的职能，必须保障一定的待遇以确保其独立性和公正性。比如，微软的法律部具有很强的独立性，原因之一就是法律部所有的费用都由美国总部直接向全世界发放，法律顾问履职理直气壮，从而确保公司制度得到落实、地区企业高管行为得到监督。

国企法律顾问是否要普遍高薪？对此，笔者倒是持有不同的观点。首先，薪酬水平应当与法律顾问个人为企业发展做出的实际贡献、职责范围、工作负荷等相匹配。之所以强调"相匹配"，是因为我国企业法务现在还缺乏一套完整的工作体系和流程，工作的广度和深度差别非常大。其次，要考虑服务、管理和监督三者之间的比重。对于法律顾问的薪酬设置与激励机制，笔者认为，公司人事部门、总法律顾问和法律部负责人应该把握如下原则：

(1) 做法律决策的，要高于只是做法律咨询的；

(2) 做法律服务的，要高于做法律管理与监督的；

---

① 郭进平. 美国公司的法律顾问制度[J]. 化工管理，2011 (11)：20—21.

(3) 做法务牵头和组织工作的，要高于做法务支持辅助工作的；

(4) 工作压力和难度的权重要优先于工作数量的权重；

(5) 做开创性法律业务的，要高于做传统型业务的；

(6) 深入从事合同工作的，要高于做法务管理的。

4. 建立职业培训与知识更新机制

很多管理者认为，既然法律顾问跳槽如此频繁，为什么还要花钱去培训他？实际上，这种理念很容易造成一种恶性循环：缺少培训，导致能力下降，从而难以胜任工作，充满挫败感和压力，进而"另择良木而栖"。实际上，科学的培训体系是国企留住人才的有效手段之一，是满足精神需求的重要组成部分。

首先，目前国有企业的内外部培训更多地集中在生产、技术、市场、财务、管理和语言等方面，很多国企法律顾问几年都难得有一次专门的法律培训，只能靠个人自学来更新知识。实际上，国企法律顾问对提升综合素质能力，法学新知识、新理论，法律、法规更新，司法与行政执法实践，新的法律业务、法律语言等方面的培训需求和知识更新是非常迫切的。另外，国企法律顾问平日忙于日常事务性工作和企业行政管理中的琐事，甚至包括一些非法律顾问的职责，自我系统学习的时间也非常有限。

其次，国有企业按照行政级别决定培训机会和在职学位教育的传统做法也亟须改变。国有企业要鼓励和支持企业法律顾问在专业技术岗位上专心发展和寻求技术晋升通道，走专家型道路。例如，兵器装备等企业就通过与国内知名政法院校联合举办法律硕士研究生班，大力培养企业内部的高端法律人才。

各地的法律顾问协会要统筹协调，发挥桥梁作用，加强对国企法律顾问的在职培训、知识更新和职业技能提升培训，确保每个国企法律顾问每年不少于一定学时的在职培训教育，而一定数量的学时甚至可以作为企业法律顾问职业等级评定和企业内部考核晋升的必要前提。

最后要强调的是，法律部门内部的培训、学习、交流和建立知识更新共享机制是非常必要的，虽然成本不高，但针对性强，时间持续，对增强整个法律团队的凝聚力和职业能力很有用。中建总公司就非常注重国际工程法律交流和海外法律经营的法律资源整合，经常组织和邀请海外法律专家到企业开展诸如非洲法律体系、美国公司法、美国合同法、FIDIC 工程合同[①]条款运用、替代性争议解决方式、美国工程项目管理等方面的培训。

当然，我们也可以探索建立像临床医学执业医师那样系统的、理论与实践充分结合的阶梯式职业培训机制。

5. 提高法律风险投入与法律预算

经费支持是基本的物质保障。这些年来，国资委一直在强调法律工作的重要性，却对经费保障重视得还不够，缺乏强制性规定和具体的要求。《国有企业法律顾问管理办法》中，只有第二十六条笼统规定"企业应当……为开展法律事务工作提供必要的组织、制度和物质等保障"。

实践中，法律部门预算主要有工作人员薪酬、办公费用和处理法律事务的费用，具体包括下列内容：

（1）企业法律顾问及其行政支持人员的薪酬；

（2）法律部门运营管理费用，包括行政和业务管理费用等；

（3）专业培训费用：包括内部培训费用、外部培训费用；

（4）法律资源购买费用：如法律书籍、法律信息库等购买费用；

（5）法律事务信息化系统建设费用：如建设或购买合同管理、法律纠纷管理以及授权管理的信息系统等费用；

（6）法律基础数据库与资料库建设费用：这是历史欠账，需要较多人力智力投入，需要多部门的协调，涵盖合同范本库、法律文件标准格式库、司法案例库、合同与法律文件档案库、法律程序文件库、法律信息更新与摘要汇编库等；

（7）法务设备采购费用，如采购录音笔、移动办公电脑等费用；

（8）常年法律顾问费用；

（9）重大项目法律预算（此预算不同于常年法律顾问费，是针对特定的重大项目专门单列的法律预算）；

（10）仲裁诉讼或其他司法、准司法活动的费用；

---

① FIDIC 是国际咨询工程师联合会（Fédération Internationale Des Ingénieurs Conseils）的法语缩写，它发布的一些标准示范合同，得到了广泛运用，通称"FIDIC 工程合同"。

(11) 法律团队建设费用；

(12) 普法经费；

(13) 法律岗位津贴或补贴以及资质证书津贴等。

那么法律经费占到企业营收的百分比是多少合适？2005年英国路伟国际律师事务所（Lovells International Law Firm）发布的《中国100强企业法律风险报告》显示：中国100强企业的平均法律成本仅占总营收的0.02%，而世界财富100强企业的比例是1%（大型欧洲企业的平均比例为0.7%），相差近50倍，即使扣除中国企业面临的法律风险不到美国企业一半的因素，法律费用方面的差距依然达到15倍。[①] 而2013年由中国政法大学中国企业法务管理研究中心和贝克·麦坚时国际律师事务所（Baker & McKenzie International Law Firm）合作开展的中国百家大中型企业问卷调查显示：企业法律顾问的编制和预算在逐年提高，80%的法务机构属于一级职能部门，64%的有独立预算（其中上市公司为90%，央企和外企比例也较高——超过70%）。这份问卷调查共涉及央企37家、地方国企44家、民企12家、外企7家，国企比例超过81%。法律预算偏低或者缺乏独立的法律预算，从另一个侧面反映出不少企业对法律事务的忽视或轻视。如前所述，考虑到中国企业面临的法律风险总量偏低，若要达到美国企业的标准，法律预算也应该达到企业年度总营业收入的0.35%～0.5%。而具体到每一家企业，若根据企业法律顾问三大核心职能的划分，即服务、管理和监督，服务比重越大的，法律预算应当越高，要么需要聘请一流的律所提供常年法律顾问服务，要么培养自己的法律顾问队伍并许之以较高薪酬，而管理次之，监督再次之。若按照国企最常见的纵向"三层级管理体制"（详见本书第三章第三节），法律经费应该主要集中于第二层，这一层是利润中心，也是法律服务需求最多、工作压力最大的一层。相对而言，第一层即集团层面，则是侧重于管理和监督，但因为本身经营活动少，法律人员也相对精简，所以法律经费的总额并不高。

在国企，我们经常说"感情留人、事业留人、待遇留人"，这对于新生的企业法律顾问而言，更具有特殊的意义。我们流失的优秀法律人才大多来自竞争或

---

① 江山. 权威律师事务所报告——中国100强企业法律风险报告 [J]. 法人，2005 (4)：39.

半竞争行业的国企，而且多半从事国际业务，为什么？笔者曾经将其总结成一句话：做着市场化的工作，拿着"计划经济"的工资！市场化、国际化的锻炼，以及国企自身的平台和政策优势，造就了一批能力突出的国企法律顾问。他们是国企法律工作的先行者和开拓者，他们懂外语，懂法律，懂国际规则，懂业务，有丰富的实际操作经验。而企业法律服务市场实际上有着旺盛的法律人才需求，律所、民营企业和外企对资深国企法律顾问（5～10年工作经验）提供的待遇也很优厚，这就为国企法律顾问跳槽提供了很多的客观机会。尤其是那些跨国公司，相对宽松的工作环境、注重个人发展的职业体系、丰富多样的培训与学习机会、完善的法律工作体系与流程、相对单一且专业的工作内容等对国企法律顾问很有吸引力。既有个人能力，市场上又有更好的发展机会和待遇，优秀国企法律顾问跳槽就成为一种常态。

最后说一点，许多国企法律顾问离开国企，还在于他们厌烦国企里烦琐的行政事务、非法律事务。各种文山会海和应付各种总结、汇报、检查等，让他们难以集中精力把法律服务、管理和监督做好、做精，也让法律部领导和总法律顾问无暇探索企业法务工作的战略规划和制度建设，忽视了队伍的长远建设。

第六节　国企法律顾问面临能力挑战

有为才有位。我们在抱怨国企对法律工作不够重视、法律顾问地位不高或待遇不好的同时，要先反思自身的能力和贡献。要知道，即使在欧美发达国家，企业法律顾问之所以能够获得社会的尊重与认可，能够拥有相当的发言权，这个地位不是上天恩赐的，而是依靠自身的能力、踏实的工作和不断创新进取，经过近百年的积累才获得的。美国律师界在30多年前还流传这么一句话："进不了律所，就去企业吧"，言外之意，企业法律顾问"低人一等"。所以，国企法律顾问的明天更多地取决于自身的努力和成绩，自身实力不行，有国家政策优惠和支持也没用。

在国资委的语境里，国企法律顾问的工作是要对标"国际一流企业"的，但我们现在在能力方面还存在巨大差距，主要表现在以下方面。

1. 提出法律与商业解决方案的能力

如本书第二章所述，国企法律顾问的服务、管理和监督三大职能中，最基础的还是服务，即提供法律专业服务和支持。现在很多国企法律顾问坐在办公室里只会简单说"风险大""对公司不利""不行""违法""显失公平"，却无法给出双方可以妥协或接受的法律与商业方案，无法对方案的各种利弊和风险进行详细的分析以供决策，无法从具体项目和实际情况中寻找法律解决方案的新线索，无法综合商务、财务、项目管理和技术等因素来策划最优化的方案。

要提出最适合公司实际、效益最大、风险可控的法律与商业方案，一靠我们的法律知识、法律思维和法律技能；二靠我们对业务的了解，靠法务与业务的融合。

2. 法律专业保障与服务能力

国企法律顾问传统的两大业务领域被总结为"审审合同"和"打打官司"。前者多是重复性劳动，后者常是低概率事件，所以工作相对轻松。但是，随着社会分工的日益专业化、合作的国际化以及商业模式的日新月异，同样性质的工作已经发生了质的变化。以工程承包合同为例，国企以前"走出去"，最开始主要做工程设计、可行性研究，后来开始尝试做采购或施工，再后来采用 EPC 总承包模式（设计＋采购＋施工），现在又开始做 BOT（建设—运营—移交），做 DBO（设计＋建造＋运营维护），做总承包＋融资，结果发现项目规模越来越大，法律主体越来越多，法律关系越来越复杂，专业性越来越强，法律与合同风险越来越高。同样是合同管理，新形势下国企法律顾问在相关知识储备（如融资法律知识）以及能力素质（如涉外合同谈判能力）方面都已应对不了。

如果说业务的纵向深入带来的风险一般是循序渐进的，可以边干边学，逐步深入，那么国企业务的横向扩展与转变更直接带来了众多疑难法律问题的挑战。比如，近年来，一些国有企业开始并购外国公司，尝试在海外上市融资或直接海外设厂等新业务，这都涉及全新的法律课题、全新的法律知识、全新的工作体系、全新的法律环境，国企法律顾问对于如何在把控好风险的同时又促成交易、做好服务与保障，心里其实是没底的。

3. 策划、组织、协调与控制能力

国企法律事务是企业管理的重要一环，国企法律顾问不同于专注于法律的社会律师，也不同于专注于裁判的法官，很多法律问题的解决必须依靠出色的策划、组织、协调与控制能力。

相对于外企与民企，国企拥有更多重的企业责任定位，有更复杂的业务体系和职能部门，叠床架屋、职能界限不清、推诿扯皮的现象也比外企和民企严重，因此，协调各方本就是开展法律工作的重要内容之一。部门内部要协调，业务部门要协调，必要时高层领导也要协调，还可能要协调外聘律师或其他中介机构，所以，策划、组织、协调能力和团队精神对国企法律顾问至关重要。如何将各种资源和各层次的人员有效地组织起来，迅速有效地解决法律问题，是一些国企法律顾问的短板，尤其是对于从校园直接走上法律顾问岗位的年轻同事而言。

策划、组织、协调与控制能力说白了是管理能力，而管理具有一定的通用性，所以，国企法律顾问一定要虚心向业务部门和项目部的领导学习，因为他们通常是优秀的管理者。

4. 独立的合同谈判能力

笔者常说，办公室里评审合同容易，谈合同则至少难上十倍。一场艰难的合同谈判常常经历数十轮、历时近一年，这里有交流、劝服、说理、妥协、建议、争吵、协调、压力与耐力考验以及各种谈判策略与技巧的轮番对阵，对人的综合素质能力要求甚高。现在国企法律顾问的合同谈判能力是业界公认的弱项，尤其是在涉外合同谈判中明显处于劣势。究其原因，不外乎以下三个方面。

（1）缺乏实践机会。实践出真知，国企法律顾问如果在企业中被边缘化，内部机制不畅，就很难有机会参与大型的商务合同谈判，相关方面的能力、知识和素质就无从谈起。

（2）不懂业务。只懂法律，在合同谈判中，不能将合同的法律意见与具体业务结合起来说服对手，法律与业务依然是"两张皮"，难以服人。

（3）缺乏团队作战能力。国企法律顾问不能与项目团队中的其他专业人员和

项目领导保持有效而充分的沟通，难以在内部取得信任，团队本身难以形成一种分工明确、互相支援、互相启发、目标高度一致的联合作战氛围。

而在涉外合同谈判中，语言能力以及对国际惯例的不熟悉又成为制约国企法律顾问发挥重要作用的两个因素。

5. 立法参与能力

国企法律顾问近年来参与国家立法的机会越来越多，而参与规则的制订，从源头开始控制法律风险，对法律顾问的能力提出了更高的要求。在参与立法的过程中，国企法律顾问要进行充分的调研和论证，对事实和现状应有清楚的认识和分析。尤其是负责起草法律草案的，要精确构思，又要用最严谨的语言、最严密的逻辑起草和反复修改法律条文，要综合考量企业自身利益与国家、社会、公民利益的平衡，还要确保法律条文的前瞻性、高度的概括性、责权利对等等因素，这对国企法律人的确是很大挑战。

第五章　国有企业合同管理工作

推动国企法律顾问制度不断发展的外力主要有两个：一个是国际化，另一个是市场化。这两个外力的内核都是一致的，那就是"法治经济，契约至上"。

市场经济从法律上讲就是契约经济。契约已成为各类市场主体实现经营目的、维系彼此间权利义务与合作关系的纽带，国企也不例外，不再像以前靠的是指令性计划。诚信履约已逐步深入国有企业领导的经营管理意识中。在市场经济秩序日益规范的条件下，严格依法规范企业的签约行为，强化对合同的过程管理，建立合同管理责任制已成为完善企业生产经营管理体系，维护企业的合法权益，减少、避免合同纠纷，提升企业信誉的重要途径。

第一节　现代合同管理的地位与理念

合同管理是企业对以自身为当事人的合同依法依规进行策划、谈判、审查、签署、履行、变更、解除、转让、终止以及进行相关的计划、组织、监督、控制等一系列行为的总称。任何一个项目的执行，实际上就是实现履行合同约定、规范合同管理、实现合同目标、控制合同风险的过程。合同是双方履约的基本依据和准则，合同就是双方的"法律"，一旦违约，就要承担违约责任。即使约定不明，也会依据国家法律与法学理论进行解释和制裁。因此，合同管理一直都被视为国企企业管理的重要组成部分。

合同管理工作也是国有企业中最基础、最重要、最具有代表性的法律事务之一，也是各国有企业推进依法治企工作的主要切入点。目前，有不少国有企业的法律部门名称叫"合约部""商务合同部""合同条法处""合同与法务部"，或者在法律部门下设专门的"合同管理部/处/科/组"，这都在一定程度上体现了合同管理工作在企业法务中的基础地位。合同管理工作尤其是合同谈判、合同评审等核心工作，都是基于契约自由和意思自治原则，比较注重灵活性以及要求熟悉业务，所以，在很多欧美企业分设合同部和法律部也比较常见。其中，合同部门被视为企业商业部门的一部分，主要为企业的市场开发提供支持和服务，而法律部门更关注合同管理的重大事项（如公司标准合同文本的编制、重大合同纠纷的处理）或与合同相关的法律事务（比如知识产权条款的审核、适用法律与纠纷解决条款的审核、仲裁与诉讼等），确保企业内部高度统一和重大风险可控。也有不少企业将合同工作视为企业法务的重要组成部分，所以，在法律部下设专门的合同管理部门，与其他法律事务并列，便于统筹协调。更多的情况则是，国企法律部承担的主要工作就是合同管理。

2006年4月英国路伟国际律师事务所发布的《中国500强企业法律风险管理需求调查报告》显示：高达48%的受访者认为合同管理是当前企业法律风险管理的"重中之重"，排名第二（另有69%受访者认为最大挑战是公司治理，排名第一；而排名第三的则是诉讼与索赔管理，占34%）；而中国500强企业中，绝大多数是国有企业。

现代合同管理实务，强调纵向的全过程性控制和横向的全员参与体制。

1. 纵向的全过程性

合同管理工作具有全过程性才能保证整个交易链条的安全性与完整性，它覆盖合同策划、合同起草、合同谈判、合同评审、履约监管与服务、合同纠纷处理、合同后评价等全流程工作以及与之配套的合同文档管理、印章管理、统计分析等日常工作。

合同的全过程管理，也被视为合同的"全生命周期"管理，主要覆盖合同生成、合同执行和合同关闭三个方面。

本章也将主要从纵向的全过程管理角度来分析国企合同管理。

2. 横向的全员性

不要以为合同管理只是法律部的事情，即使一个简单的合同，也会涉及决策、技术、商务、管理、财务、招投标和法律等方方面面的问题，会涉及企业各个部门、决策层和执行层。法律部门只是合同管理的综合管理机构而已，要有系统思维，但并不能包办一切。

合同管理的全员性意味着必须在日常合作与工作中向企业全体干部员工灌输程序意识、合同意识、法律意识和风险意识，让每个部门和员工了解自身业务内的合同管理权限与职责。同时，构建与企业重大事项授分权体系相匹配的，分工明确、流程规范、责任清晰、风险可控的合同管理机制。一般来讲，合同谈判阶段，市场营销人员是重点；合同评审阶段，法律部门牵头，其他职能部门协助；合同执行阶段，具体执行团队（如项目部）是第一责任人，职能管理部门支持；合同关闭和后评价阶段，具体执行团队牵头，但落实主体是各个部门。

合同管理要求具备横向的全员性，这也是落实"法律部门要与业务部门深度融合"的要求，互相学习，互相启发，沟通交流，协同作战。

合同管理也经历了一个从不重视到重视，从大众化到专业化的转变。随着政府监管要求越来越多、合同的国际化程度越来越高、合同的复杂程度越来越高、合同金额越来越大，企业家开始认识到有效合同管理的重要性和其给企业带来的利益。一个"有效合同管理"通常应当具备如下特点：

（1）合同预期设立的利润和价值得以实现；

（2）与合同相对方顺利合作、响应及时；

（3）企业的各个部门熟知各自合同管理中的职责与义务；

（4）没有重大的合同纠纷与争议；

（5）没有发生因为自身原因导致的合同违约或合同终止；

（6）不丧失管理的效率。

第二节　国企合同管理工作的主要内容

1. 合同策划

要想预防合同法律风险，就要提前介入，关口前移。合同模式（包括商业模式策划）远早于合同谈判，却能从根本上和战略上确定并规避最核心的风险，取得最大的利益。以笔者的经验，合同策划作为合同谈判正式启动前内部的集思广益和前期谋划，主要包括以下内容。

（1）商业合作方式选择：如单独投标还是选择合作伙伴一起投标；是以联合

体、JV（Joint Venture）、IPMT（一体化联合项目团队）还是总分包方式合作；如何选择以及是否绑定分供商和分包商；是否要引入项目融资等。

（2）合同价格模式选择：是采用固定总价模式，还是单价模式，或者是概算降点，还是成本＋费用模式；合同价格主要风险在哪里；采用什么报价策略等。

（3）合同文本选择：是采用示范文本还是根据具体情况临时编制文本，是采用对方文本还是己方文本；是否让社会律师介入合同文本的准备等。

（4）重大风险源与对策：是资金风险，还是技术风险，还是汇率风险，抑或是政治风险，还是法律风险；降低风险的对策、方案与工具是什么。

（5）谈判难点与对策：是合同价格模式还是技术性能指标，抑或是项目工期；是合同条款还是技术附件；我们有几套方案来应对、谈判和选择等。

（6）谈判方案：包括人员、职责、权限、组织协调、策略等。

如前所述，合同管理关口前移已成为国企风险防控的利器。合同策划是合同前期管理的重要组成内容，也是群策群力、头脑风暴的最佳时期，最重要的是能从根本上决定双方的整体权利义务关系，比起后面合同谈判与评审的细枝末节，最能够起到事半功倍的效果。

2. 合同起草

谁起草合同，谁就会占据谈判的主动。

在国内市场下，国有企业往往具有优势市场地位，所以，在起草合同的示范文本/标准文本上拥有主动权。很多大型国有企业都发布了大量示范文本（也包括一些关键的合同条款），要求各子企业或分公司都要严格适用，示范条款的重大修改甚至需要报总部审批，从而在整体上从源头控制了合同风险。例如，中粮集团法律部在粮食进口示范合同文本中统一增设到港检验、转基因无条件退货等关键条款，避免了进口玉米转基因纠纷事件中的上亿元损失。

实践中，合同示范文本的条款应当做到：条款足够完备和详细；选择性条款要提供多种方案；重点风险条款要具体分析与说理并明确底线。

在国企"走出去"过程中，国际市场法律环境和合同文本习惯存在较大差异，国企的优势市场地位也不再那么明显，加上语言原因，很多时候，国企往往难以自行起草合同文本作为谈判的基础。但是，这并不能作为拒绝起草合同的借口，更应知难而上，至少要集中精力收集、编制和整理一批常见合同条款、通用合同文本、已签订合同文本，建立基本的合同文本数据库，作为涉外合同起草或谈判的资源。

起草一个高质量的合同文本不能只靠法律部，甚至可以说主要依靠业务部门，因为是业务部门在执行合同，业务部门最熟悉合同涉及的主要风险。在一个合同中，单纯属于法律性质的条款只是少数，更多的条款依然是与业务紧密相关的。

通过合同起草工作，有时甚至可以重新定义公司的治理结构，从宏观上理顺公司主营业务中几种主要合同法律关系，成为风险管理的"顶层设计"。在2005年左右，代储方式占了中储粮公司储粮方式的绝大部分，但中储粮的法律结构是总分公司模式，而代储模式在法律上涉及委托合同与仓储保管合同两种性质完全不同的合同，分公司行为的法律后果依法必须由总公司概括承受，其中心库作为业主方在签约资格方面又有所欠缺，也不享有储粮的所有权，只能是受总公司（或分公司）委托享有一定的监督管理权。最后，中储粮总公司的法律部设计了分公司、代储库和中心库三方签署"代储合同"的模式，通过一个合同明确三方权利义务和风险承担，同时加强对分公司和中心库的授权管理与监管，实现了以合同模式决定企业管理模式的新机制。

3. 合同谈判

缺乏高素质的合同谈判人员已经成为国有企业实施"走出去"战略和进行涉外合同风险防控的瓶颈之一，这从WTO入世谈判到近年来的铁矿石、天然气和原油进口谈判中也可见端倪。一流的合同谈判人员要具备法律、语言、商务、经济学和心理学知识，还要熟悉相关业务，更要具有一流的合同谈判技巧与说服能力，思维敏捷，能策划谈判方案，能控制谈判节奏，能组织协调人员和利用资源，甚至能够让对方在谈判中对自己、对公司的实力充满仰慕与信任，觉得你是一个"靠谱"的合作伙伴。这些年来，国有企业签署的涉外大合同常常涉及几十亿、几百亿美金的大项目，合同谈判周期长达一年甚至数年，常常要进行十几轮甚至几十轮的马拉松式谈判,合同文本要数易其稿多达几十次,这对法律顾问及其谈判团队的全方位考验可想而知。

国企重大合同一般应组成谈判小组进行谈判,习惯由公司相关业务负责人或商务部门的领导牵头,合同承办部门、技术、法律、财务、监察及其他相关职能部门参加。现实中,国企法律顾问大多数并非核心决策成员和组织者,却同时承担着服务、支持、咨询、直接参与谈判、监督、合规的责任,担子不可谓不重。

在涉外合同谈判中,外方几乎毫无例外地都有律师甚至数名律师同步出席和开展合同谈判工作。在涉及合同架构、价格与支付、责任与条款、保险与保函、知识产权、纠纷解决甚至项目管理等条款时,只要条款本身不具有明显的技术性,对方律师都具有相当的决策权或影响力,有的甚至是律师牵头组织合同谈判,即使是在经济并不发达的第三世界国家也会碰到类似的情况。以前国企不太适应这种没有律师就没法谈判的模式,现在则比较习以为常了,但实力差距确实摆在那里。作为一个过渡,在涉外合同谈判中,笔者认为由经验丰富、法律功底深厚的社会律师与企业法律顾问组成联合团队参与谈判,不管从效率、效果还是成本以及企业法务的成长来看,都是一个比较好的方案。

4. 合同评审

与合同谈判不同,合同评审具有一定的滞后性,但合同评审是对整个合同的系统性、把关性诊断环节,即"合同体检",非常重要。实践经验更是充分表明,合同的法律纠纷几乎最终都会或多或少归结于合同条款出了问题,合同约定的遗漏、错误、模棱两可、权责不对等和不具有可操作性等合同瑕疵几乎占据了合同纠纷原因的绝大部分。所以,合同评审的时间点不宜太晚,初稿一旦形成,就要及时提交法律部门评审,甚至重大争议条款也可以提前提交法律部门专门进行评审。

鉴于合同评审的滞后性,为了提高法律人员评审的针对性,相关业务部门在送审时需要对项目的背景情况、商业安排、主要争议与谈判进展等情况进行一定的介绍,否则,法律人员的评审很可能陷入"以法律谈法律"的陷阱,缺乏针对性和可操作性。作为国企法律顾问,要以高度的责任心主动与业主人员交流沟通，了解相关情况，不能被动地等、靠、要，更不能因为业务人员没有提供上述信息就不闻不问，合同评审直接"纸上谈兵"，这样做实际上是"渎职"。

笔者依据多年的经验认为，合同评审一定要遵循合法性和合理性并重、商务风险与法律风险并重的原则，其评审的主要内容应当包括：

（1）合同主体是否合格和合适，是否具备必要资质，涉及与分公司签约的，更是要慎之又慎地审查其注册登记的真实性。

（2）合同订立是否符合法定程序，包括是否招标、是否需要履行登记手续等。

（3）合同项目的真实性，避免虚假支出合同（背后往往隐藏着廉政风险）和虚假收入合同（背后往往隐藏着巨大的商业风险）。

（4）合同完整性，包括条款完整性，也包括各种商务、技术和管理附件是否齐备。

（5）约定事项是否超越权限，是否超出公司经营范围，是否需要许可，是否符合公司内部相关授权制度的规定。

（6）基于商业合理性和公平性的可行性与可操作性的总体评估。

（7）合同内容与条款是否与法律、法规、规章的强制性规定相抵触。

（8）合同价格、支付等商业条款的评审，评审其他相关条款尤其是义务和风险条款是否与价格模式相适应。

（9）双方权利和义务范围的审查与评估，权责利是否平衡对等，是否与整个合同模式大原则一致。

（10）合同履行的实务问题，涉及方方面面，必要时需要同项目管理人员、技术人员、财务或人事等专业人员一起完成。

（11）保密、知识产权、担保、违约责任、责任限制、合同终止、法律适用、争议解决条款等合同常见风险条款。

（12）审查合同的文字语句是否标准和合乎规范。用语规范、逻辑严密、条款完备而清晰是一份法律文件的基本文风要求，而合同作为商业交易的基础和"圣经"更是如此。

除此之外，还应当将一些涉及技术、管理或商务的专业定义、条款、可能隐含的责任等提交相关部门审核，国企法律顾问对此有统筹和组织的责任。

笔者认为，一个合格合同的最低要求是"不违法"，即合同评审过程中要尽可能地发现违反法律强制性规定的条款，但这还远远不够，而且实践中真正签署违法合同的比例相对较低。更重要的是，我们要看到，合同管理工作与其他法律事务的一个重大区别就是讲究契约自由精神和意思自治，也就是说赋予了合同双方更大的自主权和灵活性。不管是合同的商业架构还是具体的合同条款，国企法律顾问都可以尽最大可能发挥双方的聪明才智进行灵活设计，从而尽可能达到一种双赢、公平、合理和实现商业目标的理想状态。而这种高水平的合同评审，需要企业法律顾问有更广阔的视野、更全面的知识储备和更丰富的实践经验，需要广泛接触各种合同文本，深入参与项目执行和了解具体业务，经常跟踪最新的商业模式。

5. 合同审批流程

合同审批流程的设置，在相当程度上是对合同正式签署前的最后一次"体检"把关，也是考验法律顾问如何将法律思维有机"嵌入"企业管理的能力和智慧，同时也是程序合规的重要组成部分。实践中，一线的谈判人员由于缺乏程序意识，往往忽视审批环节，直接签署合同，使得公司层面的整体管控与内部审查程序沦为虚设，这实质上是企业管理中"重实体轻程序"的意识作祟。不可否认，一线业务人员的合同谈判的确能解决合同的大部分问题，但无法保证所有条款都合法合规、合乎商业惯例，更不能代替某些职能管理部门（如财务部门）做出评判——即使过程中可能征询过相关意见或经历过合同评审，更不能保证其符合公司整体发展战略与整理利益。所以，合同审批环节作为签约前的最后一次"大体检"和"专家会诊"，作用特别重要。

关于合同审批流程的设计，笔者认为分为三个层次比较合适：业务部门领导，职能部门审查，公司领导审核。业务部门领导是对一线业务人员所谈合同文本的原则进行审查和监督，经验丰富和熟知业务是其优势，其也是第一责任人；职能部门则是发挥专业优势，从不同角度对合同文本相关内容进行审核，如财务人员对发票、税务条款、支付条款（现金流），法律顾问对违约责任、知识产权和合同纠纷解决条款,成本控制人员对合同价格模式、价格组成与计算等进行专业审核或提供建议;公司领导则从公司整体利益角度进行宏观把握或决策,包括是否最终签署本合同。有一种审查审批模式叫"1+3+2模式",即"合同承办单位+业务主管部门(专业技术审查)+计划规划部或财务资产部(经济审查)+合同管理部门(综合审查)+主管业务领导审查+主要领导审批"[1],这也是职责和流程相对比较清楚的。

合同流程审批设计中,要处理好效率和责任的问题,要确保一定效率;要尊重和信任一线执行团队的初步审核,尽可能减少审批者数量,将合同审批时间严格控制在一周内。同时,要确保责任清楚,明确各个审批人的审查内容和目的,若审批者过多,则往往也意味着责任不清。

需要注意的是,在订立对外投资、产权转让、对外担保、重大项目建设、资产处置、发行债券等重大经营活动的经济合同时,还需要履行必要的论证、分析、评估、会审、决策、招投标等相关前置程序,签订相关书面文件,否则合同不予审批。

合同审批流程还应当包括合同变更、增补、中止和终止的审批程序。

6. 合同履约以及监管

国内流行"重合同,守信用",但"重签约轻履行"恰恰是国有企业的一个通病。合同一签,就放进档案库,不理不问,项目该怎么干还是凭经验、凭关系、凭感觉,具有很大的随意性。随着国内大型项目外资的引入、外方管理模式的引入以及"走出去"战略的实施,我们突然发现,合同被外方视为"至上的法律"而被严格遵守。一旦执行偏离合同,外方会要求纠正,一旦限期内无法纠正,对方就真会按照合同约定或法律规定追究违约责任,包括取消合同和巨额罚款;一旦出现纠纷或分歧,外方都会要求以合同条款为核心依据,甚至不近人情。然而我们最后发现,外方的产品质量最过关,供货最及时,进度与费用控制最有效,安全环保状态最稳定。这时候,我们才开始醒悟,原来合同履约能力展

---

[1] 高荣和. 关于企业深化合同管理的初步探索[J]. 中国商贸, 2014 (32): 60.

现的就是一家企业的管理水平和竞争能力。而且，在外方看来，一经合同承诺，就要百分之百做到，否则，不如在合同谈判阶段死缠烂打，做不到的绝不轻易承诺；合同没有承诺的，要他们做，他们也不干，除非变更合同，给予相应补偿。所以，近年来，国有企业开始重视严格依照合同履行，并把它纳入国有企业诚信合规建设中。

重视合同履约，前提之一是要加强合同交底工作，即由企业法律顾问牵头，对合同的结构、内容与要求、重要条款和主要合同风险进行解释和分析，并通过专门的合同交底讲座让项目的管理人员、技术人员和生产人员既熟悉合同整体情况与要求，又明确各自职责范围内的要求，同时明确主要的合同风险和应对措施。在项目执行过程中，要做到合同交底手册与合同文本人手一册，人人以合同要求作为履约的标准和依据。

合同交底后，企业法律顾问更要加强履约监管。监管什么？一是执行是否偏离合同要求，是否落实了合同交底中制定的风险防范措施，不管是技术、商务、管理、合同还是纯粹的法律方面，这需要与业务人员紧密合作；二是监管合同收款付款；三是监督合同变更与纠纷；四是监督合作单位的履约（如分包合同、下游供应厂商等）；五要监管合同执行过程中有无违法违规行为，即合规性审查。

对于任何监管工作，首要前提就是知情权，要么有一个相对透明规范的信息分享机制，要么企业法律顾问直接深入一线。

7. 专业事项管理与服务

专业事项，例如信用证、银行保函（含备用信用证）、保险事务等，本身具有相当专业性。从传统意义上来说，这类事务并非法律专业领域，所以法律科班生在中国法学教育体系中基本上没有接触过相关理论学习，更不用说实际操作了。然而因为涉法性明显，此类业务很可能成为法律部的职责。例如，中国外运长航法律部门就负责全面推进集中保险，搭建涵盖物流财产、沿海内河航运、船舶修造、远洋船舶航运等各业务板块，覆盖主要经营风险的集中保险体系，既发挥了保险对企业经营的风险保障作用，又节省了资源，增强了保险议价和保险理赔能力。

以信用证为例，开立信用证往往需要财务部门进行先期审核，甚至求助于银行业的专家进行把关，但他们主要从金融工具和金融风险角度审查。而信用证往往也是合同的重要组成部分，其中的条款与整个合同密不可分。所以，国企法律顾问需要对信用证的具体条款进行全方位审核，还要将条款本身与整个合同的项目背景、商业模式、价格组成等大背景结合起来一起考虑。与此同时，国企法律顾问还要熟悉相关的国际规则，比如《跟单信用证统一惯例（UCP700）》；否则，将信用证简单理解成一种支付工具，会有很大局限性。

从长远来看，专项事务的管理最后还得走向专业化，法律人员的知识和经验毕竟相对有限，尤其是缺乏系统的理论支撑。

8. 合同纠纷管理

合同纠纷管理，有友好模式，也有法律途径。

首先是针对合同索赔与反索赔管理，这是一种友好协商方式，更多地体现了国企法律顾问的合同谈判与协商能力。

国企法律顾问要做好合同的索赔与反索赔工作，从而直接让企业获得实际经济利益，这对于提高法律顾问的地位是很重要的。要想在合同索赔与反索赔管理中取得好成绩，国企法律顾问至少要做到如下三点：

（1）日常工作中深入了解项目，即法律与业务的深度融合，既包括项目签约时的前因后果，也要在过程中了解项目的动态。

（2）让项目团队牢固树立合同意识与法律风险意识，即改变过去国企办事忽视合同、喜欢打招呼、不留书面证据以及没有主动维权意识和行为等弊病。

（3）在整个纠纷解决过程中要做到：对合同条款与相关法律的精准把握；与项目团队的合作与沟通技巧；完整而充分的书面证据；高超的合同谈判与协商技巧以及劝服能力；提出多项合法合规的法律选择方案的能力，尤其要确保程序合规、文件充分。

当然，合同纠纷的解决也可能最终上升为正式司法途径的仲裁与诉讼，这时候外部社会律师介入的可能性就会大增。作为企业内部法律人的国企法律顾问，在很大程度上会充当"内部沟通协调的桥梁"和"法务监督与决策"双重角色，同时还要做好仲裁和诉讼证据和文件的管理。因为诉讼是国企法律部当年起家的领域，所以，在与律所协作解决重大诉讼和仲裁方面，国有企业尤其是中央企业是有比较丰富的经验的。例如，宝钢法律部与律所通力协作，在美国、欧盟、澳大利亚等国家地区的反倾销案件中获得胜诉，为公司产品出口、保住相关市场做出了巨大贡献。

9. 合同管理后评价

就像年年有审计风暴但央企依然"屡审屡犯"一样，国企合同管理一样存在类似怪圈。对于国企的任何商业项目或经营活动，其失败教训基本上都与合同管理密切相关。因此，建立科学有效的合同管理后评价制度（或叫"合同后评价"）十分重要。

笔者认为，合同管理后评价的对象可以是一个合同，也可以是一类合同；可以是某个项目的全部合同，也可以是整个企业的合同履行与管理体系。一套科学有效的合同后评价体系一定要做到：一要及时；二要各专业共同参与；三要共享；四要侧重于教训总结；五要足够详细和准确，依据要充分；六要提出合理化建议或优化方案，包括完善规章制度、完善流程、采取技术或商务措施、完善合同文本或合同评审指南等。只有做到了这六点，合同后评价才能达到肯定成绩、总结经验、研究问题、吸取教训、提出建议、改进工作的目标，从而不断提高合同管理的水平，为企业创造价值与效益。

国企的传统思维是注重结果胜负，项目执行完了，团队也就解散了，所以整体上对合同后评价不太重视，经验比较缺乏。对此，笔者专门列举如下两个例子以供参考。

第一个例子，是一次合同后评价的统一行动。由某企业的集团企管部牵头，在各区域和有关部门的配合下，一次性完整记录、填写了139份合同后评价记录表，收集了23家下属企业的153套合同履行原始记录资料，并针对各部门在合同履行过程中遇到的诸如质保金留取、网银结算、代收代付款、货物验收、质量异议以及证据收集保存等多发性问题，从法律、合同及证据角度提出了分析、对策和建议，极大地提高了所有经营和管理人员的法律证据意识，也很好地完善了合同管理中的漏洞。

第二个例子，是企业进行合同后评价的常规性动作。某油田开采企业每年进行一次合同管理的评价分析，其基本内容囊括：全年完成的主要工作；合同订立情况分析；事后合同情况分析；合同履行情况分析；合同相对人履约情况分析；合同管理系统运行情况分析；合同管理和承办人员业务水平评价；通过数据来分析合同管理中存在的问题；合同管理中的创新、经验与教训。

合同后评价还要注重对合同相对方的评级。我们知道，如果是一个不合格的或者是与企业合作存在重大问题的合同相对方，从合同签署的那一刻，重大的违约风险的种子就已经埋下。如果想从根本上根除这种风险，除了前期与业务部门一起进行资信调查外，更要通过过程中的合同履约监督这种更有针对性和实践性的合同管理工作来发现这类合作相对方，将其从将来潜在的合作方中剔除。

10. 合同日常管理

这主要包括合同文档管理（含合同台账、借阅、复印、归档、销毁）、合同数据统计（月度、半年度、年度）、合同印章管理（刻印、盖章）、授权管理、合同管理工作汇报等日常工作。此类合同日常事务重复性比较高，技术含量也相对较低，但是对企业的规范管理、提供基础数据具有重要意义。所以，如何实现合同日常事务管理的信息化、标准化、流程化是国有企业以后需要大力探索和创新的方向。以合同文档管理为例，实践中经常出现合同不及时归档、合同文件不完整、合同台账分类不科学、合同登记不全面、合同原件丢失、变更或补充协议未归档、合同查询困难、合同借阅归还不及时、合同商业秘密泄露等问题，对企业经营管理造成重大影响。这都从一个侧面反映了国企管理水平的不足，对企业发展本身也是重大风险源。

第三节　国企合同管理的不足与改进

合同管理虽然是国企法律顾问从事历史最为悠久的代表性职能，也经常是国企法务工作成绩的亮点，但是我们必须看到，不管是与企业自身的需求还是与国际一流大企业的先进做法相比，差距都是巨大的。

1. 合同策划工作与合同后评价工作才刚刚起步

这作为合同管理的一头一尾，国际大公司十分重视，但一直未能成为大多数国企的标准作业程序，根本原因还是"法律风险预防优先"的理念未深入内心。中国石化原总法律顾问蔡希有就曾说过：从近几年企业发生的重大涉外纠纷案件来看，大部分是由于项目初期缺乏法律把关，法律人员没有及早介入，相关合同条款约定不明，权利、义务不清晰，或根本没有约定，带来了项目实施过程中的被动，乃至权益受损。

"凡事预则立不预则废。"合同策划，不仅要提前对未来的重大风险进行预测并制定对策，更要定下合同签署与双方合作的大原则和大方向，从根本上保证"风险可控和效益最大化"。例如，采用实报实销的合同模式可能远比一揽子总价模式风险小且利益高；引入一家有竞争力的战略合作伙伴可能会将风险分担并增加中标的可能性。

"前事不忘，后事之师。"合同后评价，经验教训源于活生生的实践，能切实避免"纸上谈兵"和"就法律谈法律"，根本目的依然是预防。近年来，与合同管理相关的违法违纪行为不断重复出现，如违法招标投标、假发票报销、签署假合同、合同相对人不具备资质、合同变更随意等，国有资产流失和廉政风险都非常大，有必要借助合同后评价制度对其制度、流程、监控、管理体系进行革新。

2. 合同评审等工作的精细化管理还远远不够

随着时间与经验的积累，国企的合同管理做到一定程度，从量变到质变，必定走向精细化、定量化和流程化，我们不能总是说"大概""基本""总体上"；也不能总是说得清"是什么"，却说不明"为什么"；更不能总是只知道"不可以"，却提不出选择性方案。

以合同评审为例，针对不同类型的合同，跨国企业都编制有详细的合同评审与谈判指南。里面具体规定了各种合同条款的评审指导意见，包括对方条款、己方建议或选择性方案、评审理由和依据、风险等级、可能的救济措施，还包括何种级别的职员可以针对某类条款进行何种程度的决策，以及如何请示等。这种指导意见每一年或两年进行一次系统的更新，全面征求法律顾问和业务人员的意见，并适应新的立法司法情况，积年累月，经验不断传承和完善，才形成了这一整套丰富而适用的资源和数据库。即使是新人加入公司，有了这一套宝典，也能很快适应新的工作并达到较高的水平。

合同管理的精细化目标，归根结底要依靠实践经验的积累，而不是理论上的分析。所以，国企法律顾问一要深入参与项目，深入一线，在工作中获得第一手资料，在工作中形成并积累成果；二要注意加强基础工作建设，多归纳，多总结。

3. 合同事后评审隐患大，合同谈判才是解决问题的关键

不管是传统的合同管理工作还是国资委确定的法制工作目标，都比较强调合同的评审率达到100%。这种评审本意是要事前评审，但在实际操作上，考虑到双方谈判是个动态的讨价还价过程，而国企法律顾问事实上不同步参与谈判，所以最终都演变成事后评审，即业务部门将合同文本通过谈判基本确定了，才交由法律部门来评审，这时候，木已成舟，要想改变合同条款基本上已经不太可能了。这种合同评审模式，一是评审意见容易"就法律谈法律"，脱离实际，脱离业务；二是缺少说理与谈判过程，评审意见难以被业务部门或合同相对方采纳；三是木已成舟，容易走形式并成为法律部门和业务部门互相推卸责任的渠道，即法律部门认为反正意见提了，接不接受、谈不谈得下来是业务部门的事情，业务部门则认为，反正自己已经按公司要求或程序提交法律部门了，出了问题是法律部门的水平不行。

笔者一直呼吁国企法律顾问应当尽可能参加所有的合同谈判，哪怕是旁听。当然，这会增加其很大的工作量和工作压力，但这是发挥企业法律顾问作用的最佳途径，也是锻炼其快速成长的最佳途径。

4. 涉外合同管理知识、工具和经验非常缺乏

我们的合同管理一与国际同行竞技，在体系、知识、工具和经验等方面的差距立现。国际大公司合同管理舍得投入，拥有高效集成的合同管理系统和标准的工作体系，有庞大的合同资源与数据库支持，有专业化的团队和丰富的经验，即

使是业务人员也具有丰富的合同管理知识。

以合同管理相对规范且进入国际市场较早的中国工程行业为例，尽管已经在国际市场上打拼了 20 多年，中国承包商依然难以适应欧美规则统治下的项目管理体系和成熟的合同管理体系，合同管理成为中国承包商实施国际工程最薄弱的一环，从而大大降低了中国承包商的竞争优势和整体经济效益。国内多数工程公司合同管理的整体水平较弱，在实施国际工程项目时暴露无遗，主要体现在以下方面。

（1）从决策层到执行层依然缺乏合同法律意识和风险意识。

一流的国际工程公司，上至领导层，下至专业工程师，从市场开发部门，到项目执行部门，都对项目合同给予高度的关注和重视。他们从投标报价策略，到工程承包模式，到商业合作模式，到风险控制工具（如工程保险），再到具体合同条款以及工程所在地的法律环境与工作传统，都会精心策划，充分谈判，大胆索赔，力图将合同风险和法律风险降到最低，通过严格的合同管理来取得项目的成功和企业盈利。严格按照合同办事，几乎成为其项目执行的唯一准则。

合同意识、法律意识和风险意识的缺乏，可以说是导致中国工程公司合同管理水平不高的根本因素。

（2）缺乏组织保障与高素质人才。

国际工程动辄上亿甚至几十亿美金，合同管理工作量很大，专业性都很强，常常涉及工程总承包合同、专利许可合同、设备采购合同、施工分包合同、第三方服务合同（如技术咨询等），一个大型项目仅供货合同就达数百个，而且供应厂商来自世界各地，同时项目索赔和反索赔频繁发生。这就要求项目部至少配备当地律师、合同经理、法务经理、合同工程师与合同文档管理员等组成的专门合同管理团队，并全面深入参与项目管理，确保熟悉项目信息和动态。然而实际情况是，很多国际工程项目不设有专门的合同管理机构，甚至仅有的合同管理人员还是兼职的。工程实践中发现，普遍缺乏具备优秀合同谈判能力、外语流利、熟悉国际工程管理与索赔管理的高素质人才。

（3）缺乏制度保障与体系支持。

这集中表现在未能建立一套严谨且先进可行的合同管理体系和制度（包括对

分包商和供货商合同的管理），合同管理工作缺乏规范化、制度化、信息化和科学化。对于国际工程项目的企业法律顾问而言，组织当地法律调研、全面参与项目管理、参加重要决策会议、参与分包合同招标与评标、参加重大合同谈判、参与重大索赔事务、分包商履约监督与处罚、审核重要对外文件与信函等重大事宜都需要制度保障，需要一套完整的工作体系将企业法律顾问与项目管理人员、专业经理、专业负责人和技术人员融为一体，各司其职，互相配合，从而实现项目目标。

（4）合同管理理念落后。

如，事先预防风险的理念不强，与业主签署的主合同权责利不对等，合同内容不完备、不详细，风险控制工具与手段不足，对合同的风险分析和风险防控策划工作流于形式；重视技术却忽视整体的项目管理，尤其是分包合同履行的过程监管以及合同后评价；认为合同管理只是合同或法律专业人员的事情，而忽视对全体项目参与人员合同意识与法律意识的培养；把合同管理简单地等同于文档管理；等等。这类情况在国企法务管理中比较常见，这从一个侧面表明其合同管理理念落后，未能适应新的形势和市场。

（5）合同管理手段单一。

这集中表现在缺乏现代化的、多样化的合同管理工具与手段，如缺乏专业合同管理软件与合同管理信息系统，缺乏高质量的工程合同标准文本，工程变更与索赔管理粗放、手段单一等。

5. 干部和员工的合同意识、风险意识不强是致命缺陷

在国外，合同被视为"圣经"和"至高无上的法律"。合同一旦签订，双方就必须严格遵守；一旦违约，就要按照合同约定进行处罚；非经严格的合同约定手续或途径，合同不得变更。也就是说，严格按照合同办事早已成为国际通用的游戏规则。然而我们很多国企依然停留在传统思维上，用国内思维做国际业务，认为合同可有可无，条款可松可紧，合同风险只是可能，就算出了问题，也可以通过搞好关系、领导推动甚至不正当竞争手段得到解决。这一套国内思维和做法一旦搬到国际上去，则会发现完全行不通。

这里以长虹－APEX贸易欺诈案为例，从中也能看出合同管理中的诸多不足。长虹－APEX贸易欺诈案中最奇怪的就是长虹在高达4.6亿美金的货物应收账款未收回且在纠纷处理未果的情况下，居然又发了3000多万美元的货给对方。这在国内或许可以解释成为长远合作、为了大局或是为了表达诚意，但在国际上，这是很不明智的做法，更加陷自己于被动。从法律角度来看，销售合同最关键的法律风险就是付款。作为销售方可以采取多种方式来降低代理商不付款的风险，如签约前进行全面的资信调查，尤其是其财务现状与履约诚信记录，签约和合同履行中则可以选择采用信用证支付方式（少用T/T方式，避免赊销方式）、保留货物所有权、寄售（Consignment）、要求提供见索即付的银行履约保函或一定比例的现金质押、要求提供第三方保证（尤其是初次合作）、货物自主回收权、中止履行（比如行使不安抗辩权）、设立明确而详细的合同解除条件、选择有效的合同争议解决机制（比如建立项目层级和公司高管层级的协商模式，选择在第三地的国际商事仲裁作为解决纠纷的法律途径等）等方式降低甚至规避对方不付款导致的巨大商业与法律风险。不管是合同中根本没有这类约定还是怠于行使这类权利，都体现了国企合同意识和风险意识的缺失。合同风险防范常识也告诉我们，欧美发达国家法律壁垒多，规则严密，中国企业一定要与熟悉当地法律和司法制度的本地律师紧密配合，在合同中做出相应规定，在履约中及时行权。在前款未付的情况下，即使在国内，我们也可以主张不安抗辩权，但是，企业决策人员或许认为，再发一笔货可以显示中国企业的诚意，再做做工作，对方或许就会"感动"，会将前款一并支付。当然，我们也不排除是因为发货部门与结算部门各自为政，发货的一方甚至不知道前款已巨额拖欠，但这依然反映出企业整个合同管理体系链条的不完善，合同管理未能与业务管理深入融合。

第四节 国企合同管理的发展新趋势

在看到不足的同时，也要看到，国企合同管理经过几十年的发展，也取得不少成绩，尤其是那些在充分市场竞争和国际市场打拼成长起来的国有企业，已开始逐步脱离传统的"傻大粗"阶段，逐步向精细化、效益化和功能化转变。总结这些年的经验，我们也不难看出今后一段时间国企合同管理的发展新趋势。

1. 合同评审与合同谈判的有机结合

任何以数字为目标的改革都是失败的。国资委简单要求合同评审率达到100%，但关键的质量是无法用数据来考核的。现在合同评审最大的问题就在于评审与合同谈判脱节，法律顾问负责合同评审却缺乏过程参与，导致合同评审的深度和角度都出现问题，也导致评审意见难以真正落实到合同条款中。但这些年来，企业法律顾问以专职或兼职的身份参与合同谈判已经越来越常见，合同评审也越来越融入合同谈判的过程，合同谈判本身就是在对合同进行动态评审，两者的界限不用那么严格地加以区分。

笔者一直认为，现阶段国企法律顾问要增加能见度和存在感，以各种方式参与合同谈判，这也是一个展示自己的很好机会，要在与业务部门面对面、手携手的合作中，让业务部门看到我们的成绩和努力。如果有机会组织合同谈判，更要尽全力做好，这样才能换位思考，并在这个过程中思考单独的合同评审的不足。

2. 合同信息化管理工作大跃进

在一个信息化的社会，合同相对方的资质审核、合同招标投标评标、合同准备与起草、签约会签与审批、合同签署盖章、付款审批、动态监管与查询、变更与索赔、履约评价、保险与保函、合同统计等功能，亟待通过一个高效、透明、集成的信息化合同管理平台来完成，赋予不同权限的领导和专业人员进行审核、批准、记录、查询、评价等职权，所有关键信息、数据和操作都能在信息平台上找到痕迹。在任何时候，在任何地方，只要有网络，我们就能在这个平台上完成相应的合同管理工作。

中国的很多国企规模巨大，子分公司众多，合同交易频繁，总部的管控极其重要，通过合同管理信息系统实现合同交易全过程的在线运行是总部极其重要的管控渠道。以中国石化推行的合同管理信息集成系统（CMIS）为例，截至2014年7月31日，CMIS在线运行合同累计超过125万份，合同金额超过3.7万亿人民币，累计注册用户达9.86万人，合同运行高峰期单个工作日登录系统用户最高达 15451 人次，单个工作日创建合同份数最高达 4154 份。① 如此巨量的合同管理工作，实际上只有借助互联网和现代计算机技术，才能实现全程公开、动态可查以及统一规范。

适应互联网新环境下的合同管理信息系统，也有利于国企总部加强对下属企业的统一管理和监督，改善以前监管链条较长和独立法人地位等因素导致的难以监管的问题。对于违反规定不将合同上传到信息平台以逃避监管者，通过财务、审计和监察等途径发现，并给予企业和相关责任人严厉处罚。借助合同管理信息系统，国企的总部加强了整个集团合同管理制度的一体化、合同审批流程的一体化、标准合同文本的一体化、供应商或分包商的评价一体化以及合同履行重要信息的实时监控，也为总部针对重大合同或高风险合同直接介入评审提供了可能。

3. 合同标准化模板工作持续推进

合同标准化是个基础工作，每一个标准合同体现的都是整个公司的管理水平与实力而非只是法律顾问个人。一家管理规范、运营高效的企业，其合同标准文本几乎覆盖了企业经营管理可能涉及的各类商务合同，也包括战略合作协议、联合体投标协议、银行保函、母公司担保等重要合同文件。从质量上来说，条款越来越细化，尤其是选择性条款越来越具体，内容越来越完备，说理越来越充分，对策越来越明确，更新越来越频繁，并且开始编制外文合同文本，这几乎是以后标准合同发展完善的必然趋势。越来越多的国企在国际竞争中已经开始认识到：提供文本的一方永远拥有最大的主动权；个别条款的谈判和修改都只是细枝末节，无法从根本上改变双方的责任和风险分配格局。

中国石化则将标准化合同与信息管理平台结合起来，将 3290 个标准合同示范文本嵌入了其 CMIS 系统，并设置标准合同示范文本使用率监控指标，对标准合同示范文本使用情况进行动态监控、分析和督导。

---

① 高起点、高标准、高效率——中国石化通过信息化提升合同管理水平［EB/OL］．中央企业法制建设三年目标工作简报（第六十五期），http://www.sasac.gov.cn/n8352/n8483/n8488/c1539370/content.html，2015－04－21．

4. 合同管理从量变向质变转化

相对于其他法律事务，合同管理工作是走在了最前头，是有丰富的实践经验积累的，正在经历从量变到质变的过程。

(1) 合同评审的高质量。在国资委 100％评审率的导向性要求下，合同评审经验越来越丰富，于是，国企开始探索条款标准化评审、合同风险定级、合同条款说理和选择性合同条款/方案以及评审与谈判相结合等。

(2) 合同管理的专业细分。合同类型越来越多，合同管理开始走专业化道路，如，有的国企，有人专门负责主营收入合同的管理，有人专门负责分包合同的管理；有人专门负责知识产权类合同，有人专门负责投融资类合同；有人则专门负责合同保险事务等。

(3) 合同管理的向前延伸。合同谈判或签约后法律顾问才介入的模式已无法满足企业发展需要，于是，与合同管理相关的项目决策、市场开发、项目前期合作以及合同策划等工作也都成为合同管理工作的切入点。

(4) 合同管理的向后延伸：如后评价制度、知识经验分享机制（如编制合同管理案例）等。

(5) 合同管理服务第一线：逐步突出事中控制，专职法律顾问全程介入、参与和监督合同执行，获得第一手资料，第一时间做出反应。

(6) 大力提升合同谈判能力。以前说合同谈判强调的是重大项目或关键合同的谈判，现在则不同，逐渐转向参与各类合同的谈判，如主营收入合同、分包合同、前期合作协议、保密协议等，只不过不同的合同类型在参与深度与方式方面会有所不同。

(7) 合同管理深度融入企业经营管理。合同管理制度成为企业管理制度的重要组成部分，将合同意识、风险意识、合同防控手段与措施嵌入企业管理程序，嵌入其他业务部门的管理制度与流程。

合同管理实现从量变向质变的转化，产生了很多新的工作机制和工作模式，尚需不断完善和提高。

5. 国资委发布国企合同管理指引

国资委是国企的"总舵主",其不仅要告诉大家"做什么",还应当指导大家"如何做"——作为国有出资者代表,其拥有很高的权威和丰富的资源。这些年来,国资委结合国企的合同管理经验教训,结合国际的通行做法,发布了一些合同管理指南来规范国企合同管理工作。

近年来,一些地方国资委也坚持问题导向,大胆创新,陆续推出了一批合同管理指引,有力推进了合同管理的标准化、规范化和合规化。如《贵州省国资委监管企业合同风险管理指引》(黔国有资产通法规〔2009〕117号)、《天津市国有资产监管集团公司合同管理工作指引》(津国有资产法规〔2008〕30号)、2014年7月颁布的《南京市市属国有企业合同管理指引》等。

以后,国资委还可以考虑推出专项的合同管理指引,如合同谈判管理指引、合同评审管理指引、合同审批管理指引等。国企合同管理工作整体起点较低,与国际大公司差距较大,国资委集中全国最优秀的法律资源出台这类指引是非常必要的。

不管合同管理工作机制与模式如何向前发展,我们必须时刻牢记合同管理工作最终要实现的目标,即:合同管理工作与程序嵌入企业经营管理的方方面面,成为企业合法、规范和高效经营的重要组成部分;合同管理与经营管理实现有机融合,合同管理水平成为经营管理水平、风险防控水平和市场竞争力的重要指标。例如,涟钢集团为适应新的市场形势,法律部门与市场销售部门、财务部门、生产部门通力协作,引入银行融资服务,创新了"银、企、商"(银行、制造商、销售商)三方格式合同,针对不同业务类型,划分了普通类协议(银企商合作协议、先票后货协议)和风险类协议(动产融资差额回购协议、保兑仓协议、未来提货权协议),分别制定不同的合同风险与责任的分配与控制条款,对应不同的合同审批流程(后者必须经总会计师和主管副总经理审批),完善了资格审查程序、合同执行监控程序和担保要求,真正将法律风险预防工作深入到具体的业务环节,真正将其他业务部门的管理工作融入了合同思维与合同控制措施之中。

第五节　从沙特轻轨项目巨亏案说起

这是笔者在工作中具体分析和一直在思考的关于合同管理失误的典型案例。

2010年10月31日，中铁建沙特轻轨项目公告将预亏损40多亿元，震惊全国乃至全球工程界。该项目中，中铁建的合同工作范围是EPC总承包，即承担设计、采购、施工、系统安装调试等工作，并承担3年运营和维护。

设计—采购—施工（EPC）工程总承包是国际上通用的一种工业项目承建模式，普遍采用固定总价方式。这是公认的高风险模式，因为总承包商作为单一责任主体要对业主负全责，包括费用、进度、安全和技术性能。然而实际上，没有一家企业自身能够具备这种"全能力"，都需要数以百计的专利商、设计院、供货商、施工单位做分包商，涉及复杂的合同法律关系，而分包商的责任与风险实际上也是总承包商的责任和风险。因此，EPC总承包也被认为是一种技术密集、智力密集和对企业管理水平和风险控制水平要求非常高的模式。然而经济技术实力强大、海外工程经验丰富、执行过数百个设计—采购—施工（EPC）工程总承包项目的中央企业，为何依然会出现如此重大的损失？笔者曾经就此案在公司内部做过一次全面的法律分析和讲解，也和实践经验丰富的项目经理、企业法务同仁一起交流讨论过，从合同、法律、技术、商务以及项目管理等不同角度进行过分析，都觉得不应出现如此大的亏损。随着信息不断披露以及调研分析的逐步深入，笔者认为严重亏损的主要原因还是企业的合同管理与风险控制能力水平不够，集中体现在如下三个方面。

（1）合同报价阶段：对国际上通用的"EPC工程总承包合同"理解失准，"概念设计"阶段的工程量估算严重失准，技术团队与法律团队业务脱节，从而出现严重报价失误，导致其最擅长的施工（C）也失控，即施工的成本与风险不可控。在国际工程中，尤其是像沙特这样的高端市场，若实际工程量超过报价阶段的预估工程量，依据合同条款几乎都是不能给予补偿的，都是承包商的风险，也被认为是其报价组成中风险费（contingency）的组成部分。不仅如此，只要基本的项目内容和目标没有核心改变，因为设计变化导致施工的性质、内容、顺序、工程量变化的，依据合同也是很难要求调整价格的。

（2）合同谈判阶段：一是忽视招标文件（ITB）中业主的欧美发达国家技术要求/标准规范对项目执行的巨大影响。国内企业对此类技术要求/标准规范普遍不熟悉，这不仅会大幅度增加项目采购成本和项目执行难度，也会明显增加项目违约的风险，一旦项目不能如期完工，将面临巨额拖期罚款（Liquidated Damages for Delay）。二是忽视土建工程、系统控制等核心工作的设计与设备的"指定分包商"（Nominated Subcontractor）风险。这类指定分包商具有唯一性，而且多是世界知名企业，虽然质量多有保证，但议价空间有限，管控难度大，供货难以满足项目整体要求，合同责任风险不对等。这两点直接导致设计—采购（EP）失控，即设计采购成本与风险不可控。

事先预防永远是最好的风险控制措施。在本合同正式签署前，中铁建的初次报价比沙特当地最具实力的工程企业的报价就低了近10亿美元；再经过与业主的一轮谈判后，又降了4亿多美元。如果对前述风险有足够的估计，决策层或许万万不敢签约，除非找到了能够规避或大幅度减少这类风险的工具或方法。

（3）合同执行阶段：在合同条款已然严重不利、报价不充分以及权责严重不对等的情况下，在合同履行之前缺乏科学、有效和及时的合同策划与应对措施，过程中又缺乏强有力的工程变更与索赔队伍，风险控制与解决能力缺失，这必然导致项目风险全面失控。尤其是在业主提出新的功能需求、指令性变更、增加工程量以及地下管网和征地拆迁严重滞后等情况下，也就是在可能构成业主变更、业主违约和工程签证的情况下，依据合同、法律与工程惯例，是有可能扭亏为盈或减少亏损的。工程签证多基于工程变更，相当于签个补充协议；工程索赔则是根据合同约定程序进行合同谈判和打个"准官司"，业主违约可以追究业主的违约责任，要求其补偿经济损失与工期。这些其实都是比较专业的合同管理和法律事务，如果能够做到企业法律顾问（包括当地律师）全面参与，建立完整而系统的项目文件资料管理，做到规范而及时的来函必回与沟通，通过工程签证、变更和索赔进行救济的成功可能性就越大，而这些方面经常都是国企在海外做项目中的弱项。

笔者认为，当时媒体大肆谈论的"不了解中东环境"并不是此次巨额亏损的理由。负责实际执行的中铁建十八局在沙特市场已打拼近10年，怎么可能不熟悉中东的沙特市场？而作为签约方的中铁建是其母公司，也是风险控制相对比较完善的上市公司，体量巨大，必要时能够调配全系统十几个工程局与设计院的资金、技术、人员、国际化资源与信息，打赢一场国际保卫战应该很有信心和实力。实践是检验真理的唯一标准，沙特轻轨项目的巨亏表明，不少国企的合同策划、合同评审、合同谈判、合同执行以及合同管控的体系和能力是"徒有其表"。很多工程类国有企业的粗放式经营与管理，在执行中小项目、第三世界国家项目或者政府贷款援外项目的时候尚能应对，一旦面对大型的、国际竞争的且是高端市场的工程项目，则风险系数倍增，难以适应，正所谓"没有金刚钻，莫揽瓷器活"。

笔者最后对该项目的合同下了一个结论："中铁建表面上是签了个 EPC 总承包合同，承担了 EPC 的巨大责任与风险，实际上却连个施工总承包商都不是，设计、采购、施工全面失控，加上自身的合同管理与法律风险控制能力不足，焉有不巨亏之理？！"

事前的报价策略、合同策划、合同谈判以及事中的项目执行与控制，体现的是一个企业全面的企业管理水平与风险管理水平。在这个过程中，中铁建的法律部门应该是进行了相关风险分析，但之所以没有得到决策层的支持，笔者认为理由可能有两个：

(1) 这种分析"基于合同谈合同""基于法律谈法律"，空洞而不具有可执行性，尤其是未能提出合理的解决方案与应对措施，即分析论证本身"质量不行"。这背后的原因，则很可能是法律部门未能提前和深度介入整个项目追踪、项目策划、投标报价、澄清和合同谈判的全过程，法律顾问与市场开发人员、技术人员和管理人员未能形成通力协作、充分沟通的有效机制；而法律顾问获得的项目信息也是不完整甚至不准确的，法律顾问本身可能也因为缺乏责任意识而未能主动出击、深入一线。

(2) 有不错的分析报告，但决策层基于"政绩追求"，盲目决策，忽视风险，未能将国资委对重大经营活动的法律论证相关要求落到实处。若是如此，则再一次验证了"权大于法"和"拍脑袋决策"的可怕与盲目，也反映了在公司决策和公司治理方面引入法律思维和法律监督的重要性。

从已经披露的信息和分析来看，沙特轻轨项目巨额亏损，严重暴露了国有企业而不仅仅是中铁建一家在涉外合同管理与风险控制中的明显不足，也是深刻反映中国国企法律顾问工作落后的反面教材。许多工程领域的法律专家认为，我国的高铁、轻轨虽然技术上在国际领先，在劳工成本方面有优势，但是工程合同的签约、履约能力和法律事务处理能力严重不适应国际工程的管理，企业法务管理能力被认为是我们与国外一流工程承包公司的最大差距。

法律管理能力尤其是合同管理作为企业管理的重要组成部分以及国际竞争软实力的重要体现，在本案中体现得特别充分。这些年来，国有工程企业走出去巨亏的并不止中国铁建一家，有的企业在对项目所在地的法律、政治、劳工、进出口、外汇制度、工程惯例以及地质条件、施工资源等不了解的情况下，盲目走出去，也出现几千万美元、几亿美元的亏损，而且国内工程企业往往是重复犯错误，重复花钱买教训。

本案暴露出来的问题在很多国企甚至是央企中具有代表性，值得我们反思：

（1）理念上：合同意识、法律意识、风险意识不强，法律顾问人微言轻；

（2）制度上：缺乏行之有效的合同与法律风险防范机制，法律和业务还是"两张皮"，法律管理没有深度融入企业经营管理活动；

（3）机制上：企业法律顾问和外聘律师参与决策、深入服务项目执行一线的机制未形成；

（4）队伍上：缺乏涉外法律人才及其团队，能力上严重欠缺，无法适应精细化管理和一切以合同为依据的国际工程项目。

第六章　国有企业法律事务管理

合同管理是企业法律管理工作的传统重心与突破口，但这绝不意味着国企法务工作仅限于此。随着经济活动的日益复杂化、专业化以及法律监管环境的日益完善，法务工作所涉及的业务范围也明显扩大，开始全面介入企业生产、经营、管理、监督的方方面面。

什么是法律事务？笔者一直认为，这个概念处在一个动态变化的过程中。这些年来，包括国资委在内，也一直期望国企法律部门能够不断拓宽业务范围，为企业经营管理提供更多更好的专业服务与保障，做好相关管理和监督，以创造更多的价值。总体来说，法律规制越多、越严密的领域，往往就会成为企业法律部门的业务探入领域。目前，法律事务业务范围正在逐步突破合同评审与仲裁诉讼等传统领域。在不少国有企业，尤其是集团化管理、市场竞争充分或较早介入国际市场的大型国有企业，其招投标管理、税务筹划、保险事务、对外担保、政府公共关系与监督、重大投资项目管理、尽职调查、债务追偿、舆情及公共危机风险处理、上市公司信息披露、公司内部调查与处理、HSE管理、海外市场环境调研、参与国家立法调研与起草等也越来越考虑到让企业法律顾问参与进来。这些事务参与的深度和广度实际上并没有一个明确的界限，这都取决于企业法律顾问在实践中的不断探索与创新，取决于企业法律顾问自身的知识、能力与水平，也取决于法律部门与业务部门、法律管理和企业管理的融合程度。

法律事务的不断扩展，使得法律业务开始渗入企业管理的方方面面，具有管理和协调权威的法律人就自然而然地出现了，这就是总法律顾问制度，也是本书下一章要论述的中心议题。

第一节　重大决策中的法律调研论证

企业法律顾问参与企业决策，通过法律的论证与调研，要保证决策的合法合规性，也要确保可行性，最终是追求效益最大化和风险最小化的合理平衡。

(1) 确保决策不违反法律、法规或政策的强制性规定，从而避免违法决策。同时也要注意到，对于涉及法律无明确规定或法律打架的决策事项，更多地要运用法理，结合社会发展趋势、执法司法实践以及国外的先进经验进行综合分析。

(2) 保障法律或政策赋予企业的权利和利益得到充分体现，使企业在经济活动中的合法权益最大化，尤其是国家对国企进军海外市场、进行科技创新、加强品牌与商标建设、企业改制等方面的优惠、奖励或政策扶持。

(3) 国企法律顾问要提高服务意识，注意商业活动与市场的高度灵活性，勇于探索多种法律解决方案，优中选优。时任鲁商集团总法律顾问王强曾经提出适用于民商领域"可容忍的法律瑕疵"的概念。[①] 国有企业作为平等的市场竞争主体，公司法及合同法赋予了其比较充分的"意思自治权"与"自由裁量权"，允许企业在平衡企业战略、发展目标、谈判地位以及项目具体风险的可能性和损失大小等全面情况后做出"效益与风险"折中的解决方案。若单从法律角度来看，这个方案未必是完美或无懈可击的。当然，"可容忍的法律瑕疵"更意味着后续的有所作为，即企业法律顾问更应该与业务团队合作，通过履约行为或风险工具尽可能地减少风险爆发的可能性，以弥补项目方案或合同本身的"瑕疵"。

企业法律顾问为企业重大决策把关，还应全面了解掌握与企业有关的法律法规、司法解释、司法实践、行政法规、国家政策、行业惯例和商业准则，及时准确地向企业领导人提供有关决策的法律依据，避免决策的盲目性。企业法律顾问提供的法律论证报告，既包括与决策有关的法律依据，又应涵盖准确解释法律、法规的法学理论知识、司法实践的常用惯例以及国际通用做法等。企业法律顾问在参与决策时要对各种决策方案的风险因素进行预测和分析，帮助企业选择风险最小、获利最大的方案，提出法律上的建设和意见书，使风险能得以避免或减少到最低程度。

笔者认为，这种调研论证不应该仅限于法律，尤其是在遇到企业决策无明确法律限制时，企业法律顾问就应从该项决策是否适合企业自身的实力与发展阶段、是否有利于生产力的发展、是否有利于管理创新、是否有利于提高企业盈利能力和竞争力、是否会损害国家利益和社会公共利益等方面进行综合的分析。这

[①] 王强. 法律顾问履职"新说"[J]. 法人，2015（02）：45—46.

种思考、分析或建议并不一定与法律规定直接相关，但都带有法律人的经验、思维和视角，对企业决策者一样有参考或启发作用。

增强法务对公司决策的保障服务能力，还必须要增强法务工作的前瞻性，要密切关注新问题，不一定要等决策层的指示才行动。比如，《劳务派遣暂行管理规定》对劳务派遣制度进行了较大规模的调整，尤其是严格限制劳务派遣的适用范围和比例，对国有工程建设企业和银行业的用工管理和正常运营影响很大。对此，不少国企法律部门主动出击，密切跟踪最新立法动态、社会舆论和典型案例，与专家、律所、学术机构展开紧密合作，开展相关专项法律调研，为企业决策提供参考方案。建筑行业的国企法律部门也应该积极开展有关城镇化建设、国企改革、自贸区政策、节能环保、PPP 等业务领域的前瞻性研究。

国企法律顾问尽可能全面和深入地参与决策都会有一个循序渐进的过程，也可能是通过教训买来的经验。2001 年 5 月，上海移动根据集团公司的决策与规划要求，在上海地区开展合作营业厅项目。最初实施方案由公司相关业务部门推出，法律部门未能同步参与，结果其方案与我国现行工商行政管理法规和当地政策相违背，根本无法正常设立和运营。后来，问题果真出现，公司领导才把这项艰巨的任务交给法律部门处理。法律部门接受任务后，就如何依法办理合作营业厅的问题进行了专项法律调研，会同公司相关部门制定了一套既符合公司发展又符合现有法律规定的方案，妥善解决了办理合作营业厅营业执照的难点问题。通过此案，公司认识到法律部门工作的专业性和思维的独特性，也开始认识到其同步参与公司重大决策和落实相关决策的重要性。

第二节　企业重大经济活动法律管理

企业重大经济活动中隐含的法律风险要高于日常经营管理中的法律风险，一是因为其复杂性，动用的资金规模也相对巨大；二是因为其专业性、涉法性也非常强。风险越大的业务领域，越要舍得法律投入。比如近年开展的国有煤炭企业常见的兼并重组，其法律管理工作可能囊括下列内容。

（1）进行法律调研与论证，借鉴相关经验与教训，重点研究和解析国家煤炭兼并重组的政策，如国务院《关于促进煤炭工业健康发展的若干意见》（国发

〔2005〕18号)、《国务院办公厅转发发展改革委关于加快推进煤矿企业兼并重组的若干意见的通知》(国办发〔2010〕46号),地方政府对煤炭企业兼并重组的政策,国家对国有企业兼并重组、产权登记、清产核资、资产评估、国有资产处置、产权转让、职工补偿安置和主辅业分离的法律与政策规定以及《中华人民共和国煤炭法》《中华人民共和国国土资源法》《工伤保险条例》等相关法律、法规。要对政策做出全面、正确的理解,每一句话、每一个词都可能至关重要。

(2) 参与兼并重组企业尽职调查,出具法律尽职调查报告,为企业兼并重组进行法律风险分析和评价,为规避风险措施和意见提供信息。在这个工作中,重点要与相关部门协作好,调查确认被兼并方产权、探矿权、采矿权以及其他企业资质是否有瑕疵,产权转让是否有障碍,是否为资产设置抵押或担保,被兼并对象主体是否适格,兼并报批程序与文件是否完备等。

(3) 同步参与制定企业兼并重组方案,注意区分政府强力无偿重组非法煤矿行为与企业为主、政府干预和指导下的市场煤炭重组行为,为企业兼并重组申报、审批程序和实施提供法律服务和咨询,随时解答相关法律与政策疑问。

(4) 同步参与企业兼并重组谈判,起草和制定企业兼并重组合同书,明确兼并重组各方的权利和义务,而不是简单的事后评审,在确保不违背国家法律和政策强制性规定的前提下,利用好国家政策和优惠,尽可能就兼并重组的合同条款达成一致意见,能双赢最好,但至少确保己方的合法利益不受损害。

(5) 为完善重组后企业的法人治理结构以及推进股份制改造、建立现代企业制度等提供法律意见和法律服务。尤其要通过公司章程,借鉴跨国企业的治理经验,结合中国国有企业和国有控股公司的特殊性,依法引入社会资本,明确总部与下属企业的法律关系与权责界限,实现通过资本和产权来管控下属企业,规范企业内部董事会、经理层和监事会的产生程序、会议程序、权力与责任以及扁平化内部组织机构的设置,完善党委会(党组)、工会以及职工代表大会等对企业决策和运营管理的合理参与,最终建立产权多元、决策科学、执行有力、监督有效、民主管理的现代煤炭企业。

(6) 以总部法律顾问的身份审慎出具法律意见书或审查律师事务所出具的法律意见书,确认企业兼并重组行为和程序合法、有效,重点关注对法律意见书中引用的法律依据和政策依据是否准确、充分,有无重大遗漏,资产转让主体、内容和程序是否合法，而且要对律师的保留意见进行深入分析或纠正，以完善整个法律意见书。

（7）保护兼并重组企业职工合法权益，与劳动人事部门通力合作，制定相关方案，尤其是职工安置方案，包括安置方式、安置费用、社会保险与劳资纠纷等，确保社会稳定和谐，确保符合国家法律与政策规定。

（8）为兼并重组企业办理工商、税务登记，房屋、专利、商标所有权，以及矿业权、土地使用权、职工劳动合同、社会保险等变更提供法律服务，确保这些法律确权行为内在的和谐统一和利益最大化。

（9）参与企业兼并重组纠纷调解、代理企业参与兼并重组的仲裁和诉讼活动等，与公司常年法律顾问（律所）开展合作和联络协调相关事宜。

为重大经济活动提供法律咨询和服务，一要积极主动，二要超前介入，尽早获得信息，尽早谋划，这样才能真正使法律风险控制工作摆脱"事后"和"被动"的局面。在西门子法律部门中，就有专门负责并购事务的内部律师为并购提供法律服务：一是确保西门子的战略得到执行，如进入或退出哪个领域；二是竭力保护西门子自己的知识产权；三是设计并购商业交易结构，降低交易成本风险。西门子内部的专业并购律师也非单打独斗，而是与市场的律师、部门的律师、地区的律师、融资的律师共同合作解决并购中的一系列专业法律问题。

因为专业性，国企在处理企业重大经济活动时，已经开始注意积极引入律师事务所等外部法律服务力量与企业法律顾问合作。以宝钢集团为例，不论是宝钢股份上市、增发收购、股权分置改革等资本运作项目，还是集团公司及其续延分支的长期投资、主辅分离、辅业改制项目，法务部都协同外聘律师全程参与，进行法律尽职调查、项目框架设计、法律文本的起草和谈判等工作，最大限度地防范法律风险，保证国有资产不流失，使职工合法权益得到保障。中国五矿的内外部法律顾问团队全程参与秘鲁铜矿收购项目，被全球知名杂志授予"2014年度最佳法律实践并购交易奖"。

第三节　知识产权事务中的法律管理

在知识经济时代，知识产权是企业重要的核心竞争力，其实质是用法律手段来保护企业的创新成果并转化为企业的经济效益。因此，欧美企业一般都将知识产权工作作为法律部门的重要职责，由公司总法律顾问统领。例如，美国高通公司（QCOM）作为提供数字无线通信产品和服务的高科技企业，一直将知识产权工作视为公司发展的生命线。公司法律部下设专利部，全集团法律顾问380多人中有一半在专利部专门负责申请专利和管理专利。在时任微软中国助理总法律顾问于维东看来，微软是一个完全以知识产权为核心产品的企业，它的10万个员工和员工所创造的知识产品，包括以商标、专利、版权形式为代表的产品，是微软唯一的财富。

当然，自主知识产权能给企业带来巨大的经济利益和社会影响，同时，若在知识产权的法律纠纷中败诉，那么所有侵权产品都不能在国内外制造、销售和使用，这对企业很可能是灭顶之灾。例如，iPAD商标纠纷最后以6000万美金达成和解，IDC公司以专利侵权为由诉请美国法院和美国国际贸易委员会禁止进口和销售华为产品。

国有企业这几十年来大力推进科技创新战略，面对国际激烈的竞争和日益复杂严苛的国际知识产权保护法律环境，引入法律工具、法律思维和法律技能，为企业知识产权的开发、确权、使用、许可和维权建立规范管理体系是国企法律顾问的重要职责。

很多国有企业尤其是高科技企业的知识产权综合管理职能并不在法律部，而是在科技管理部或技术开发部，而最致命的是科技管理部或技术开发部并不配备法律专业人员。笔者认为这很不合理，原因在于：

一是知识产权工作具有法律规制性强、法律风险较大、投入大和国际化因素较高等特点，没有企业法律顾问的充分参与是不合适的。

二是很多时候，何为知识产权工作的法律管理，何为知识产权工作的非法律管理（或者叫业务管理），其界限是难以清晰划分的，实际上，知识产权与法律事务具有相当的重叠性。

在实务中，企业法律顾问对知识产权工作介入的深度和广度由企业自身情况和领导对知识产权工作的理解而定。比较浅的，只在出现了重大知识产权侵权或法律纠纷的时候才介入，这时候，知识产权工作主要由相关业务部门负责；比较深的，在知识产权的综合管理部门专门配有知识产权法律专员，全程介入和跟踪与知识产权有关的工作，平时随时提供咨询服务，遇有重大法律事宜的时候，知识产权法律专员可以牵头协调法律事务部或外聘律师事务所进行咨询和解决；特别重视的，则常常是在法律部下面设立知识产权部，知识产权工程师和法律顾问在一起，全权负责知识产权工作，而很多知识产权工程师虽然是技术背景，但本身也具备一定法律专业知识。以专利为例，知识产权部会负责组织制定专利保护与发展战略、参与专利合作开发、申请国内外专利、与专利事务所和律师事务所合作，以及专利的保护与维权、专利许可与交易、专利法律宣传与保密等。

关于知识产权与法律事务管理机构的设置，以 IBM 为例，其知识产权和企业法务是两个不同的部门。知识产权部门主要负责专利申请；而法务部门主要负责商业交易中涉及的知识产权问题，如合同谈判、知识产权权属和侵权责任合同条款等。两个部门的工作虽有分工，但更注重紧密配合。为了提高工作效率，知识产权管理部门的工作人员经常要去法务部门工作一段时间，加强交流；而且，这两个部门的领导者是同一个人。关于这种"平行部门，一人领导"模式是否一定有利于知识产权更好的保护和运营，依然存在争议。笔者比较认同，不同的公司类型在法务和知识产权部门的分配和架构设计上也应该不同：特别强调技术密级性、专利保护性的企业，比如专门以技术作为交易产品或以技术支撑企业竞争力的企业，把知识产权分立出来管理比较科学；否则，则应该倾向于将知识产权归于法务部管理。

国有企业在科技研发和品牌维护领域投入不菲，知识产权法律保护机制却严重缺位，主要体现在：

（1）缺乏系统的知识产权权利保护与分享制度，一个项目一个样；

（2）被合作单位独占专利申请权，丧失联合署名权；

（3）将合作开发和委托开发混为一谈，合同权利义务不对等；

（4）应当以专有技术方式进行保护的技术却选择了专利方式；

（5）合作开发项目丧失专利许可权、无偿使用权或受益分享权；

（6）技术开发过程中保密措施粗放，泄露技术秘密时有发生；

（7）研发中因消化吸收不当侵犯国外专利技术而引发诉讼；

（8）研发中借鉴有余而创新不足，实用新型和外观专利居多，发明专利奇缺；

(9) 专利与专有技术的推广应用严重滞后。

当前，针对国有企业的科技开发工作（主要是专利）以及品牌建设工作（主要是商标），亟须建立一套完整的法律介入机制，让精通知识产权法理论与实践的企业法律顾问参与企业的知识产权战略决策与项目的具体策划和执行，尤其要加快落实《企业知识产权管理规范》（GBT 29490—2013），让知识产权管理形成一个有机的系统，为企业发展提供可持续的、强大的竞争力。

国企法律顾问参与知识产权管理，也是探索实现"让中国国有企业的法务部门变成盈利中心"的一个契机。中国国企的一些国家级科研机构和技术中心已经在一些关键技术领域取得了一些重大技术突破，但是，这些优势并未转化成经济效益。在发达国家，企业凭技术专利、知识产权所获收益（知识产权贸易收支）非常受重视，企业出售专利权或著作权的收入占据公司营业收入的很大一部分比例。对于中国国有企业而言，在海外市场运营中应该提升知识产权战略价值，对从技术秘密的保护、专利申请到专利复审，再到专利权益处理以及专利许可模式等一系列环节加以全方位重视，进而建立并完善企业的专利实务团队，将专利技术及其他相关专有技术（Know-how）打造成企业的盈利点，最终改变企业在国际市场上的位置。在这一点上，国企首先要好好地向华为等民营企业学习。

以商标为例，被国家工商行政管理总局确定为国家商标战略实施示范企业的中粮集团目前已建立起比较完善的纵向集中的商标管理体系。其中，在公司总部层面，品牌管理部门负责公司品牌形象、品牌延伸、品牌战略的制定和执行；公司法律部下设的"知识产权部"专职负责管理、维护、许可注册在中粮集团名下的国内外商标，是中粮集团知识产权专业化管理中心。另外，中粮集团的11家一级经营单位的法律部门、设有法律部门的二级经营单位等都有专人管理本单位的商标事务，未设法律部门的二级经营单位等也有专职或兼职商标管理人员负责管理该单位的商标事务。中粮集团还于2007年由法律部牵头成立了"中粮集团知识产权维权中心"，专业化的知识产权保护平台逐步成型。依靠法律护航，中粮培育出包括"长城"葡萄酒、"福临门"食用油、"中茶"茶叶、"金帝"巧克力及"大悦城"等一批具有极高知名度的品牌和产品。截至2013年年底，中粮系统共持有注册商标4393件，为企业创造了很高的经济价值，其也被国家工商行政管理总局确定为国家商标战略实施示范企业。

第四节　公司劳动人事法律事务管理

维护和发展和谐稳定的劳资关系之所以对国有企业具有特殊的意义，一是因为国企在国家维护社会稳定和保证充分就业方面承担着特殊的职责；二是因为国有企业现有的劳动人事制度正处于改革和转型的过程中。

劳动人事领域也属于典型的法律规制比较多的领域，涉及人员聘用、劳动合同、社会保险、薪酬福利、农民工使用、干部管理等，法律规制多、法律更新频繁、政策性强且法律政策调整频繁、事涉敏感是劳动人事法律事务管理的特点；而且离退休认定、劳动关系认定、辞职补偿、薪酬待遇等法律纠纷时有发生，已经成为国企法律部门处理日常法律纠纷的重要组成部分。以前面提及的《劳务派遣暂行管理规定》为例，该条例针对劳务派遣的资质、性质、比例、范围、同工同酬待遇以及行政处罚等做了详细规定，对劳动派遣限制了严格的适用范围，这对实行传统的编制制度和岗位管理的国有企业多元化用工制度冲击颇大，导致企业违法的风险直线上升，甚至危及企业的正常运营；为避免造成重大社会稳定事件，在实际贯彻执行过程中，国家又给了国有企业一定的过渡期限。另外，近年来国家针对保障农民工和女职工权益、保障职工权益和福利等方面也是不断推出新的制度，监管也日趋严厉。背负社会责任和和谐稳定发展大局的国有企业，在遵守法律、法规和政策方面更是要小心谨慎。

劳动人事领域的专业性和复杂性决定了作为执行部门的人力资源部门不仅要熟悉自身业务，更要具备基本的法律知识、法治思维和法律意识，要实时跟踪法律与政策动态，在人事管理过程中要主动咨询法律顾问的意见，在出具重要或特殊的法律文件时要提请法律顾问审查，出现劳动纠纷要及时通报和共享信息。所以，人力资源部与法律部要建立动态的沟通与合作机制，要多探讨各种可能的方案与措施，必要时要联手进行专门的法律调研和法律论证。另外，在人力资源部门配备专门的法律人才或者在法律部门配备专门的精通劳动法与社保法律实务的专业人才，对两个部门协同作战和加强法律管理工作都是很有必要的，这有点类似于前面说的法律部与知识产权部的关系。

考虑到劳动人事法律关系的复杂性、专业性和敏感性，法律部门本身必须要主动加强对相关法律政策的学习和研究，了解人事管理的具体内容、流程和文件等，加强对热点问题的前瞻性研究和系统论证，积极做好劳动人事工作法律风险的预见与防控工作。同时，国企法律顾问要结合已经发生的劳动纠纷处理案例以及其他性质类似的国有企业的好的实践做法，在依法修订劳动合同示范文本、完善劳动合同期限管理、完善劳动合同重要条款（如合同解除、安全生产责任、保密义务、竞业禁止等条款）、依法制定直接涉及职工切身利益的规章制度、依法处理劳动人事纠纷等方面做出自己的贡献。以中广核为例，针对集团劳动关系以及与劳动人事关系密切关联的国企房改、车改等具体问题，为从制度上对现有劳动人事管理进行梳理，中广核集团公司法律事务部于2005年组织对集团各成员公司进行了专项劳动法律调查，针对发现的各类具体问题提出了法律整改建议，促进了成员公司规范劳动合同管理制度体系。2007年，针对《劳动合同法》修改后对劳动合同管理提出的强制性规范，中广核法律事务部门又与人力资源部门联合组织了专项适法性整改项目，制定了集团劳动合同管理指导意见，完善了劳动手册制度，拟定了劳动合同范本，对劳动合同保密及竞业禁止提出规范建议。

第五节　公司经营监管合规事务管理

合规在国企正式提出来不过几年的时间，理论和经验都很有限，所以，我们不妨先看看国外的合规工作如何做。

美国公司的合规管理主要包括法律和制度两个层面：一方面是研究新的法律、法规，调整公司各项决策，保障公司决策合规；另一方面是制定公司内部章程和规章制度，确保每一名员工知悉并有效执行，确保员工行为合规。

不少美国企业内部设首席合规官（CCO，Chief Compliance Officer），一般由总法律顾问助理担任，确保与传统法律业务既有一定区别又密切合作。CCO直接对总法律顾问负责并汇报工作，也有的直接向首席执行官（CEO）、首席运营官（COO）负责。

在欧美，很多大公司都由公司法律顾问肩负起合规性监控职能。比如，法律部制定了全球员工必须遵守的反腐败合规员工手册，并由各地区的法律顾问对员工进行培训。对于不清楚的问题，法律顾问要负责给员工进行咨询和解答；对于业务流程中容易出现腐败问题的环节，如向第三方采购、礼品馈赠、娱乐消费等，法律顾问均要进行把关；法律顾问还要帮助公司对出现的违规问题进行调查和处理等。

国际大公司的合规管理一般会采用集中化、垂直化的管理体制，打破母子公司之间独立法人的限制。这个部门管理者的权力非常大，有着非常健全的管理体制，包括内部直系规则，也有着相关的培训和针对合规管理的审计活动。合规管理部门的部长和经理可直接向董事会汇报，在日常工作中也可以向高层管理人员直接汇报，而且在所有的年度报表中都会报道内部管理的体制、状态和合规部门管理的状态。

我们再看看作为合规工作起源地之一的金融行业是怎么做的。

如前所述，合规工作源于严密且严格的政府监管制度，典型的如银行业。我国商业银行也不例外，已经基本建立了一套相对系统的合规体系与文化，有专门的合规部门和专业人员，有一套完整的合规操作程序。按巴塞尔银行监管委员会发布的《合规与银行内部合规部门》高级文件的规定，合规依据包括"法律、监管规定、规则、自律性组织制定的有关准则，以及适用于银行自身业务活动的行为准则"。按照中国银监会2006年发布的《商业银行合规风险管理指引》，合规的依据包括"法律、规则和准则"。银行合规，主要涉及反洗钱、防止恐怖分子融资、避免或减少利益冲突、客户隐私与数据信息保护、消费者信贷风险审查等。可以说，银行业的高风险性（信用风险、市场风险、操作风险等）使合规成为必要，而银行业本身有一套相对完整的国际国内监管规则则使合规成为可能。

所谓"合规"，笔者认为比较准确的定义是对公司经营与管理行为是否符合相关监管规范的一系列制度、监督与管理的总称，包括识别预防、流程控制、审查监督、惩戒处罚与完善制度等。而这类监管规范是法律法规、行业规则、公司制度、纪律以及国际惯例的大集成，不仅包括那些具有法律约束力的文件与制度，也包括更广义上的诚实廉正和公平交易的行为准则。在中国，尤其是在国有企业，合规的依据还应该包括"党纪"，尤其是《中国共产党党章》以及党对领导干部和党员廉洁从业的各种政策、禁令、规定和要求。在国企语境下，合规的依据可以总结为三类：党纪、制度和法律。

当前中国，非金融领域的国有企业大多数尚未建立专门的合规部门，但并不能说没开展合规工作，如纪委的反腐败举报与调查、人事部门制定的员工行为准则、审计部门的项目监察与财务审计、法律部门的合同审查以及法律论证与法律监督工作、财务部门对合作方的资信与财务调查、QHSE 部门对安全生产与环境保护工作的合规性审查等，与合规工作具有相当的一致性。真正的问题在于，这类合规工作：

（1）职能分散、零星，无人统筹协调，缺乏系统性；

（2）没有专门的管理机构与合规人员，缺乏专业性；

（3）没有建立完整规范的合规程序、体系和文件，缺乏可操作性。

对此，正在实施的中央企业法制工作新五年规划将"大力推进合规管理"作为一项重要工作。按照该规划：

（1）职责、部门和人员：由总法律顾问牵头，法律部门作为合规管理综合部门，相关业务部门和纪检审计监察等部门共同参与。

（2）重点领域：反垄断、反不正当竞争、反商业贿赂以及环境资源、税务、劳工、知识产权。

（3）重点人群：企业领导干部、关键岗位人员、海外工作人员。

首先，总法律顾问统管合规工作非常必要。合规的核心还在于"合法"，很多内部制度和党纪也有相当部分是为了防止违法行为，而且这对于提高总法律顾问的地位和管理权威、实现总法律顾问职能从法律风险到企业总体风险管控的转变是有利的。总法律顾问统管合规工作还有利于实现"党纪、制度和法律"的统一审查。借鉴之前的"法律部大部制"思路，应由总法律顾问统筹管理合规工作，将法律、合同、招投标管理、内控、审计、监察、纪检等职能一并纳入大部制的"法律部"下，借鉴合规管理的理论、思路、方法与工具，对各部门合规职能与程序进行完善。

其次，法律部门作为综合管理部门是合适的。现在合规与法律业务以及纪检、监察、审计等职能有相当重叠，单设合规部门难免职能交叉和职责不清。不过，对于法律顾问兼职做合规，笔者认为不可取，因为合规与法律服务、法律管理的思维是很不一样的。如果说法律服务是向上看，扮红脸，强调商业灵活性；法律管理是平级看，扮白脸，强调组织协调；合规则是向下看，扮黑脸，强调令行禁止。"任何人不能做自己案件的法官"，法律服务角色与法律合规角色是存在一定的角色与利益冲突的。现在，国企合规工作尚处于起步阶段，所以，企业法律顾问做合规工作应该是专职，必须能够集中精力探索和建立基本的工作体系，既要借鉴跨国企业经验，又要考虑国企的独特性质和现有管理架构。而法律风险非常高、法律或行业监管环境非常复杂和系统的国有企业，也可以设立专门的独立合规部门，但该合规部门依然应当以精简为原则，是负责特定的合规事项，不宜搞"大而全"的合规工作，避免重复工作和降低效率。

再者，从业务领域来看，不宜全面铺开。如前所述，国企并非没有合规工作，只不过缺乏必要的系统性和专业性。所以，笔者认为最好的路径依然是"抓重点，找突破，建流程，成熟一个搞一个"。按照通常做法以及合规工作的起源，重点瞄准反商业贿赂、防利益输送，宣传合规理念，完善合规制度，建立合规审查程序、流程与表单，完善惩戒制度，建立与审计、纪检的联动机制。同时，以此为契机，逐步培育企业的合规文化，形成合规意识。

合规工作对国企具有特别的意义。以前部分国企靠领导个人意志、靠权力管人管事，制度制定了一大堆却形同虚设。合规工作要力图改变这种现状，通过合规工作来树立制度权威（当然也包括法律权威），按既定流程和既有规则办事，在制度面前没有例外，上至公司领导，下至普通员工，都应该将这种合规理念或者说是合规文化外化为自己的行动，否则都将面临合规制度中的违规处罚。这实际上就是真正落实习近平总书记提出的"将权力关进制度的笼子"，这样才能真正保证国有资产不流失、领导干部不腐败。

中国合规网（www.complianceinchina.com）曾发布一个《中国合规管理现状调研报告》。该报告显示，中国企业的合规政策基本上都集中在反腐败贿赂方面，其中比例最高的是"企业行为准则"和"礼物与娱乐"。其他的政策如"合规审计""职业道德及产品推广""对经销商、代理商尽职调查""合规审计"等也被高度关注。毫无疑问，反腐败贿赂（反商业贿赂）已经成为合规的核心工作之一。

对于国企而言，笔者认为开展合规管理的一个突破口就是招投标领域。

笔者之所以没有提出选择反商业贿赂作为突破口，关键还是因为国企干部基本上都是党员，首先受到党纪的约束，反商业贿赂的工作在相当程度上是由纪委负责的。选择招投标活动作为合规监管的突破口，原因一样是风险大和法律规制多，即具有必要性和可能性。北京师范大学中国企业家犯罪预防研究中心领衔编制的《2014中国企业家犯罪报告》统计了104例案发环节明确的典型案例①，其分布情况为：财务管理过程18例，工程承揽过程12例，物资采购过程10例，产品生产过程和贸易过程各5例，其他54例。其中，工程承揽与物资采购都是与招投标直接相关的，占比超过20%。所以，做好招投标过程中的合规工作对规范权力运行、治理国企腐败和打造阳光法治国企具有重要意义。多年来，虽然招投标领域各个层级的法律、法规和规章制度多如牛毛，事无巨细，实际上规定得已经非常清楚，但实际执行中"视法律为儿戏"的情况仍时有发生。国企系统自成一派，暗箱操作，招标走形式，导致该领域成为权钱交易的温床，国家审计和反腐机构屡次针对招投标领域开展专项打击，重拳出击之下依然不能有效解决问题。针对招投标领域有法不依和利益输送的情况，国企应当发挥企业法律顾问的合规审查功能，全面介入招投标过程，通过参与见证、出具法律意见书、完善规章制度和流程、设置利益隔离带、增加程序的公开性、减少权力的集中，从而杜绝利益输送的可能性。

我们必须明白，合规不在于制定一堆合规制度与流程，更在于对制度发自内心的尊重和重建制度的刚性，否则，任何完美的制度都可能被有心人绕开。2004年震撼国内外的中航油新加坡公司衍生产品交易5.54亿美元巨亏事件就是教训。中航油新加坡公司建立了由国际知名会计师事务所安永设计的风控机制，其内部的《风险管理手册》内容很完善，规定了详细的逐级审批程序和各级管理人员权限（交易员—风险控制委员会—审计部—CEO—董事会），通过联签方式降低资金使用的风险，甚至还采用了世界上最先进的风险管理软件系统，将现货、纸货和期货三者融合在一起，全盘动态监控。中航油新加坡公司也有比较完备的法律顾问制度，时任总裁陈久霖自身就十分精通法律，是中国政法大学国际私法学硕士和清华大学民商法专业的法学博士。然而令人遗憾的是，整个期权交易业务的决策者以及整个交易过程都无视公司制度和合规流程的存在。最终的巨亏，与其说是公司缺乏合规制度，倒不如说是公司的CEO个人权力过大，决策权、执行

---

① 2014中国企业家犯罪报告（北京师范大学中国企业家犯罪预防研究中心编制）[EB/OL]. 正义网，http://news.jcrb.com/jxsw/201412/t20141221_1460973.html，2015-06-03.

权、监督权集于一身，空有制度却未能真正建立权力制衡的现代企业治理体系与内外部监督体制，使得个人意志能够轻易凌驾于法律、制度、流程和内部监督之上，能够轻易绕过交易员私自操盘，发生损失也不向上级报告，长期投机违规未被发现而终致酿成重大损失。

要维护合规制度的刚性，仅靠自觉是不够的，必须给予合规部门内部调查权与一定的处罚权，否则，合规制度就是"没有牙齿的老虎"。美国大企业一般都设有内部调查机构，一旦有来自涉及员工违规或商业贿赂的举报，必须无条件启动公司的内部调查。《美国联邦采购条例》(Federal Acquisition Regulations，简称 FAR) 甚至规定，针对涉及政府采购、军品采购的企业，其内部必须有法律合规部门和内部举报机制，如，波音公司因涉及政府军用飞机的采购，在法律部下设专门的公司调查部门，由总法律顾问领导开展工作。不仅如此，依据该法，政府设有专门的合规办公室，对企业进行定期的日常合规检查（Compliance checking）和突击的专项合规检查（Special compliance check）。当前在国企内部建立合规的内部调查与处罚体制，则合规部门还必须与纪检、监察部门形成合理分工与协作。

第六节 公司治理架构及其法务管理

公司治理对国有企业合法经营具有根本性和全局性。前述《中国500强企业法律风险管理需求调查报告》显示，高达69%的受访者认为企业面临的最大挑战是公司治理，名列法律风险第一位，而中国500强企业大多数是国企。

从法律顾问的角度而言，到底要建立一种什么样的公司治理结构呢？

美国大企业有成熟的现代企业治理结构和规范的证券市场，股权多元化，股东会、董事会、监事会和经理层各司其职，有配合更有制约，而且企业运行相对公开透明，但仍需要总法律顾问制度以更好地维护股东权益，更好地监督并实现权力制衡，这要得益于法律人本身的性格，即对公平、正义、权利、民主和程序的绝对信仰和尊重。而且，保障企业依法合规经营，不逾越法律红线被认为是维护股东权益的基本途径。在美国公司规范的治理结构中，董事会、股东会和经理层分权制衡，尤其是股东作为出资人，却因不能直接参与公司日常经营管理而难以确保企业重大决策均合法合规，也难以确保内部规章制度得到有效执行。因此，公司股东往往选择在经理层设立总法律顾问，确保公司依法经营管理，避免内部人控制。2000年前后，美国资本市场诸如安然、世界通信等一批国际知名企业纷纷陷入财务做假丑闻，以致遭投资者抛弃而被迫宣布破产，资本市场秩序也受到严重损害。而这一系列公司丑闻及倒闭事件被认为是总法律顾问职责开始变化的一个重要转折点。正是在这样的背景和相关立法推动下，总法律顾问作为董事会成员或出席董事会会议的做法开始受到推崇。现在，总法律顾问制度被作为企业行走在合法合规道路上的制度保障，已经成为美国大企业治理结构的重要内容。例如，美国通用（GE）、IBM、高通等公司的总法律顾问既是经理层的法律顾问，同时也是董事会的法律顾问，负责同时对决策层和执行层提供法律意见。除此以外，美国企业的总法律顾问往往还负责公司内部调查，相当于位高权重的"纪委书记"：一旦有人举报公司员工违法违规，须由法律部门开展有关内部调查并给予制裁惩戒。另外，一些企业的法律部门还同时向公司审计委员会报告工作。以上这些做法，表明总法律顾问在美国企业公司治理中发挥着不可替代的重要作用，也可以为国有企业所借鉴。

国有企业最大的股东就是国家，是全体人民，但很显然不可能全民监督，更不可能全民参与企业管理。因此，如何通过有效的公司治理架构和内部监督体系实现国有资产的保值增值，防止国有资产流失，防止国企领导班子违法决策、公器私用和输送利益就显得更加突出和重要。

建立科学的公司治理架构或许是个系统性的课题，但是，基于国外总法律顾问制度的借鉴、中央的国企改革顶层设计以及国内《公司法》等法律制度的规定，国企法律顾问依然可以为公司治理贡献力量。

1. 加强董事会、管理层与监事会人员的有效制衡

国有股权一股独大，股权过于集中，公司的股东会、董事会、监事会都由大股东控制，若制衡机制不能建立，则很容易形成内部人控制局面。长期以来，国企治理的弊病主要表现在企业的决策、执行和监督层面的职责不清晰，运行不规范，未形成有效运转、相互制衡的机制。

国企法律顾问要运用法律知识、法律思维与法治意识参与到国企建设现代化的董事会、管理层与监事会的工作中来。

首先，要明确董事会和经理层的权力界限，也就是规范决策权和执行权，这也有点类似全国人大立法权与国务院行政权的关系。这首先需要参考《公司法》的规定并进行细化，解决现行公司章程和企业实际运行中董事会和经理层职责过于原则、界限不清的问题，而要做到这一点，国企法律顾问必须要对企业的运行与管理有非常明晰的认识，而且要站在一个中立裁判者的角度去思考问题。董事会决定企业的基本方向和目标，经理层负责执行实现企业发展的方向和目标，这是基本原则。如果如美国企业一样，总法律顾问既是董事会的法律顾问，也是执行层的法律顾问，对合理划分董事会和经理层的权力界限应该是很有帮助的；当出现冲突的时候，总法律顾问也是一个很好的协调者角色。

不仅如此，总法律顾问本身如果是国企董事会成员（对于未设立董事会的全民所有制企业，则成为领导班子成员），对于在决策中注入法律思维与法律工作者的经验、审查决策内容的合法性与可行性、保证决策程序的合法性（如董事会工作程序和议事规则）、促进企业法务工作与业务一体化以及更好地履行对经理层的监督职能，也提供了一定的制度保障。

其次，要确保监事会的相对独立性。无论内设监事会还是外派监事会，独立性是最重要的，"任何人都不能做自己的法官"，所以，监事会的组织和资金保障是第一位的，然后是必须通过制度确保其相当大的知情权——这是监督的前提，和企业法律顾问履行职责是一个道理。和法务管理的垂直管理模式类似，监事会也可以参照，确保其独立性，让其在监督国企决策尤其是重大投资和干部廉政建设等方面敢于亮剑。"阳光是最好的防腐剂"，法律部和监事会应携手工作，一起探讨国企公开制度，让监督变得更加有效和可行。另外，如前所述，总法律顾问的综合素质很高，懂企业管理，懂法律，甚至懂财务，所以，由总法律顾问担任监事会主席或执行监事也是一种较好的制度设计。总法律顾问制度本身也是企业内部监督机制的一环。在2003年前后，宝钢集团公司为加强对全资子公司监事会和集团公司派出的董事、监事人员的日常管理，就确定由总法律顾问负责的董事会秘书室为企业国有资产监督管理业务的归口管理部门，负责对所有派出董事、监事的培训以及日常工作情况的协调和管理，使派出监事机构和派出董事、监事能更有效地体现国有资产出资人的意志。

再者，加强民主管理。法律人天生具有民主意识和程序意识。国家法律保障的国企职工代表大会这一国企特色化的民主管理形式应当得到加强和优化，让国企职工真正能够在确定企业发展方向、企业重大决策、企业重大经营活动、职工权益保障等方面发挥参政议政和群众监督两大职能。同样，还要落实《公司法》关于职工代表、职工董事、职工监事的相关规定，探索在人员选任、人数确定、权力发挥和信息反馈等方面实现普通员工对公司经营决策的有效监督，实现群策群力和民主管理的目标。

最后，要通过加强总法律顾问制度建设，强化制度和程序的刚性和理性，加强企业重大经营决策的法律和商业论证。股东会、董事会、执行层、监事会、党委会、职工代表大会各司其职，敢于说"不"，不能只讲配合而不讲制衡，不能只讲一团和气而没有基本原则。

2. 遵守母公司、证券监管的要求

这些年来，国有企业盲目扩张和收购，过分追求多元化、超速发展，管理层级多，资产监管链条长，造成失控；母公司对子公司缺乏监管，造成风险无法控制。这时候，总法律顾问如果由母公司直接任命或管理，不仅可以在企业决策阶段加强合规性审查以及法律风险评估，而且可以在监督企业遵守母公司战略方面发挥作用。

这些年来，国资委大力推动国企重组上市，除了融资这一目的外，还在于证券监管法律对上市公司的治理结构有不少强制性，上市公司运营管理比较公开和规范。引入社会资本，推行混合所有制，引入股东和证券市场这类外部监督力量，有利于提高国企决策与经营管理的民主化、规范化和公开化水平。同时，上市公司本身也存在特定的法律风险与治理风险，如公司治理、信息披露、股东诉讼、关联交易、内幕交易、操纵股价、欺诈发行股票和退市等风险，尤其需要完备成熟的制度规范和法律风险管理组织体系。

3. 国企改革改制的合规审查与监督

在进行国企公司制改造，企业合并、分立、重组、转让，建立完善的法人治理结构、董事会试点以及推进混合所有制改革等工作中，总法律顾问及法律事务机构有法定的职责及审查义务。这些重大改革，必须基于法律和政策方面的充分论证与研究，必须获得总法律顾问的同意，而所有上报母公司或政府的改革方案必须有总法律顾问的签字认可。这样做固然有合法性审查的目的，也有防止国企内部人员借用改革的名义从事为自己谋利益行为的考量。

为重点解决公司治理中最严重的监督失控问题，江西省国有资产系统曾在2008年试行过"法务总监"模式[1]，值得我们思考。法务总监由江西省国资委聘任，签署聘用合同，委派至所属国有企业工作。这与中纪委派驻纪检组长到国家部委的模式很像，法务总监工作在企业，人事关系在国资委，代表国资委，主要对国资委负责，从根本上增强其履职的独立性。该法务总监与总法律顾问两者并存，但定位不同。后者主要是全面负责企业法律事务，对企业总经理负责，侧重于法律服务与企业管理。而法务总监的核心目的只有两个：一是为了完善决策制度，防止一把手决策中违法违规和独断专行，决策中总经理与法务总监意见不一致时，法务总监及时直接向国资委报告；二是完善法人治理结构，加强权力制衡与监督机制，尤其是防止出资人与总经理之间信息不对称导致的权力滥用和道德风险。

国企治理结构没有固定的模式，国企法律顾问在公司治理中发挥作用，更重要的是要将权力制衡、权力公开运行、权责利对等、民主管理等法治理念与法律思维融入公司的制度和公司架构设计。民企巨头阿里巴巴的实践或许能作为国企的重要参考案例并从中获得启发。创业起家的阿里巴巴没有成为一个以"感情""理想""义气"去维持团队的家族企业，最后能成功走向国际化运营以及在美上市，从国际市场募集资金，必须要归功于毕业于耶鲁大学法学院的法律博士蔡崇信。蔡崇信在阿里巴巴刚刚成立之时即加盟其中，全力协助马云注册公司并向第一批员工讲股份、讲权益，起草了18份完全符合国际惯例的英文合同和协议，让马云和其他创始人签字画押，奠定了阿里的基本企业治理架构与权责。正是蔡崇信为阿里巴巴带来了"法治理念""契约精神""国际游戏规则"，使公司建立起符合国际玩法和互联网企业特点的现代公司治理结构。

---

[1] 徐州坤，刘吉健. 国有企业法务总监制度理论初探——以江西省国资委为例 [J]. 科技信息，2009（30）：76—77.

第七节　公司仲裁诉讼法律案件管理

　　案件管理是最传统的法律事务之一，甚至在很多国企领导的思维中，法律顾问的作用就是打官司、上法庭、充当"救火队员"。诉讼仲裁也常被认为是最能直接体现企业法律顾问作用、展示其职业能力和提升其地位的工作。所以，也有人说，要想打响法律部门的"第一炮"，最好的途径还是打赢一个颇有影响力的大案，方能为后续法律工作建立很好的"舆论氛围"。时任港中旅集团公司总法律顾问宫晓冰曾说过："能否解决好企业重大历史遗留问题，往往成为企业主要领导人对法律顾问工作重视与信任与否的关键，也是员工对法律顾问制度功能的最直观认识。"而企业重大历史遗留问题中，有相当一部分是通过仲裁、诉讼等法律途径解决的。

　　诉讼和仲裁这样的正式司法途径虽然具有国家强制力保障，但是耗时、费用高以及严重伤害企业形象与商业信誉等潜在风险不低，常常是两败俱伤。所以，国有企业仲裁与诉讼管理的最高境界，笔者认为应该是"息诉"或者叫"零诉讼"。这种目标不是通过国企无条件的退让来实现的，恰恰相反，很多时候大就是依靠国企法律顾问的法律技能与技巧、充分的说理和完整的证据，以"打"逼"谈"，在法律和政策允许的范围内，针对可能发生的诉讼与仲裁以及正在进行的诉讼与仲裁程序，将对方拉回到调解、协商的谈判桌上来友好解决。

　　当诉讼和仲裁无法避免的时候，作为法律事务的专有领域，也是国企领导对法律部门最为关注的看点之一，这正是企业法律顾问大显身手、证明自身价值的最好机会。平常我们扯着嗓子喊"法律风险"，业务部门总不以为然；而审判庭上扯开膀子"干一票"，无论输赢，事实胜于雄辩。仲裁和诉讼作为解决纠纷的法律途径与最终途径，其专业性和程序性决定了企业法律顾问将在整个过程中起主导作用。这种主导作用集中体现在：

（1）整个案件的策划、分析与组织；

（2）全套法律文件和公司对外言行的审核把关；

（3）代表企业出庭应诉、辩论和谈判；

（4）诉讼与仲裁节奏的把控与决策；

（5）协调公司业务人员、管理人员和外聘中介机构（律师事务所、专利事务

所等);

(6) 在依法合规的前提下实现公司利益最大化。

在重大仲裁和诉讼中,国企法律部门往往要寻求专业的社会律师的协助和支持。但是,社会律师即使介入,哪怕是深度介入,也不能取代内部法律顾问的工作,不能取代企业法律顾问对社会律师具体工作的监督审查和内外沟通协调职能,更不能取代企业法律顾问的主导地位和案件管理职能。然而德国就比较特殊,德国立法明确禁止企业法律顾问代表本企业出庭应诉,所以必须与社会律师合作处理诉讼事宜,而企业法律顾问主要提供支持、协调和进行案件管理。[①] 对于如何处理社会律师和法律顾问的关系,详见本书第三章第五节。

我们还应当注意,从长远来看,国企法律顾问出席仲裁诉讼的终极目标并不在于一个简单的胜诉,更重要的是要通过参与仲裁和诉讼达到如下目的,实现法律管理创造的长远价值和战略价值:

(1) 发现公司制度或执行方面的缺陷,提出更好的法律解决方案,完善企业的治理架构,堵塞法律漏洞,完善法律风险防控。

(2) 通过案件本身以及后续的总结和宣传,普法、教育和提升企业领导干部法治理念和法治思维,形成尊重法律、尊重程序、尊重权利的良好范围。

(3) 树立企业法律顾问的良好职业素质和职业形象,赢得业务部门和领导的信任与支持,为持续推进法律工作打下基础。

(4) 建立和完善适应企业自身特点的诉讼、仲裁等司法救济机制、程序和流程,包括内部诉讼团队的建设、与业务部门和外聘律师的协调合作等。

可以说,现在国有企业的很多新机制与新制度,如总法律顾问参与公司决策、企业法律顾问提前介入商业模式策划与合同谈判、法律部门设立知识产权等专业化团队、重大决策或经营事项的法律意见书/法律论证制度、法律部门与业务部门深入融合机制、合规审查机制、法律风险岗位防控体系等,都是基于一件件真实的诉讼与仲裁案例得出的经验教训而后建立起来的法律管理制度。

实践中,很多国有企业真正涉及诉讼和仲裁的概率并不高,可能一年甚至几年才会有三五个案子,而最后通过仲裁或诉讼解决的纠纷,往往也意味着要么争

[①] 张建南. 它山之石,可以攻玉——欧洲企业法律顾问制度的特点及启示 [J]. 施工企业,2005 (6): 56—57.

议的标的额很大，要么是涉及的相关法律问题对企业长远发展极其重要。任何一个诉讼或仲裁案例，对企业法律顾问而言都是一份很好的第一手学习资料，所以，国有企业法律管理部门要建立完整的诉讼仲裁档案，将项目资料、诉讼文件、证据、裁判书、辩论词、诉讼总结、整改措施与建议等形成一份完整全面的档案资料，随时备查。

以前我们谈诉讼，很多时候是站在被动应诉和维权止损的角度来考虑的，所以，发生诉讼常被认为是一种不光彩或者企业管理不善的形象。在新的司法环境与互联网媒体环境下，国企法律顾问要突破这种传统思维，大胆创新，主动出击，勇于在合适的时机，选择适当的诉讼理由，开创性地"主动起诉"，敢于亮剑，并主动或被动地借助媒体的力量扩大企业的影响力、增强企业的竞争力甚至树立企业的独特形象。就像王老吉和加多宝的诉讼案，在很大程度上来看已经颇具新型市场营销效应，也有树立依法维护民族品牌和依法合资合作的企业形象的功效，而案件的输赢或许已经不是最重要的结果了。当然，"主动起诉"理念也是一把双刃剑，准备不周密也会伤及自身。

国有企业处理仲裁或诉讼涉及重大法律纠纷的，还应当按照《中央企业重大法律纠纷案件管理暂行办法》的相关规定及时报送国务院国资委或地方国资委协调处理，这是制度的要求，也是获得法律资源和政府支持的途径。本办法中规定的所谓重大法律纠纷，并不仅仅简单指涉案金额，还包括中央企业作为诉讼当事人且一审由高级人民法院受理的案件、可能引发群体性诉讼或者系列诉讼的案件和其他涉及出资人和中央企业重大权益或者具有国内外重大影响的案件。当然，这里要注意，国资委原则上是不宜直接介入国有企业的法律纠纷处理的，即案件应当由国有企业依法自主处理。这也意味着国资委作为出资人，其协调处理的案件是有限的，按照前述暂行管理办法的规定，只有在如下特殊情况下国资委才会提供协调：

（1）法律未规定或规定不明确的；

（2）有关政策未规定或者规定不明确的；

（3）受到不正当干预，严重影响中央企业和出资人合法权益的；

（4）国务院国资委认为需要协调的其他情形。

第七章　国有企业总法律顾问制度

很多人可能都听过这么一个段子：国外大公司进军中国市场时，外方老板总是带两个人，一个是打算盘的，要算效益，叫财务总监；另一个是抠条文的，要把法律关，叫总法律顾问。可以说，总法律顾问制度是现代企业平衡风险与效益的一个重要制度杠杆，也是国际大公司实现高水平法律管理的一项重要制度安排。

在中国，国企的总法律顾问制度被认为是整个法律顾问制度的核心，是依法治企建设的主要着力点，总法律顾问也已经被国务院国资委明确为企业的高级管理人员。国资委的设计，等于是给大型国有企业在设置了监事会、独立董事、总会计师等规避经营风险和加强内部监督控制的保险之后又上了一道保险。在设立之初，总法律顾问被视为与总工程师、总经济师和总会计师齐名的"四总师"之一，但与总法律顾问履职相配套的一系列定位、目标、制度和机制还远不够完善。总法律顾问制度建设，还需要法律人做很多思考和探索。

第一节　企业总法律顾问制度的发展

总法律顾问制度最初在建设系统试点，建设部 1996 年发布的《关于在建设系统加强企业法律顾问工作的意见》中第一次引入了"总法律顾问"的概念，并赋予了其较高的地位。该意见规定，在工厂制企业中，由厂长设立或聘请，总法律顾问对厂长负责；在公司制企业中，由董事会聘任或由总经理提名，经董事会同意后，由总经理聘任，总法律顾问要对董事会和总经理负责。

而我国政府对总法律顾问制度的全面推动始于 2002 年。2002 年 3 月，为了迎接加入 WTO 的挑战，国家经贸委发布了《关于进一步做好企业总法律顾问试点工作的通知》，将已经普遍存在的"三总师"制度（总工程师、总会计师、总经济师）正式发展为"四总师"制度。根据该通知，总法律顾问制度被视为建立现代企业制度的标志和增强国际竞争力的重要指标，国家经贸委要求充分发挥总法律顾问在企业决策和经营管理中的作用，以全面提高企业的经济效益和市场竞争力。可见，总法律顾问从其试点之初，就不是为了单纯地处理具体法律事务，其工作重点是参与企业决策与经营管理，是完善现代企业公司治理结构。与之相匹配，该通知在总法律顾问的任职条件上比较强调企业管理经验和组织管理能力。

该通知第一次对总法律顾问的职责进行了详细列明：（1）协助企业负责人正确贯彻执行国家法律、法规，组织起草或负责审查本企业的重要规章制度；（2）直接参与企业重大经营决策，依法提出法律意见；（3）在主持或参加企业重大经济活动中，负责有关法律业务的处理工作；（4）负责企业法律事务机构的管理工作，组织做好企业日常合同管理、招投标、知识产权管理、工商事务、仲裁诉讼等方面的法律事务工作；（5）组织实施本企业法律顾问的培训、考核，参与推荐下级单位法律事务机构负责人；（6）对本企业其他部门违反法律、法规的行为提出纠正意见，负责或协助有关部门予以整改。

粗略一看，总法律顾问的这六大职责很容易与法律机构负责人或法律机构的职责相混淆，但又有三点很大不同：一是明确赋予了"直接参与"企业重大经营决策的权力，即决策参与权；二是赋予了"参与推荐"下级单位法律事务机构负责人的权力，即一定的人事权；三是赋予了对企业整个规章制度建设的组织权。

2002年7月，国家经济贸易委员会又联合中共中央组织部、中共中央企业工作委员会、中共中央金融工作委员会、人事部、司法部、国务院法制办公室等权威部门出台了《关于在国家重点企业开展企业总法律顾问制度试点工作的指导意见》，第一次明确提出企业总法律顾问制度是企业法律顾问制度的核心。

在任职资格上，该指导意见更强调"熟悉企业经营管理"和"组织协调能力"，而不再强调拥有5年以上专职法律工作经验以及"精通法律业务"的要求。作为底线，该指导意见明确要求具有正规法学教育背景和法律工作管理经验（如担任过法律部负责人或者分管过企业法务工作）。

对于总法律顾问的职责，该指导意见不仅总体上明确了其"全面负责"本企业的法律事务，而且列明其要负责做好企业合同管理、商务谈判、知识产权、工商管理、招标投标、改制重组、诉讼、仲裁等方面的法律事务工作。而这八个方面因为专业性、涉法性和合规性要求非常高，经过不断发展和充实，后来逐步成为企业法律顾问的几个最主要专业方向，较好地解决了以前法律工作内涵过于笼统的问题。同时，制度权由"组织起草或负责审查"上升为"负责组织制定和实施"，人事权由"参与推荐"提升为"推荐"。然而在决策权方面，指导意见却删除了"直接参与"，改成"依法对企业重大经营决策提出法律意见"，这不仅削弱了总法律顾问的决策权威，实际上也改变了其决策参与机制和途径，被视为一个不小的退步。

对于总法律顾问兼职还是专职的问题，该指导意见也有考虑，即"以专职为原则，以行政副职兼职为过渡"。而对于与之相关的敏感的干部管理权限问题，该指导意见做了模糊处理，仅规定：企业总法律顾问与总会计师、总工程师、总经济师是否处于同一管理层次或者由企业领导兼任，根据企业实际情况，按照干部管理权限确定。

2004年5月11日，国务院国资委发布了对国企法律顾问制度发展具有里程碑意义的《国有企业法律顾问管理办法》，该规定实际上也是对总法律顾问制度试点工作的总结和制度化。该办法明确了总法律顾问是全面负责企业法律事务工作的高级管理人员，直接对企业法定代表人或者总经理负责。关于任职资格，其基本上延续了前述指导意见的要求，但增加了"具有处理复杂或者疑难法律事务的工作经验和能力"的要求，并首次引进了"企业一级法律顾问"的概念。本办法对总法律顾问的职责范围基本上沿袭了之前的规定，但在最关键的决策权方面比指导意见有进步，明确为"参与企业重大经营决策"，但未能恢复到181号文"直接参与"的表述。

以《国有企业法律顾问管理办法》的实施为契机，2004年5月14日国务院国资委就发布了《关于在国有重点企业加快推进企业总法律顾问制度建设的通知》，全力发挥总法律顾问制度在整个国企法律顾问制度中的核心地位和牵引作用，实现总法律顾问制度从试点到普遍正式建立的转变，短期内的重点目标则是中央管理主要领导人员的53户中央企业和其他具备条件的部分中央企业、部分省属国有重点骨干企业。

在这个通知中，国资委提出了著名的"三结合理论"，即"要把推行企业总法律顾问制度与完善公司法人治理结构、建立现代企业制度相结合，与依法履行出资人职责、维护出资人和所出资企业的合法权益相结合，与促进企业依法经营管理、依法维护企业经营自主权相结合",将总法律顾问制度提升到完善公司治理和维护出资人权益的新高度。

对于总法律顾问的人选来源问题,该通知在企业内部选聘和公司领导暂时兼任的基础上,新增了"委托国资委进行社会公开招聘"的方式。随后,国务院国资委和地方国资委多次面向国内外公开选才,为企业招聘优秀的总法律顾问。

对于总法律顾问的干部管理权限和地位问题,该通知较以往的规定更为明确和具体,要求各中央企业根据《关于在国家重点企业开展企业总法律顾问制度试点工作的指导意见》和国务院国资委党委《关于印发〈国务院国有资产监督管理委员会党委管理的企业领导人员职务名称表〉的通知》(国资党委干一〔2003〕36号)的有关要求,将任命的企业总法律顾问与企业的总经济师、总工程师、总经理(总裁)助理作为同一序列报国务院国资委备案。这样的规定实际上明确了总法律顾问在企业内部相当于总经理助理的管理权限和类似于班子成员后备干部的地位,也为总法律顾问的职业发展和上升渠道指明了方向。地方国资委关于总法律顾问的干部管理权限和地位的规定也基本与之类似,比如,《关于建立健全省属国企法律顾问制度的指导意见》(浙国有资产发〔2007〕9号)规定,总法律顾问"比照"总经理助理,直接对企业法定代表人或总经理负责,并给予相应的待遇。实际上,不少专职的总法律顾问最后都成功晋升为行政副职或成为公司制企业的监事会监事长等高管。

然而整体上,总法律顾问制度的进展依旧不太顺利:从数量来看,截至2007年1月31日,中央管理主要负责人的53家企业中,实行总法律顾问制度的也只有37家,不到70%;159家中央企业中,设立法律事务机构的有121家,不到80%。从认识来看,很多企业领导的法律风险意识不强,依然停留于老思维、老办法,人治色彩严重。从质量来看,总法律顾问的履职机制与保障,尤其是总法律顾问参与企业重大经营决策和参与重大经营活动的机制未能很好建立。针对上述问题,国资委于2007年2月16日发布了《关于进一步加快中央企业以总法律顾问制度为核心的企业法律顾问制度建设有关事项的通知》。该通知注重从质量和机制方面建设总法律顾问制度,一是要求总法律顾问制度以建立、健全法律风险防范机制建设为重点;二是对总法律顾问的决策权予以保障,特别提出要保证其作为"决策成员"出席企业办公会议以及其他涉及重要经济活动的决策会议。明确总法律顾问的"决策成员"地位具有深层次的含义,即总法律顾问不仅仅要就决策团队已经做出的决策做法律审核,还要结合自己的知识、经验和法律思维直接参与决策,以形成决策本身,这也就意味着总法律顾问和其他决策成员一样,需要事先就知悉所有与决策相关的背景、信息和资料。

此后几年,国资委系统在总法律顾问履职机制、业务培训、招聘选任、专职率、工作体系建设等方面多有推动,力求以总法律顾问制度为抓手,提高国有企业的抗风险能力、依法治企水平和市场竞争能力。

经过10余年的强力推进,总法律顾问制度建设取得较大进展。截至2014年10月左右,国务院国资委直接管理的113家中央企业在集团层面都建立了总法律顾问制度与法律事务机构(其中90%以上的作为一级职能部门),全系统有2560户企业建立了总法律顾问制度;整个央企全系统法律顾问队伍超过2万人,持证比例接近80%。[1]

中央企业带头,地方国企迅速跟进。国务院国资委2013年下半年的初步统计显示,全国省级国资委监管的906户出资企业中,建立总法律顾问制度的有478户,占比超过50%;其中,山东、山西、重庆等11个省与直辖市中,省级国有重点企业已全部建立总法律顾问制度。国务院国资委要求,规模大、国际化程度较高的省属国有企业重要子企业也要积极推行总法律顾问制度。

另外,地方国资委系统在探索创新方面甚至超越了国务院国资委。

以湖北省为例,湖北省国资委就曾明确发文规定,企业的总法律顾问与总工程师、总经济师和总经理(总裁)助理处于"同一层次",作为高级管理人员"列席"有关董事会、总经理(总裁)办公会和"其他专题会议",参与企业重大经营决策,对议题有关事项"独立地"发表意见。湖北省国资委党委在2005年出台的《关于将省出资企业总法律顾问列入省国资委党委管理企业领导人员职务名称表的通知》(鄂国有资产党企领〔2005〕44号)旗帜鲜明地规定,总法律顾问应当作为党委班子成员,直接进入决策层。这可能是全国目前唯一一个明确将总法律顾问列入党委委员,从而实现直接参加决策的文件。同时,湖北省还制定了《湖北省企业总法律顾问任职资格审查暂行办法》及其实施细则,把好总法律

---

[1] 黄淑和. 大力加强法律顾问制度建设依法推动中央企业改革发展[N]. 法制日报,2014-10-21.

顾问的入门关；定期与省委组织部联合组织总法律顾问业务培训班，把好业务关和政治素质关；出台《湖北省国资委出资企业总法律顾问履职评议办法（试行）》，把好监督考核关。

云南省国资委 2008 年发布的《关于加快推进云南省省属国企法律顾问制度建设的意见》规定：总法律顾问直接进入董事会，作为企业高级管理人员，按企业负责人任免程序进行任免；总法律顾问作为决策成员，保证其出席企业涉及重要经济活动的各类会议。

山东省则规定，企业向省国资委报送企业改制、改组、重大投融资方案等，须经总法律顾问组织专门论证并出具法律意见书；请求省国资委出面协调有关问题的文件，必须由总法律顾问审核。

第二节 国企总法律顾问的定位与履职

关于企业总法律顾问的定位，从国外大企业的情况来看，总法律顾问大多为企业高级副总裁或董事会成员，本身就是核心决策成员，直接参与企业重大经营决策，拥有投票权甚至否决权，全面主管和统筹协调企业法律事务与风险控制，统管包括法律部在内的多个相关部门（如合规、审计、内控、知识产权等）。在微软，总法律顾问在企业的地位很高，是公司的高级行政副总裁，地位甚至高于首席运营官（COO），其控制的微软法务部实行垂直管理和财务独立[①]，以保证微软企业法务能够切实发挥作用。在一定程度上讲，总法律顾问的影响力和权威是由其职务等级决定的。职位等级直接决定了总法律顾问发挥实质影响力的最为关键的三个因素：重要信息的获取量和及时性；直接参与公司重大决策的深度和广度；可以统筹协调的企业内部资源。同样，中国国企的总法律顾问影响力和权威也直接与其职务等级或者说干部管理权限相关联。而恰恰对于这一点，相关法律规定都比较模糊，实践中各企业的做法也不一致，总结下来大概有如下几种模式。

（1）四总师模式（侧重于专业定位）。当年实施总法律顾问试点的时候，国

---

① "垂直管理"指微软位于全球的所有法律部员工都归美国法律总部直接领导；"财务独立"则是法律部所有的费用都由美国总部直接向全世界发放。

家经贸委和人事部、中组部等七部委共同研究，参照《全民所有制工业企业厂长工作条例》的表述方法，在《关于在国家重点企业开展企业总法律顾问制度试点工作的指导意见》中明确了总法律顾问是企业高级管理人员，但其与总会计师、总工程师、总经济师是否处于同一管理层次由各企业自行确定。尽管对企业总法律顾问与"三总师"是否处于同一管理层次未做出统一硬性要求，但实践中，因为明确的"企业高管"定位，其肯定不属于部门负责人层次，而部门负责人和公司领导之间的管理层级就剩下"三总师"了，所以，多数国有企业还是将其与"三总师"的地位并列。不过，"三总师"的法律地位后来随着立法的完善，各自定位并不尽相同。例如，按照《总会计师条例》的规定，总会计师成为企业的领导班子成员且必须是行政副职，直接进入核心决策层。不仅如此，财政部会同证监会、审计署、银监会、保监会制定的《企业内部控制基本规范》更是直接以禁止性规范的方式明确规定，"设置总会计师的企业，不得设置与其职权重叠的副职"。而像总工程师和总经济师，因为缺乏法律的硬性规定，也未必是企业领导班子成员。实践中，副总经理兼任总工程师的情况非常普遍，但副总经理兼任总经济师的情况不算常见，很多企业甚至不设总经济师。

将总法律顾问与"三总师"并列的模式突出了总法律顾问的专业性，与财务、技术和计划等成为企业管理的重要组成部分，也体现了法律工作的特殊重要地位。

(2) 总经理助理模式（侧重于后备干部定位）。随着《国有企业法律顾问管理办法》的颁布，国企总法律顾问制度全面铺开，紧随其后的《关于在国有重点企业加快推进企业总法律顾问制度建设的通知》（国有资产发法规〔2004〕225号）非常明确地规定，总法律顾问与总经济师、总工程师、总经理助理作为同一序列报国务院国资委备案。总经理助理更侧重于综合管理性和作为企业未来领导班子成员来培养，这实际上是将"三总师"纳入了后备领导干部序列。武钢集团出台的《关于推进重要子企业总法律顾问制度建设的实施意见》规定，子企业后备领导人员任专职总法律顾问的，享受单位助理层级领导人员待遇或进领导班子，这比国资委的通知更进一步，为专职总法律顾问直接进入领导班子而成为决策成员提供了可能。

(3) 董事会成员模式（职工董事）。这种模式很少，一定程度上也反映了国企董事会制度本身不够完善，董事成员代表性和专业性不够。时任中国诚通总法律顾问唐国良身兼公司工会副主席、风险管理与法律事务部负责人、集团第三支部的支部书记等职务，但与大多数总法律顾问最大的不同在于，他同时还是中国诚通的职工董事，在董事会上代表着神圣的一票。作为董事会成员，他在董事会上具有发言权和表决权，而多数经理层也只能列席会议。虽然不是领导班子成员，但董事会成员的身份给唐国良开展法务工作增添了不少话语权和管理权威。

（4）班子成员模式（个案）。因为有行政副职兼任总法律顾问的先例，所以，与之相对应的，专职的总法律顾问直接进入领导班子成员的例子非常少。时任中国电子总法律顾问郎加是其中的一个例子。郎加虽然不是行政副职（副总经理），但同时担任集团公司的董事、党组纪检组长，分管纪检监察、全面风险管理、法律风险防范体系建设及审计业务等，牵头领导大监督体系、大风险防控体系的建设工作，实际上相当于专职。作为集团的董事会成员和党组成员（党组纪检组长），郎加既能直接参加公司董事会、党组会等重大经营决策活动，直接发言讨论，也拥有投票权，同时也负责公司重要规章制度的制定和实施的审核。如此强力的总法律顾问，自然推动了中国电子法律工作的快速提升。近几年来，在国资委法律工作评比中，中国电子多次名列前茅。2011年，郎加被国资委评为"中央企业优秀总法律顾问"。在中央大力推动纪委书记或党组纪检组长专职化的大环境下，总法律顾问担任此职是一个比较合适的选择，而且有利于推动法律工作和内部监督的一体化。

总法律顾问进入决策层，地方国资委的步伐迈得更大一些，如前面提及的湖北省让总法律顾问进入党委、云南省让总法律顾问进入董事会等，都是有益探索。

总法律顾问的定位不够统一和明确，也决定了其履职会面对各种困惑。

第一个困惑，就是兼职与专职之惑。

国资委对这个问题的态度，基本上是"以专职为原则，以兼职为例外"，专职化是大方向。专职或兼职，实际上各有利弊。兼职的好处在于总法律顾问可以作为领导班子成员直接参加决策，而且因地位较高而有利于协调资源和推动工作；弊端则是精力有限使其投入法律工作的时间少且经常是被动参与进来，比如，发生了重大法律纠纷，并不能集中精力主动进行法律工作的制度设计、战略规划和统筹协调，会出现"顾而不问"的现象。而专职的好处在于可以集中精力做法律工作和风险管理；不利之处在于管理权威有限，资源有限，不能参与企业战略规划与决策，时常沦为"法律部门负责人"的角色。

兼职与专职如何取舍？笔者认为，现阶段，国企法律工作尚处于起步和夯实基础的阶段，尤其是基于风险管控合力的大法律部制尚未建立，总法律顾问以专职为主比较适宜，但其职权管辖的范围应当考虑纳入内控、审计或纪检、监察等职能。随着法律工作体系和企业整体风险管理体系的建成，总法律顾问转为兼职模式未尝不可，但仍然应当以法务、风险和监督工作为核心。通过我们的努力工作与创新，当法务工作上升到与财务一样重要时，自然而然，即使是专职的总法律顾问也会像总会计师一样，国家直接修改法律让其成为当然的行政副职和班子成员也并非梦想。然而现阶段采取专职模式有一点要特别注意，就是要确保专职总法律顾问直接向企业主要负责人负责和汇报工作。言外之意，法律工作应当成为企业总经理或董事长直接主管的业务。之所以强调这一点，一是有利于加强管理权威，整合资源，支持尚不完善的企业法务工作；二是因为总法律顾问制度的设计初衷包括加强内部监督、防范国有资产流失和完善公司治理结构，这都应当是"一把手"工程，由企业主要负责人管理理所当然。

第二个困惑，是参与决策之惑。

防范风险和创造最大效益的最好时机点是在企业决策阶段，因为决策本身是战略性的、全局性的和根本性的。国企的核心决策机构是董事会、总经理办公会、党委会/党组会或党政联席会，其成员拥有直接决策权和投票权。目前的实际情况是，专职总法律顾问基本上既非董事会成员，也非领导班子或党委委员/党组成员，所以常常不是核心决策机构的成员，通常只能列席总经理办公会。像时任京东方集团总法律顾问冯莉琼那样主要负责法律与风险管理工作，而同时还兼任公司高级副总裁和董事会秘书的情况则少之又少。在基本的知情权和发言权都有限的情况下，依据相关规定和制度，总法律顾问却要为企业决策的合法性负责，这种权责不太对等的机制使得总法律顾问的角色有时颇显尴尬。

中国的总法律顾问参与决策的方式和比例如何？对此，我们可以参考一下中国政法大学中国企业法务管理研究中心和贝克·麦坚时国际律师事务所2013年发布的《中国企业法律风险管理发展报告》中的调查数据（调查对象含国企81

家、民企与外企 19 家）。

（1）投票权：总法律顾问享有重大决策投票权的，占 39%。

（2）地位：总法律顾问进入领导班子的占 44%，其中属于专职总法律顾问的仅有 15 家；相当于总经理助理的占 38%，相当于部门经理的占 8%。

（3）总法律顾问参加重要决策会议：76 家能参加（其中 39 家可发言，但不能投票），13 家仅可列席，6 家完全不参加。

（4）拥有一票否决权：仅有 3 家（包括国企和外企）。

实践中，一些具有相当管理权威和资历的总法律顾问能直接进入决策层，也并不是因为其总法律顾问职位，而是因为其同时兼具的其他身份，如职工董事、监事会主席、党组纪检组长、专职纪委书记等。在缺乏明确法律依据的情况下，总法律顾问如果要进入决策层，只能充分发挥企业的自主性和经营自主权，通过公司章程予以明确。目前绝大多数国有企业在制定公司章程的过程中都难以将总法律顾问列入公司决策层，因为与其他决策层成员相比，其在干部管理权限和待遇等方面具有明显的区别，这不是企业自身能够真正解决的。

另外，专职总法律顾问参与企业决策，在实践中还常被异化成"参加或列席重要决策会议"或"就企业决策的合法合规性进行审查或组织法律论证"，但这都是背离设立总法律顾问制度以完善公司治理和内部监督的初衷和精神的，剥夺了总法律顾问的决策参与权。如果仅仅是参加或列席会议，却没有发言权和投票权，则意味着总法律顾问依然并非决策层成员，依然人微言轻，那么总法律顾问在监督企业决策方面也难以起到实质性成效，仅仅是增加了一些决策的公开性而已。实践中，关于何为"重大决策"缺乏权威而系统的定义，导致总法律顾问连旁听或列席的权力也经常被剥夺了。而进行合法性审查或组织法律论证，也说明总法律顾问不是决策成员，而仅仅是把决策团队已经形成的初步决策结果交由总法律顾问审查，这种审查就和合同审查一样具有滞后性和局限性，而且是将总法律顾问视为法律部负责人来做事务性工作，企业高管的地位无从谈起。所以，尽管现行法律对参与决策的具体含义与方式的规定语焉不详，但让总法律顾问在所有决策会议中拥有决策权力和独立地发表意见是其应有之义。总法律顾问的客观、理性、公正、经验和法律思维是科学决策和依法决策的独特价值所在，不应该被忽视，不能将"参与决策"异化为"旁听决策"或"审查决策"。

第三个困惑，则是企业高管与首席律师之惑，即监督与服务之惑。

现行理论和国务院国资委的规定都认可总法律顾问是"高级管理人员"的定位（意味着不再是中层干部），而非"首席律师"。因为前者侧重点在于管理经验和经营决策，看重的是协调、组织与管理能力，是公司治理中的重要一环，也是企业风险管理的主要力量；而后者侧重点在于法律业务能力，看重法律知识、法律思维和法律技能，提供法律服务和咨询是核心作用。"高管"在《公司法》里的定义是清晰的，指的是公司的经理、副经理、财务负责人，以及上市公司董事会秘书和公司章程规定的其他人员。可见，总法律顾问在国家最高立法机构制定的法律里面并非当然的高管，这和财务负责人（总会计师或财务总监）的法定高管地位是不同的。作为变通，总法律顾问要成为公司法意义上的"高管"，必须明确写入"公司宪章"即公司章程。另外，《国有企业法律顾问管理办法》毕竟只是部门规章，立法层级太低，专职总法律顾问常处于一种"高管不高"的尴尬境地，难以成为企业战略决策和法律事务规划、统筹、引领的角色，最后沦为"首席律师"或法律部的"高级顾问"。

总法律顾问如何避免成为"首席律师"，真正实现其"高级管理人员"的业务定位？对此，得推行笔者在本书中一直强调的法律工作的"大部制"理念，即公司总法律顾问在工作分工上，不能仅仅主管一个法律部，但也不能什么业务都管，而应当集中于法律事务本身以及与法务直接相关的工作，如合同、监察、审计、内控、知识产权、合规、风险管理等，从而实现强有力的专职化，实现相关职能和资源的集中，实现公司制度和流程的再造。只有这样，总法律顾问才有足够的权威集中精力，一用来对公司的所有法律事务和法律风险的规划、管理、建设和发展负总责；二用来扮演重要的权力制衡与内部监督角色。

总法律顾问是企业法律及其相关业务的总规划师、总咨询师、总协调人，也是企业的总监督人和首席合规官，但不是首席律师，首席律师应该以精通法律业务为首要前提。充当首席律师的最佳人选，应该是总法律顾问的重要助手，尤其是担任具体法律服务和咨询的角色，所以，首席律师更应该是法律事务机构的负责人、副总法律顾问或助理总法律顾问。不弄清楚这个定位，总法律顾问就无法脱身于具体法律事务和烦琐的行政事务。

我们常说管理企业有两个主要手段：一是财务；二是法务。然而总会计师就没有总法律顾问的这种身份尴尬，因为《总会计师条例》明确规定"总会计师是单位行政领导成员，协助单位主要行政领导人工作，直接对单位主要行政领导人负责"。不仅如此，《总会计师条例》还设定了禁止性条款，规定"凡设置总会计师的单位，在单位行政领导成员中，不设与总会计师职权重叠的副职"。这意味着总会计师根本也就不存在所谓的专职与兼职之惑，也不存在高管与财务部门负责人之惑。

总法律顾问不仅要做好公司决策层的专业顾问和工作助手，还要能够完成公司高层管理与法律部门以及相关涉法业务部门之间的沟通，保持职业和专业两个维度上的水准，所以，总法律顾问进入决策层是迟早的问题。目前包括中国海运在内的不少央企都已经将总法律顾问纳入总经理办公会的当然组成人员，国务院国资委也在探索和推动有条件的企业让总法律顾问以一种合适的身份进入董事会或其他决策核心或者兼任其他职务，从而有利于其更好地履职，如办公室主任、总经理助理、监事会监事长等。在中央企业法制工作新五年规划中也特别提出：积极在业务规模大、国际化程度高、法律工作机制完备的企业，探索推动专业素质高、管理能力强的总法律顾问进入核心决策层。总法律顾问进入决策层，应当也意味着其干部管理权限改为出资人，这对于其统领监督与合规职责以完善公司治理结构，也是非常有必要的。可以想象，如果总法律顾问都是由企业自行选拔任命，其怎么可能有权威去监督领导班子成员？

第三节　国企总法律顾问的基本权利

据全球企业法律顾问协会介绍，美国大企业总法律顾问基本上都是企业的高级副总裁，其薪酬水平与法官、律师等其他法律从业人员相比也具有一定优势，尤其是其股票期权（stock option）、股份奖励（stock award）以及分红与非股权激励（bonus and nonequity incentive）很有吸引力。优厚待遇的背后，对应的是总法律顾问在公司治理、战略规划、企业决策、全面风险防控和权利维护方面的重大责任和使命。中国国企的总法律顾问虽然也是企业的高级管理人员，但地位、权利、资源和权威不可与美国企业同日而语。当前中国的国企总法律顾问主要具有下列六项基本权利与职能。

(1) 法务牵总与协调权：全面负责企业法律事务工作，统一协调处理企业决策、经营和管理中的法律事务。这里的"法律事务"的内涵应当是比较广泛的，与风险、监管以及合规相关的业务也可能属于总法律顾问的管理权限范围。

实行总法律顾问制度对总法律顾问的组织协调能力和要求非常高，涉及公司总部各部门之间、下属企业之间、总部部门与下属企业之间，要确保企业整体利益的最大化和内在的统一性。

(2) 重大经营决策法律建议权：改变以前企业决策只注重效益、规模和财务指标的传统做法，引入法律思维和法律工具，建立企业总法律顾问参与企业重大经营决策的机制，从源头上保证决策的合法性、可行性和合理性，对相关法律风险防范与控制进行论证并提出法律意见等。

对于总法律顾问的重大经营决策"法律建议权"，最基本的制度是要确保总法律顾问应当亲自参加或列席董事会会议、总经理办公会、党政联席会议或党委会议等核心决策会议以及一些重要的企业经营、生产和管理例会。另外，国资委也正在积极推动和探索总法律顾问直接成为决策层的一员，从而实质性地参与决策。

(3) 重要规章制度的规划、制定与实施协调权：协助企业主要负责人组织企业重要规章制度的制定并监督实施。规章制度就是企业的"内部法律"，是一个企业规范、高效运行的基础和前提，企业总法律顾问通过对企业规章制度的统筹规划、组织、制定、审核与实施监督，实现对企业的宏观管理与控制。制度建设涉及企业各个部门，以及管理、技术、市场、生产、行政等各个方面，仅有法律部门是远远不够的，这就需要作为企业高级管理人员的总法律顾问来统筹协调和进行战略规划。这也必然要求总法律顾问要非常熟悉整个企业的运营与管理，有丰富的管理经验和权威。

(4) 法律宣教与培训的决策权：企业总法律顾问要站在建立现代企业制度、完善公司治理结构、建立企业法治文化和提升企业竞争力的高度来统筹规划企业的法律宣传教育及法律培训工作，规划领导干部学法、用法工作，完善内部法律培训课程体系与考核体系，扩大相关预算和投入。

(5) 违法、违规监督调查权：在相当程度上，作为内部监督的重要一环，总法律顾问应当是企业的"最高合规监督官"和"首席执法者"，其应当对企业自身、下属单位以及干部员工个人违反法律、法规的行为有内部调查权，有提出处罚与纠正建议、监督或者协助有关部门予以整改的权力。然而目前，这个权力还不够实在。

（6）法务指导权、人事建议权或提名权：总法律顾问不能仅仅关注总部的管理，还要从企业整体利益出发，指导、协调下属单位开展法律事务工作，或对其进行垂直管理。一是要提升下属企业的法务管理水平，补足其短板；二是要建立总部与下属单位在法律事务上的统一协调机制。同时，总法律顾问应当对下属单位法律事务负责人的任免具有建议权或提名权。这两个权利具有内在的天然联系，互为补充：没有基本的人事权，垂直管理甚至指导和协调就没有权威；没有对下级单位的业务指导与协调或垂直管理，人事权也就没有了意义。

与总法律顾问的重大责任相适应，当前应当尽快明确其法律预算决定权。所谓法律预算决定权，即总法律顾问有权制定一套完整的人力资源与预算方案，这里的预算，既包括总部，也包括下属单位；既包括薪酬（对总部法律顾问薪酬的决定权和对二级单位总法律顾问的薪酬建议权和考核权），也包括薪酬外激励，更包括与法律业务相关的设备、设施、工具与资源投入。同时，总法律顾问还要负责制定一套外聘律师合作方案，以保证就重大或疑难专业问题能获得外部法律专家的支援；而外聘法律服务的预算可以纳入总部法律部预算，也可以纳入接受相关法律服务的部门、分公司或项目部。

可见，与普通的法律顾问以及法律事务机构负责人的职能和定位相比，总法律顾问的职责更具有全局性。但是，我国国企总法律顾问的职责依然还是集中于单一的、纯粹的"法律事务"，在企业管理尤其是公司治理中扮演的角色（如监督制衡）远远不够，这与欧美发达国家依然有较大差别。欧美企业的总法律顾问身居高级副总裁的高位，在企业经营决策和公司治理中担当着重要角色。他们不仅对企业法律风险的防范与控制负有重大责任，而且对公司体制、业务、预算等重大法律事项的筹划、决策发挥着不可替代的作用，同时还要负责建立适当的组织机构并监督公司各机构（股东会、各种管理委员会以及临时的协调机构等）日常事务及其对法律和规章制度的遵守情况，协助管理班子建立规范的公司内部权力委托与授权。

鉴于中国企业总法律顾问制度刚刚建立不久，也囿于管理文化和人员素质等方面的局限，总法律顾问的职责范围相对较窄，以便集中精力把传统法律工作的基础筑牢，把工作体系建立好，这是有一定合理性的。然而随着中国企业管理与国际惯例的逐步接轨，总法律顾问的权利和职责将与跨国公司逐渐趋同，至少在如下两个方面可以先行一步。

第一，就管理权限与范围来说，总法律顾问在主管法律事务机构的同时，将逐步兼管合规部门、全面风险管理部门、知识产权部门和政府公共关系等部门，并统筹协调好前述业务，形成一套完整的"大法律"业务体系和机制，内部合理分工、互相配合，让法律服务、管理、监督三大核心职能形成合力。

第二，就管理职责和目标来说，总法律顾问不仅仅要做好法律风险防控，处理好法律纠纷，更要建立全面的风险管理体系与机制，而且要全面规范企业经营、管理和决策行为，要为建立现代企业制度出谋划策。

这里必须强调一点：权责相适应原则同样适用于总法律顾问，而且应当得到更严格的适用。相比于普通的法律顾问，总法律顾问制度的核心在于其"企业高级管理人员"的定位。作为企业高管，意味着其必须遵守公司高管义务。

一是善管义务，即其履职行为标准必须以公司利益为出发点，必须做到以适当的方式尽到最大限度的合理注意义务，机智慎重、勤勉尽责地参与公司决策和管理公司事务。

二是忠实义务，即对公司忠诚，个人利益服从公司利益，作为法律专业的高管职位，总法律顾问不仅要有专业的理论知识、丰富的实践经验、综合的能力素养，最核心的是对自己职业的忠诚和最高标准的职业道德。

从理论上讲，总法律顾问的法律责任与处罚都要较一般的企业法律顾问重，但是国资委现行的相关规定并未明显体现这一点。缺乏明确的制裁惩戒措施反过来也会影响总法律顾问的履职表现与责任意识，不能只靠其内心的自觉与道德操守。

我们还应当注意到，总法律顾问对整个企业集团的法务拿总与协调权也直接导致了国企法务管理体制的变革。欧美发达国家推行总法律顾问制度后，法务管理越来越倾向于集中管理的模式，即突出体现总部总法律顾问的核心地位，"一杠子插到底"。从事权来看，总部的总法律顾问和总部法律部可以直接处理子企业的重大法律事务，如涉及企业集团重大利益或战略利益、可能产生重大影响的法律事务，以及证券、金融、保险、劳动、环境保护、知识产权、税收和重大诉讼等事项。从人事权来看，下属企业的法律顾问/总法律顾问由总部法律部直接派驻，这些法律顾问/总法律顾问直接向总部总法律顾问/法律部报告工作并对其负责，视总部总法律顾问为最高领导，而不对所在的附属企业的总经理负责，总部总法律顾问随时掌握和接收来自各个附属企业和业务单元的法律顾问和总法律顾问的信息和汇报。以西门子的汇报体制为例，其全球总法律顾问向西门子全球CEO汇报；法律部成员向自身的上一级法务经理/总法律顾问汇报，各级法务经理/总法律顾问最终逐级汇报给全球总法律顾问；法律部成员不向业务板块负责人汇报，但服务于各个业务板块，而业务板块负责人的评价对法律部成员的年终考评起到重要作用。

第四节 企业总法律顾问资格与能力

国企总法律顾问是企业的高级管理人员，是企业决策的参与者，是法律事务的战略规划者，是企业的首席咨询师，也是具有相当分量的法律监督与国有资产监督者，权力不可谓不大，责任不可谓不重！那么一个合格的国企总法律顾问到底需要具备什么样的资格或能力呢？我们不妨先看看国务院国资委管理的100余家中央企业的总法律顾问都是什么样的。

纵观这100余家中央企业的总法律顾问的履历，大致可以分为四种类型。

第一类是专业的法律人才担任总法律顾问。这类总法律顾问往往是法律科班出身，具备系统而专业的法律知识。他们负责央企法律事务多年，在设立总法律顾问之前多是企业法律事务机构的负责人，在设立总法律顾问制度后顺位成为集团总法律顾问。然而从法律部门负责人升任的总法律顾问多为总经理助理级别，在企业的话语权相对较弱，在企业管理方面的经验和威信不足，这类总法律顾问更像是企业的"首席律师"。如果这类人才之前还在其他多个业务部门历练过，那么其管理经验和管理权威无疑更上一层楼。然而这类人才更加稀缺，为什么？因为一直以来，法律专业人员的晋升通道有限，履职经历基本上都集中在法律部门。

第二类是非专业的法律人才担任总法律顾问。因为处理具体法律业务可以交给法律部的负责人和法律顾问，总法律顾问则更强调管理与协调的定位。在管理经验丰富的法律人才缺乏的前提下，这类中央企业就从总部职能部门一把手或子企业一把手中选择相对合适的人选，在任职之前或任职后通过在职深造的方式补足法律教育这个短板。当然，虽然被选拔者都不具备系统的法律教育背景，但是，从事过与法律业务关联度较大领域工作的人员会有更多的机会成为总法律顾问，如审计部门负责人、海外业务负责人甚至是市场竞争比较充分的子企业负责人。

第三类则是具有法律背景的集团班子成员兼任总法律顾问。相对而言，这类总法律顾问更符合国资委的期望，属于管理和法律的高端复合型人才，之前多主管过法律部之外的业务部门或担任过子企业的一把手。因为以前对法律管理工作不重视，法律背景的干部能够进入班子成员的少之又少，这就直接导致现在仅有少数企业配备了这个类型的总法律顾问。也正是因为这种稀缺性，为发挥其法律专长，这类总法律顾问主管的事务多与法律业务直接相关，如合同、审计、纪检、合规、科技开发、公共关系（宣传）等，尤其是监督的权力比较大。

第四类是不具备法律背景的集团副总兼任总法律顾问。这类总法律顾问多是原来分管过法律相关业务，总法律顾问制度实施后开始兼任总法律顾问，管理经验丰富，但法律专业知识和技能欠缺。法律事务往往只是这类总法律顾问兼管的事项之一，而且是非重点事项，他们通常会将更多的精力投入到其分管的其他业务之中，如市场开发或生产管理等见效更快、对企业短期利益刺激更直接以及更熟悉的领域。这种情况下，法律事务很容易沦为法律部一个部门的事情，也不会有"大部制"的概念，更谈不上统筹发展、战略规划、公司治理和管理合力。

原国务院法制办副主任李适时对企业总法律顾问应具备的素质做了一个概括：总法律顾问应当是懂法律、懂经济、懂外语的"三合一"人才。我们也可以以此入手来探讨总法律顾问的选任资格与能力。

（1）懂法律。总法律顾问是法律人，要全面负责企业的法律事务，那么具备系统的法律知识就是应有之义。首先必须懂中国的法律，民法，商法，以及财政、税收方面的法等，凡是涉及企业生产经营活动的法都要懂；不仅要懂本国法，还要懂国际法；不仅要懂国际法，懂WTO规则，还要懂外国的国内法。作为总揽全局和统一协调法律事务的一把手，总法律顾问可以不是各个部门法的法律专家，但是基本的法律素质与技能不能缺少，不能是法律的"门外汉"，这是由其职责决定的，所以，法学本科教育对总法律顾问来说是至关重要的，也是最基础的，如果能通过司法考试或拿到律师执业执照则更好。一定程度上而言，普通法律顾问应当是专才，但总法律顾问应当是通才。

实践中，很多中央企业的总法律顾问虽然在第一学历中没有接受过系统的法学教育，但在任职总法律顾问或法律事务机构负责人之前，多会通过在职学习的机会系统学习法律的基本知识和理念，拿到法律专业的硕士或博士学位。比如原中航一集团总法律顾问郑晓沙，工学硕士出身，航空电子学专家，担任总法律顾问后，系统完成了中国社科院民商法研究生课程的学习。而像时任中海油服[①]副总裁兼总法律顾问康鑫那样，具备北京大学法学院经济法专业和国际经济法专业正规国内本科法学教育，并在美国加州伯克利大学法学院深造而拿下国外法学硕士学位的总法律顾问并不多见。

法律毕竟是一门实践的学科，它与业务具有紧密联系。长期的企业法务实践加上基本的法学素养，让很多优秀的国企总法律顾问实际上已经成为该领域的一流法律专家，而且具有很高的学术造诣，成为相关领域的法律权威，树立了理论与实务水平俱佳的总法律顾问形象。以 2006 年评选出的"十大中央企业优秀总法律顾问"为例，时任中国通用技术集团总法律顾问王嘉杰，毕业于中国人民大学法律系，法学硕士学位，是合同法、国际技术转让和仲裁等方面的专家，也是中国国际经济贸易仲裁委员会和北京仲裁委员会的仲裁员；时任中国南方航空股份有限公司总法律顾问陈威华，毕业于北京大学法律系，一直亲身致力于民航法的理论与立法研究工作，2004 年被中国民用航空学院聘任为客座教授，2005 年 9 月当选为中国航空法学研究会副会长；时任国家电网公司总法律顾问吕振勇，本身是中国法学会能源法研究会副会长和中国能源法起草专家组成员，而且勤于笔耕，编著了我国最早一部电力法专著——《电力法概论》，还出版并发行了《电力企业法制化管理研究与探索》等 20 余部共 500 多万字的专著及论文，组织并亲自参与了我国第一部电力法的制定工作。

(2) 懂经济，实质上是懂经济管理、懂企业管理。这也是其区别于法官、检

[①] "中海油田服务股份有限公司"的简称。

察官和律师等专业法律人的地方。总法律顾问被定位为"企业高级管理人员"，其核心要义意味着总法律顾问首先要在企业管理方面是专家，甚至可以说这个要求是第一位的。其首先必须要懂中国的国内经济，不仅要懂行业经济，还要懂微观经济；同时，还要懂国际经济，懂外国的国内经济，懂国际经济的发展趋势。懂经济，绝对不是照搬照抄课本与经济理论，更多是在企业管理的实践中积累了丰富的经济与市场知识，具备了较高的经济管理能力，能够得心应手地制定战略、组织资源和实施计划。一个优秀的总法律顾问一般都有过丰富的市场开发、生产经营或企业管理经验，有的甚至长期担任过其企业的一把手或班子成员。比如中石油集团公司原总法律顾问郑虎，任总法律顾问之前，曾经担任过其两个重要子企业——中国石油技术开发公司和中国石油物资装备总公司的副总经理和集团公司人事劳资部总经理。时任中石化股份公司总法律顾问张洪林，任总法律顾问之前，曾经担任过东联石化集团公司的董事和副总经理，后来又担任过中石化集团公司两个重要部门——资产经营管理部和企业改革部的一把手以及中石化股份公司的董事会秘书，在企业管理、资本运作、公司治理和法律事务等方面具备了较深的理论造诣和实践经验，具备了很高的管理能力和组织协调能力。时任武钢集团总法律顾问刘新权（同时兼任总经理助理与海外矿产资源开发事业部部长），是经济学硕士出身，但他结合企业技术秘密保护工作在职攻读了武汉大学法学博士学位，系统研究知识产权和科技法，成为国际技术转让方面的法律专家，于2006年、2011年两次被国务院国资委授予"中央企业十名优秀总法律顾问"称号。

国有企业中法律科班出身的总法律顾问也不少，但其职业路径相对简单，基本上都是毕业后即进入法律部门，然后成为法律部门负责人，最后，随着国企大力推行总法律顾问制度，作为法律部门一把手的他们"顺理成章"地成了总法律顾问。此类总法律顾问，对比"懂管理"的要求，在思维方式、协调能力、大局观等方面是需要加强的。就这点而言，加强国企法律顾问的跨部门历练或职业交流是培养总法律顾问人才非常重要的机制。

（3）懂外语。总法律顾问的诞生，很大程度上是在央企"走出去"战略的实施下催生的。国际化战略也几乎是每一家央企的必修课——央企不仅是"走出去"战略实施的先行者，也是主力军。在国际商业交易和国际投资活动中，英美法系的法律传统、法律词汇、司法制度深入渗透，总法律顾问要对涉外合同谈判或合同审查做出正确决策，熟练运用外语甚至专业晦涩的法律英语是基本技能和前提之一，不能完全指望"翻译"这个二传手。实践中，除了中央企业总部外，其重要子企业中设立总法律顾问的，大多也有海外经营与业务。懂外语对于总法律顾问而言，还有另外一层重要的意义，就是总法律顾问还承担着公司治理、企业决策和法律风险防控等多重战略职责，而这些方面恰恰是国企的短板，亟须向跨国企业和欧美国家学习借鉴。外语作为一门国家交流和学习的工具，能为总法律顾问了解和学习西方的法律顾问制度提供重要帮助。

作为国有企业的总法律顾问，无疑还必须做到"政治正确"，政治素养好，责任心强，国家意识和大局意识强，对党纪和国家政策把握准确。国务院国资委全球招聘总法律顾问，第一个要求就明确是政治素养。

一些地方国资委也对企业总法律顾问的能力提出了要求。浙江省国资委2011年发布的《关于进一步加强省属企业法律风险防范机制建设的指导意见》（浙国有资产发〔2011〕18号）明确要求，所选聘的企业总法律顾问应当具有"较高的政治素质，精通法律业务，熟悉企业经营管理，具有处理复杂法律事务的经验和能力"。

近些年来，为适应央企董事会试点、股权多元化、推动央企内部整合、推动企业产业升级等一系列要求，总法律顾问还需要具备更高的综合素质：既要具备统筹全局的战略思维和领导企业开展公司治理、企业整合、有效配置资源的顶层设计能力，又要有国际化经营的理念和相应的风险防范能力。时任国务院国资委政策法规局局长周渝波在2013年度中央企业总法律顾问履职能力培训班结业式上提出，总法律顾问要履行好职责，必须在综合素质上有高标准。提高综合素质，就是要提高"三识"，即学识、见识和胆识。学识，就是对党和国家大政方针的学习把握，对专业知识的掌握；见识，就是经历和阅历，实践是最好的大学；胆识，就是一个人的胆略和魄力，是对事务的判断力和决断力。

总法律顾问的工作难度大、压力大、开创性工作多，所以，心态、毅力、胆识等也逐渐成为总法律顾问的性格与心智必修课。时任中国水利水建总法律顾问王书宝结合自己的亲身经历，就"如何做好总法律顾问"总结了三个关键词：第一个关键词是心态，要明晰定位，平顺心态；第二个关键词是凝聚，要做好三种人，即企业主要负责人可以信任的人、管理层和执行层可以协作的人、法律专业团队可以依赖的人；第三个关键词是坚韧，要坚守和行动。如果和外部律师比起来，在企业里做法务工作收入低，压力大，现在的责任也越来越重，坚韧就成了总法律顾问必须具备的品质。

近年来，懂财务似乎正在给总法律顾问发挥作用"如虎添翼"。国有企业担负着特定的社会与政治责任，但是作为企业，盈利与经济效益依然是最优先考虑的事项。财务税务知识的具备，能够让更侧重于风险的总法律顾问在进行战略管理和参与重大决策时做到更好的成本—风险平衡、效益和风险的平衡、财务风险与法律风险的平衡，以及寻求更适合、更有效的解决方案或商业模式。财务和法务本身有许多交叉，这种复合知识背景与复合性思维实际上是"具有商业思维的总法律顾问"的典型代表。他们能用法律思维与法律手段来减少财务风险，又能够用财务手段和财务思维来减少法律风险，非常有利于取得整体效益的最大化以及长期和短期利益的平衡。实际上，在央企里面这种财务总监或总会计师兼任总法律顾问的例子很多，诸如时任中建股份副总裁、财务总监兼总法律顾问曾肇河，中铁股份副总裁、财务总监兼总法律顾问李建生，天津医药集团总会计师兼总法律顾问马贵中，中铁二十一局总会计师兼总法律顾问王耀华，中铁九局总会计师兼总法律顾问刘长城等。财务和法务需要紧密结合，这不仅在普通法律顾问的身上有体现，在总法律顾问身上也有体现，而且具有战略意义和示范效应。笔者一直认为，所有央企的总法律顾问接受一段相对系统的财务和税务基本知识与理论培训是必要的。

社会上从来不缺乏专业能力很突出的律师、教授、法官、检察官，但是他们并不一定熟悉国有资产系统的管理工作，不一定具备协调各部门、决策层与执行层的能力，不一定具备战略思维和奉献精神。所以，总法律顾问变得"一将难求"并不奇怪。

"千军易得，一将难求。"总法律顾问的定位决定了我们不是要寻找合格的"首席律师"，而是必须兼具高标准法律人和企业管理人双重职业要求的高级管理人才，而且后者的比重似乎要更重一些。但是，在懂法律、懂经济、懂企业管理、懂组织协调、懂外语、懂国际规则甚至懂财务的高标准、严要求下，总法律顾问这样的复合型战略人才较为罕见。何况，受限于国企的薪酬制度以及总法律顾问制度自身的缺陷，国企目前还难以许以与其能力和责任相对应的高薪。再加上现在总法律顾问职责越来越重，压力越来越大，企业经营管理中的失误与纠纷动不动就归咎于"法律风险没有把控好"或"法律部水平不行"，所以，在众多的央企高管职位中，总法律顾问常常处于一才难求的紧缺状态，曾被媒体称作"最难招聘的央企高管"。

拿寻找一个合格的国企总法律顾问来说，专业的法律人不难，但同时具有战略眼光的管理人则不好找。因此，国企总法律顾问候选人的多岗位历练显得格外重要。一个总部的总法律顾问的候选人，不仅要有总部跨部门工作经历（尤其是企业的核心业务部门和内部监督部门），还要有总部跨部门协调经历，要有在二级单位担任过企业党委或行政一把手的经历，要有海外管理经历，只有经过这样的多重历练，才可能担当国家和法律赋予总法律顾问的重担。

第五节　企业总法律顾问选聘与任命

国有企业的总法律顾问作为企业高级管理人员，是企业法律事务和风险控制的灵魂人物和战略规划者，其水平和能力将直接决定国有企业法务管理水平和风险防控水平。选聘一名优秀的总法律顾问，对企业的健康、稳健发展具有重要意义。总法律顾问岗位作为一个"舶来品"，也算是一个新生事物，关于其选任制度，各国企一直在小心谨慎地探索。

目前国企总法律顾问的选聘模式并不统一，各种试点也在探索之中。

1. 企业自主招聘、任命模式（备案制）

总法律顾问本就是定义为企业聘任的内部高级管理人员，所以，由企业自行招聘是比较常见的模式。企业熟悉自身情况，对总法律顾问人选的考查与聘任很有针对性，而且可以根据具体情况采取内部选拔和社会招聘两种方式。只不过，前者要注意近亲繁殖导致的改革进取意识不足，后者要防止出现水土不服的情况。这种模式下，总法律顾问的任命应当报出资人（母公司或国资委）备案或者征询母公司总法律顾问/法律部的意见，但备案本身并不影响任命的效力，征询意见也并不影响企业本身对总法律顾问的任命享有最终决定权。谁任命，就意味着对谁负责，但是必须看到，如果片面强调企业总法律顾问和企业法律事务部门对法定代表人负责，则很难发挥企业法律顾问在国有资产监管中的作用。

以中建为例，在下级单位总法律顾问的任命中，下级单位会与上级单位法务部沟通。这样做有一个好处：企业在任命总法律顾问时，更多地会考虑其在企业内的能力、业绩、为人处事等，而上级单位法务部则更多地会考虑其专业管理能力，这样从两个层面考虑总法律顾问的任职资格，结构上更为科学。

2. 母公司招聘并任命模式（双线管理制度）

不少国企对总法律顾问工作实行双线管理模式，即总法律顾问不仅要对本企业负责人负责并汇报工作，还要接受母公司的总法律顾问和法律部的领导与监督。按照权责对等的原则，母公司的总法律顾问对下属单位的总法律顾问人选需要具备一定的话语权，按照话语权的强弱，常分为如下三种模式。

（1）二级单位提名，母公司考查并任命。

（2）母公司总法律顾问提名，母公司考查并任命。

（3）母公司通过公开的社会招聘广纳贤才并直接任命为子企业的总法律顾问。

这种双线管理模式下，常常也会采用双任命模式，即母公司和子企业先后发文任命其为总法律顾问，但前者具有决定作用，后者只是为了满足内部聘任的程序需要。母公司在总法律顾问任免上具有决定权，主要是考虑到总法律顾问多设立于法律风险比较高、法律事务比较多的主要子企业，而很多国企现在都比较强调法律事务要逐步采用集中管控模式。

3. 国资委统一招聘，企业任命模式（准委派制）

前两类模式有一个弊病就是"内部选拔"，即总法律顾问的人选多半是来自企业内部和系统内部，甚至主要来源于法律部负责人，选拔的视野不广，选人用人的机制依然缺乏灵活性；而且，总法律顾问履职很容易受到原有人情与关系的干扰，难以发挥其监督职能。

总法律顾问还肩负国有资产监管和完善公司治理结构之责，所以，国资委作为出资人代表，从2006年开始，已亲自上阵连续组织了几次总法律顾问的全球公开招聘，为中央企业统一招聘了数批优秀的总法律顾问，吸引了一大批优秀的法律管理人才应聘和加盟中央企业。这些总法律顾问中，有的来自企业，也有来自院校的专家教授，还有资深律师。国资委选聘模式下，候选人一般会有一年的试用期。同样的道理，此类总法律顾问应该同时对企业负责人和国资委负责并汇报工作，而且主要是对企业负责人负责，需要完成企业内部的任命程序。国资委在此主要是承担招聘中介的角色。

该模式最大的问题，就在于水土不服。这里面有企业文化的原因，也有国企内部利益固化和未能建立现代企业治理结构的问题，也有国企法务工作机制本身的问题，一些在法律方面具有杰出才能的律师、学者并不能适应中央企业的工作氛围与工作方式，一年试用期满后挂冠而去的也不少。

部分央企的海外子分公司甚至先行一步，通过完全市场化招聘的模式直接从当地优秀的外国律师或法官中选任总法律顾问，而非从企业内部选拔或从总部委派。考虑到文化的差异，外国律师在任职海外央企的总法律顾问之前，可以先行担任一段时间的外部法律顾问，便于全面考查对方和熟悉企业业务以及人员关系，也有利于双方的融合和合作。

笔者认为，国资委直接出资的企业应当优先采用第三种模式，其子企业则采用第二种模式为宜。但无论采用哪种模式，都应该考虑或征询聘用企业的意见，或者给予其一定的提名权/建议权，总法律顾问监督国有资产毕竟只是其职能之一，更多还是要服务于企业本身，这是与专职独立监督国有资产保值、增值的国有企业监事会主席制度不一样的地方。

更为直接的"国资委直接任免制"也是一种选择。考虑到监管企业最主要的手段就是财务和法律的手段，所以，总法律顾问应与总会计师的地位和作用相当，因此可以参照《企业国有资产监督管理暂行条例》对总会计师的做法，即出资人控制总法律顾问的人事权，国资委直接任免国有独资企业的总法律顾问；向国有独资公司提出总法律顾问的任免建议；依照公司章程，向国有控股公司提出总法律顾问人选的建议。这样做，有利于打破企业内部人对总法律顾问的控制，使总法律顾问在企业中保持相对独立的地位和管理权威。其实，这种直接任免模式本质上是要让总法律顾问直接成为领导班子成员，成为企业的核心决策层成员。笔者个人认为，这种"国资委直接任免制"模式在现阶段并不可行。一是因为"有为才有位",现阶段国有企业法律管理的重要性和做出的贡献还不足以担当此大任,尤其是在完善公司治理结构和实现权力有效制衡方面;二是总法律顾问固然有监督国有资产之责,但更多的还是企业管理和法律服务与支撑之责,必须要对企业负责人负责,而国有资产监管则更多地要发挥董事会、独立董事、监事会以及职工代表大会的作用;三是国企的二级、三级子企业的总法律顾问队伍非常庞大,企业情况千差万别,全部由不介入企业直接经营的国资委来直接任命操作起来比较困难,而且从法律意义上来说,这些子企业的直接出资人是其母公司,而非国资委。当然,总法律顾问如果能够进入董事会任职,则能够更好地履行国有资产监管职能,同时能够保证其直接参与决策和企业战略管理,这对于法律风险防控和法律管理创造价值都是很有益处的。

也有个别省份试行过由国资委直接委派总法律顾问到国有企业,主要对国资委负责,以增强其独立性,代表国资委履行相关监督与管理职责,这也是完善企业治理与制衡机制的一种尝试。一些法律学者与国企法务管理者也比较推荐这种模式[1],但这种模式也不能很好地解决法律服务职能主要是对企业负责的问题;而且,在当前法务水平整体不高的情况下,服务职能显得更为基础和重要。为了加强监督职能,笔者认为,倒是可以考虑让总法律顾问兼任董事、监事、董事会秘书、纪委(副)书记等职位,这些职位本身与法务管理有一定关系,而且对总法律顾问履职很有帮助,比如更名正言顺地参与决策、全面地获得各种信息等。

无论采用哪种选任制度,笔者认为都还是要与其所在企业的法务工作性质相适应:侧重于法律服务的企业,以企业自主选任为主;侧重于法务管理的企业,由母公司和企业共同决定;侧重于法务监督和国有资产监管的企业,由母公司或国资委决定。

目前,一些央企的集团公司和规模较大的地方国企还开始探索推行设置"副总法律顾问"岗位,积极协助总法律顾问开展工作。与总法律顾问更强调组织协调和管理能力不同,副总法律顾问更突出法律知识和法律技能等业务能力,由具备专业资格和丰富法律工作经验的资深法律事务机构负责人担任。此举不仅有利

---

[1] 王方玉. 我国企业总法律顾问制度评析 [J]. 现代管理科学, 2010 (8): 59-61; 郭向宇, 白昶. 浅析中央企业总法律顾问的制度创新 [J]. 中国外资, 2013 (5): 64.

于总法律顾问腾出更多精力从事战略规划、统筹协调、参与决策及公司治理等宏观性和全局性事务，而且为企业内部高素质法律人员的职业发展提供了一个晋升通道，为总法律顾问的专职化和后备人才培养奠定了良好基础，激发了国企法律顾问的工作活力和激情。

第六节　中美总法律顾问制度的区别

美国企业普遍建立总法律顾问制度，这与美国的法治传统与文化密切相关，更是企业市场化竞争和国际化经营的内在需要；而且从美国企业营业收入和雇员人数两个指标来看，规模越大的企业越倾向于设立总法律顾问。总法律顾问制度作为美国企业管理制度的重要内容之一，是美国大型跨国公司保障企业依法合规经营、完善公司治理和增强企业竞争力的重要手段。

国有企业特别是志在培育具有国际竞争力的世界一流企业的中央企业，有必要学习和借鉴美国总法律顾问制度的有益成分。

从总法律顾问的定位和职务来看，美国企业的总法律顾问定位于"合规事务、公司治理架构和全球化经营的重要一环"。这种极高的综合性战略定位，实际上是由美国企业所处环境和土壤决定的：一是美国政府对市场的法律监管日趋严格而完善，对企业合规经营的要求极高，所有的商业创新与冒险都是基于遵守既有规则下的"有限自由"；二是在美国大企业规范成熟的公司治理结构下，总法律顾问制度要确保重大决策均合法、合规以更好地维护股东权益，同时还要更好地监督决策层和执行层并实现权力制衡；三是美国大企业的全球化经营战略不仅需要由总法律顾问来统领全球法律事务，提供优质的法律服务，而且需要由具有权威的企业高管来构建严密的、与业务紧密渗透的风险防范体系。企业总法律顾问的影响力主要产生于其在公司中的职位等级，以及其在各种不同核心管理机构（董事会、战略委员会、风险管理委员会等）的参与及加入程度。[①] 美国企业的总法律顾问基本上都是企业的高级副总裁或董事会成员，直接进入核心决策层，而且排名靠前，常常仅次于CEO，具有很高的管理权威。

---

① 郭卫彬．借鉴发达国家经验，健全企业法律顾问制度——河北省国资委赴美、加考察侧记[J]．产权导刊，2006（11）：55．

而目前中央企业的总法律顾问虽然说是"企业高级管理人员",但更多仅仅是实现对单纯法律业务的管理,鲜有上升到公司治理架构、权力制衡或企业战略管理的高度,也因为此模糊不清的定位和相对狭小的职责范围,总法律顾问难以真正进入企业的核心决策层。

从总法律顾问的选任和工作机制来看,美国企业的总法律顾问一般由公司执行副总裁或资深的高级副总裁担任。其一般都具备深厚的职业背景和管理权威,由首席执行官通过市场化方式或其他公开竞争的方式选任并在多数情况下需要经过董事会的批准,总法律顾问直接向公司 CEO 或者董事会报告工作,其履职具有较高的独立性,并有比较充分的财务、资讯和技术保障。

而目前国企的总法律顾问,不少是由法律部门的负责人兼任或升任而来,职业经历相对单一,自身的管理协调能力和经验有限,成为总法律顾问后其地位也仅是相当于总经理助理,工作汇报的对象往往并非企业主要负责人或法定代表人,而是主管法律业务的行政副职;即使是部分行政副职兼任总法律顾问的,其在管理层的排名也是比较靠后的,兼任总法律顾问对其提升管理权威几乎无实质性影响。

从总法律顾问的职能与职责来看,美国企业的总法律顾问全程参与公司经营管理,参加公司所有重要会议,参与涉及公司法律、财务、战略、销售、运营、考核等所有重大事项的决策与规划,统筹领导和建设各企业国内外和总部与附属企业的所有法律团队,全面负责合规管理与知识产权管理,同时还负责内部调查甚至处罚惩戒。当然,美国企业总法律顾问也负责公司规章制度起草、合同管理、诉讼及外部律师选聘等日常法律事务的管理和协调,但前者才是其核心工作与价值所在。

而中央企业的总法律顾问,在参与公司经营管理和重大决策的深度和广度以及权威性上都难以与美国企业相提并论,更像是一个"公司首席律师"的角色,依然是以法律事务与功能为主,对公司治理、企业战略和全球化经营基本上没有太多发言权。合规管理多分散于企业的法律部门、财务部门、内控部门、纪检监察部门和审计部门等,总法律顾问往往并不真正具备统筹协调所有合规事务的权力。知识产权管理的主要权限则集中在技术开发部门,而内部调查权力则集中在纪律检查部门。

从总法律顾问的履职机制来看，为保障总法律顾问的监督、管理和服务职能，美国企业有完善的机制保障。一是建立了一系列制度和程序来保证总法律顾问的"无限制知情权"与"刚性救济权"。在美国，总法律顾问能及时、自由、充分取得所需信息，即公司经营、财务以及内部信息，这些获取信息的渠道包括横向上直接参与公司的决策会议和重大经营活动，纵向上与附属企业的总法律顾问定期开会交流信息或汇报，同时还有众多法律顾问提前介入和深度介入各种企业经营管理活动并向总法律顾问及时汇报和请示。美国很多上市的跨国公司由总法律顾问担任董事会秘书，便于居中协调和信息获取。而中国国有上市公司则只有少数企业将董事会秘书工作归口到法律部门。二是对被监督和制衡对象的不适合行为拥有刚性救济权。"无救济则无权利。"在美国，对上市公司来说，未经法律论证的经营决策将成为股东的当然诉由，任何股东都可以据此对公司提起诉讼；公司内部则规定必须让法律顾问参与决策，否则，业务部门负责人可能被解雇；为保证总法律顾问的意见得以参与和影响企业决策，总法律顾问有权查处违法经营人员，强调"必须让拿公司重大利益冒法律风险的人冒失业的风险"。

在我国则恰恰相反，总法律顾问的知情权、决策权、人事权和刚性救济权都尚未得到立法和制度的充分保障，总法律顾问的履职机制不是取决于法律和制度，而是取决于企业主要负责人个人对法务工作的认识与重视程度。

责任小，则权力小；责任大，则权力大。通观中美总法律顾问制度之区别，我们更能清晰地看到，中国的总法律顾问要想拥有更大的权力和话语权，关键不是让国资委给戴什么帽子、给什么位置、封什么级别，而是能否在已有的法律业务上大胆创新、做出成绩；在这个基础上再乘胜追击，扩大法务管理的业务范围和深度，逐步渗透到公司治理、企业战略规划与决策、合规管理等方面。

第七节　完善国企的总法律顾问制度

总法律顾问制度从来都被认为是推动国企法制工作的核心和关键，国资委为推进其建设不遗余力。然而我们必须认识到，整个国企不重视法务工作和风险管理的主客观原因是多重的，也是历史和传统原因积累下来的。一家企业并不会因为设置了总法律顾问就立即重视法律工作和风险管控。如果一些基本体制机制问题不解决，总法律顾问依然会是一个"摆设"。因此，必须通过完善总法律顾问制度，实现其"企业高级管理人员"的定位和价值，实现其设立之初统筹法律事务、完善企业治理、加强国有资产监管和内部监督的初衷。

笔者认为，要完善我国企业总法律顾问制度，不能再是原有制度上的缝缝补补。运行了近20年，各种经验教训和国外通行做法有例可循，理论界对总法律顾问制度的研究也相对比较充分，所以，国资委系统有必要与国有企业一道，抓紧做好以下几项关键改革工作。

(1) 建议借鉴《中华人民共和国会计法》和《总会计师条例》等立法经验，在国家要求"普遍建立法律顾问制度"的大好政策环境下，在相关法律、法规中明确企业总法律顾问制度要求，提高立法层次，尽快改变目前以国资委一家制定的部门规章为主和以法律强制力较弱的"指导意见"为主的现状。有道是"名不正则言不顺"，因此要提高企业总法律顾问制度的立法层次和效力层次，尽快上升到行政法规甚至法律的层次，使建立企业总法律顾问制度成为各级国资委和所有国有大中型企业的法定义务，使总法律顾问制度得到国家人事部门、组织部门、司法行政部门、国务院法制办公室等其他相关部委的大力支持和配合。权威立法的支持，对一大批副部级中央企业带头完善总法律顾问制度具有直接推动作用，对总法律顾问立足于本职岗位和发挥重要作用具有重要意义。

(2) 立法解决和保障企业总法律顾问的相对独立性。总法律顾问身兼服务、管理和监督三种职责，尤其是最后一项职责需要一定的独立性。所以，有必要规定，中央企业的总法律顾问由国务院国资委向社会公开招聘，由国资委委派到中央企业工作，同时向国务院国资委和所在企业负责并报告工作；而中央企业的子企业由其母公司面向社会公开招聘，通过市场化方式选拔优秀人才，尤其是术业有专攻，同时又忠诚于企业、敢于改革创新的人才，地方国有企业可以比照此种做法办理。同理，国企子企业的总法律顾问的任免权、考核权甚至薪酬决定权应当集中在其出资人即母公司（集团公司）。"任何人都不能做自己的法官"，这条法律理念同样适用于提高总法律顾问工作的独立性。总法律顾问作为一种重要的法律监督力量与企业治理制衡力量，重庆市国资委委派总法律顾问进驻重点国有企业就是一种值得推广的改革尝试。之前谈及的江西省国资委委派法务总监与企业的总法律顾问分工合作、各司其职的模式也是一种有益的尝试，较好地区分了国有资产监督职能与法律服务职能。

（3）尽快解决国有企业总法律顾问的专业性问题。抓紧出台总法律顾问的社会招聘办法和培训办法，为公开招聘高素质的企业总法律顾问提供保障，同时解决目前总法律顾问队伍中存在的管理经验有余、法律专业知识和技能不足的问题。国资委和企业法律顾问协会要切实加强总法律顾问之间的交流、学习，加强创新经验的分享。对此，有不少学者主张效仿西方发达国家的做法，从律师中选聘总法律顾问。笔者认为此主张并不可行，因为中国律师中懂得国有企业管理和运营且具有较强组织协调能力的复合型律师人才并不多，而且中国国有企业缺乏法治传统和熏陶，律师直接进入一家陌生的国企难以有效开展工作，很难获得方方面面的支持和尊重。就算从律所的律师中选拔，笔者认为也不应该是总法律顾问，而应当是法律部负责人或普通法律顾问，只有在企业法律部经历一定时间锻炼，再在其他部门或子企业经过管理历练后，才可以从中寻找合适的总法律顾问人选。法律专业性的问题，更多地可以通过系统的在职教育和专业培训来解决。

（4）尽快立法明确总法律顾问"高级管理人员"的法律定位，明确干部管理权限。立法重点在于明确总法律顾问在公司治理、企业战略、企业决策、内部监督和国有资产监管中的地位与权限，进而明确其对应的干部管理权限和解决履职保障机制，确保权责统一对等，尤其是探索总法律顾问直接进入企业决策层，以及总法律顾问进入董事会、党委成员、党组成员或监事会的途径和方式，切实解决现在众多总法律顾问普遍反映的"工作多，责任重，压力大，风险高，但权力小，威信低，经验不足"的问题。

（5）切实提高整个国企领导班子成员尤其是党政"一把手"的法律意识和风险意识。在中国的现实语境下，领导重视是成功推动工作不可缺少的因素。重要领导带头、"一把手"重视是各项制度得以贯彻和落实的关键，总法律顾问制度也不例外。然而领导带头、"一把手"重视不能靠消极等待，要化被动为主动，即通过提高企业领导班子成员的整体法律意识、法治意识和风险意识来实现。"事实胜于雄辩"，通过重大诉讼仲裁案例、重大决策失误违法案例、重大项目合同谈判与重大合同纠纷与索赔案例来"以案说法"，即使不是本公司的案例，对领导的震撼也是非同一般的。就像前述的沙特轻轨项目巨亏案一样，对于整个工程建设行业，对于所有海外工程的市场开拓团队，都会是一场很好的法律与法治教育课，都会深深地影响企业领导的思维、决策和言行。这样的警示案例多了，不仅本身说明我们的法律工作做得还不够，而且能让领导的脑海里时刻都有"法律风险"这根弦，进而去思考和探索在制度和机制上如何改进以推动国企法律顾问参与企业决策和重大经营活动。而总法律顾问要从整个战略规划上考虑如何建立这样一种学习—反馈—改进的制度。同时，国资委要完善领导学法、用法制度，推动现代企业法治理念建设与宣传，建立中央企业重大法律纠纷案件分析和学习制度，建立法律工作考核、考评机制等。时任中国建筑工程总公司法律事务部总经理秦玉秀表示："领导是最关键的，因为总法律顾问实际上是在限制领导。这就得看这个企业的领导是不是愿意控制风险。"为什么外企普遍重视法务部的作用？这源于企业高层对企业自身名誉的珍视，仅仅一次违规的风险都可能让一家百年老店毁于一旦。所以，当总法律顾问向外企老总说"不"的时候，尤其是在涉及合规问题时，他们都能听取总法律顾问的意见。

第八章　国企法律顾问制度的明天

　　企业法律顾问制度被发达国家企业称为"金拐杖",主要原因是其能起到保障企业依法经营、依法维护自身权益,进而保障企业健康发展的"支撑"作用。美国通用电气公司原总裁杰克·韦尔奇有一句名言:"其实并不是 GE 的业务使笔者担心,使笔者担心的是有什么人做了从法律上看非常愚蠢的事而给公司的声誉带来污点并使公司毁于一旦。"从这位世界著名管理大师的感言中可以看出,企业法律风险对现代公司运营安全有着举足轻重的作用。英美和其他发达国家的大公司、大集团对企业的法律风险管理相当重视,法律管理工作融入企业经营发展的方方面面,已成为企业管理制度整体中不可缺少的重要部分;总法律顾问和其他专职法律顾问具有相当的权威、丰富的经验、广博的知识和良好的职业道德,受到高层和同事的普遍尊重。其企业法律治理体系非常完善,基础设施和资料完备。其很早就置身于市场经济和跨国环境中,比较习惯于按市场规则运作,风险意识和规范意识很强,企业的独特法治文化和法律管理能力已经成为综合竞争力的重要组成部分。

　　企业法律顾问制度在欧美企业中已经成为与产品开发、市场营销、人力资源和财务管理等相并列的重要管理部门之一,而且具有相对独立的地位,承担着重要的管理与监督职能,直接参与企业的重大经营决策和重要经济活动。尤其是一些知名的跨国公司更是集中了一大批既精通法律、擅长处理各种具体法律事务,又比较熟悉企业管理的各种专门知识,具备丰富的管理实践经验,而且具有较高政策理论水平及企业发展战略规划能力的专家和复合型人才,成为企业众多业务领域的高级管理人员,而不仅仅限于传统的法律业务。他们以"在法律允许的范围内追求最大效益、最小风险和最少纠纷"为目标,职责明确,分工细致,管理严密,在企业的重大经营决策、重要经济活动以及日常管理工作中扮演着不可或缺、不可替代的角色,发挥着十分重要的作用。

　　不仅如此,欧美企业法律顾问越来越重视将企业法务工作直接作为增强企业市场竞争力的途径和武器,尤其是在合同谈判、知识产权管理、诉讼策略以及品牌管理、政府关系和社会责任中融入法律思维，让法务工作更直接地为企业的商业目标服务，提高品牌的知名度，树立企业正面形象，甚至直接赚取更高的利润。

相比之下，以世界一流为己任的中央企业，市场化、国际化经营起步晚、时间短，法律管理的基础工程薄弱，法治传统长期缺失，导致在法治理念、体制机制、管理体系和方法上较世界一流企业还有不小的差距，在与国际大公司进行商业合作与竞争中，合同与法律管理能力已经被公认为国企最突出的弱项之一。国家又赋予法律顾问参与决策和内部监督的重要职责，国内市场日益开放和规范，国际市场主要被欧美规则统治，世界经济发展尊重市场、尊重法治也已是大势所趋，所以，国企法务工作面临的挑战很多，任务艰巨，使命光荣。

第一节　法律理念的挑战是最大挑战

我们常听到这样一个故事：在欧美国家，董事长办公室的隔壁，通常一侧是首席财务总监办公室（类似于我们的"总会计师"），另一侧就是总法律顾问办公室。而董事长出差，也必定带这两个人：一个人拿着"计算器"，算一算能挣多少钱，会不会亏本，值不值得投资；另一个人拿着"法条"，要思考这钱该不该赚，能不能赚到这些钱，怎样才能赚更多的钱！故事或许说得有点夸张，但其中所蕴含的深刻哲理与企业管理理念值得所有国企管理者和每一个法律工作者思考。我们常说"思想决定行动"，笔者也一直认为，企业治理理念上的差别才是决定我们国有企业发展方向和实现企业战略的最根本因素，而这正是国企与跨国企业的最大差别之一。我们在看到国企特殊性的同时，还必须看到其作为企业和市场竞争主体的共性，尤其是国企最终要与欧美跨国企业同台竞技，而且是要充当主力军角色的，因此就不能总是以"国情特殊"或"国企特殊"作为拒绝转变思想、改变理念的借口。很多跨国公司的经营管理理念都值得我们借鉴、学习、改造、消化和创新。

1. 法律的权威与企业法治理念必须得到尊重

中国几千年传统文化基因中缺乏法治的基因和土壤，进而体现到国家治理、社会管理和企业经营的方方面面。新中国成立几十年来，虽然立法、执法和司法工作得到了很大的提高与改善，但法律的权威并未真正形成，法律并未成为个人和组织的普遍信仰，违法行为并未得到一致的制裁。如此大环境下，作为整个国家结构一部分的国企，也难以在日常经营中真正形成对法律的尊重与敬畏，"人治"色彩比较严重。

如果说只是生存于国内市场、生存于计划经济体制下，国企忽视或贬低法律尚可生存，那么当国企真正面对国际市场、面对充分竞争又具有超强规则意识的市场经济的时候，国企的经营管理就需要做出重大的调整，就必须尊重规则，敬畏法律，规范运作。国企如果在国内不能依法经营、诚信履约，不能建立与法治理念相适应的企业架构和运营机制，又如何能指望一到国际市场立马就变得规矩、规范且有竞争力呢？从国内大环境来看，十八届四中全会后，国家全面推行依法治国方略，大方向已定，法治的大环境和土壤必将逐渐具备，作为国家经济支柱的国企理当身先士卒，率先改革，适应在法治大环境下规范管理企业，而不是坐、等、靠、要。应该说，法律权威意识在内外部条件都已基本形成，这就要求我们国有企业至少做到两点：一是在公司治理中融入法律因素，依法设定权力界限与责任承担，树立权力制衡意识，开展合规管理；二是避免违法决策，不仅做到内容合法，也做到程序合法、民主和科学，然后再进一步考虑让法律人直接参加决策。

那么企业法治理念应该是怎样的？对此，其实大可不必照搬国外的教条，中央企业结合中国国情已经在这方面有较多的探索和总结，关键还是落实，尤其是企业领导班子成员要带头落实并在实践中持续创新丰富其内涵。中国石油曾总结出企业依法经营的六个法治理念：法律至上、权责对等、遵守程序、诚实守信、公平公正、依法维权。应该说，这是比较全面且针对国企法律信仰缺失导致的一系列弊病而开具的有效"药方"，也是西方发达国家企业经营管理的基本原则。现在，国企普遍存在的"官大一级压死人"、规章制度有权无责、拍脑袋决策、暗箱操作、忽视程序领导说了算、诚信缺失、行贿受贿、私相授受、奢侈浪费、国有资产流失、息事宁人而怠于维权等问题，皆与未落实这六个法治理念有着直接的联系。

多年来，我们强调国企领导干部要带头学法，但只是学了一些零零散散、硬邦邦的法律条文，并未真正学到法治理念和法治思维，未能真正理解法律条文背后的立法精神与法律原则，所以也不可能真正将法治理念和法律思维用于指导工作和规范个人的言行。比如，法律人经常讲的"防止利益冲突原则"，要求我们在设置机构、任命领导、安排工作、制订制度、设计流程中都要考虑是否存在利益冲突，是否存在影响公正履职的内外部因素，是否需要回避，否则很可能会导致重大廉政风险和企业运营管理出现重大违法行为，但是实践中，我们很少使用这样的法律思维。要建立法律权威，要让法治理念根植于企业，除了企业领导干部自身的学习和实践外，笔者认为还有两个外因不可忽视：一是国家执法和司法机构要做到违法必究，做到所有企业一律平等适用法律，国企不享有法外特权；二是社会主义市场经济要真正赋予国有企业与其他所有制企业一样的市场竞争地位，而非通过法律、行政命令或政策给予国企市场竞争的优势地位。不做到这两点而独独要求国有企业的企业家尊重法律，那就成了无源之水和无本之木。

2. 法律风险预防重于事后控制

事先预防优于事后救济，这个道理几乎不言自明，但要落实这个理念，最根本的是要做到"法律监管、管理和服务工作要与企业经营活动和决策同步"。由于很多企业对企业法律顾问制度的认识没有完全到位，特别是一些老国企，在转变成市场经营竞争主体后，仍对企业发展的路径认识不到位，对法律顾问的认识还停留在打官司的层面，觉得法律顾问是企业运营的"绊脚石""刹车片"，导致总法律顾问制度等落实得不够理想，所以，现实往往总是"事后补救"居多，成本大而效果低。事先预防优于事后救济的理念未根植于心，其中一个重要表现就是将法务与业务剥离，甚至将其对立起来，而不是思考如何将法务和业务在日常的工作中就融合起来，一起为商业目标的实现贡献力量。在这种错误思维的指导下，必然结果就是企业法律顾问无法了解业务，更无法参与到业务的决策和执行中去，这样做风险预防工作就失去了信息和平台。

国资委领导多次强调，实行总法律顾问制度的初衷之一就是为了做到法律风险的事前防范、事中控制。按照欧美企业总法律顾问制度的设计，总法律顾问本身是公司治理结构中的重要一环，是内部监督和权力制衡的重要力量，本身也是企业的核心决策人员，不仅对决策的合法性、合规性负责，还要依据自己的经验、资源、思维就决策本身提出自己的见解；与此同时，总法律顾问还要统筹规划和组织整个企业的法律风险防控体系建设，负责整个企业的合规管理与内部监督调查工作。而中国国有企业的现实情况是：总法律顾问的地位不明、职责不清、机制不健全、权威不够，决策过程中缺乏法律的参与，能做到将决策提交总法律顾问进行合法性审查就已经不错了。所以，要落实法律风险的预防控制工作，还是要进一步完善总法律顾问制度并落到实处，包括最关键的人员到位、机构到位、责任到位、机制到位。

要落实法律风险管理以预防控制为核心的理念，国企管理者一定要改变观念，不要指望一投入法律人员就要见到效果——虽然说法律风险无处不在，法律顾问能做的工作非常之多，但是，法律风险防控工作的效果具有很大的"间接性"甚至"隐蔽性"：防住了，因为风险没有发生而风平浪静，所以领导无感，甚至因此觉得法律顾问并没有起到什么作用；一旦没有预防住，风险发生了，领导则会将所有责任都推到法律顾问身上，似乎法律顾问"无所不能"。风险防控工作的效果、最好的"表现机会"就是：在类似项目中，同行业单位发生了重大风险事故，而自己安然无恙。然而这样的机会在实践中并不常见，甚至连同行业单位发生了重大风险事故这种信息也不是常能被外人知晓的。企业的平稳、健康发展本身就证明了法律顾问的预防控制效果。说到底，还是"事后救济更能看到法律顾问的效果"这种传统思维在作祟。

3. 法律管理具有战略性

以前我们多次说过，财务和法务是管理企业的两大主要手段，均具有战略地位，两者实际上是相辅相成又互相制约的，一个科学合理且可行的企业决策在很大程度上应该是这两大手段的一个最佳平衡的结果。美国等发达国家的企业大都制定有企业法律风险管理战略，并与企业的整体商业战略相一致，风险管理与商业战略融合得比较好，法律人员具有商业思维，业务人员不缺法律思维。一般来说，根据公司业务性质的不同，企业法律风险管理战略主要包括各种防止违规、违法和风险评估制度，会涵盖公司主要的经营管理活动，而非仅仅是单纯的法律业务本身，会涉及外部监管、生产管理、市场营销、技术开发、品牌建设、政府关系、索赔与反索赔、公司治理、文件控制、劳动人事、税务财务、重大经济事项、企业改革与发展规划等方方面面。

在制定具体的法律风险管理战略计划时，企业要先对其所面临的现有以及潜在的法律风险进行初步评估，并确定法律风险管理项目的优先顺序。围绕企业发展战略、总体商业目标和法律风险管理战略计划，企业的总法律顾问统筹负责根据企业的实际情况制订具体的实施计划，建立完备的法律保障体系，经企业审查批准后，与企业的财务管理、业务管理等协调实施，并经常性地对战略执行情况进行考核评估。同时，通过企业法律文化建设，形成良好的企业法治氛围，时刻影响着决策团队和业务团队的言行与思维，从而从根本上确保实现目标的措施得以落实。

完备的法律保障体系是世界一流企业的核心竞争力，其不仅约束企业依法合规经营，防范法律风险，也为企业做出最优法律路径选择，提升企业竞争力和影响力，使企业权益最大化，提高企业盈利能力。完备的法律保障体系应当是一个包括现代企业家的法治意识，完备的总法律顾问制度、法律事务机构、法律顾问团队和外聘律师队伍，法务与业务、法务与管理充分融合的工作体制，以及以参与企业决策、制订规章制度和全生命周期合同管理为核心的法律风险防范机制四个方面的科学体系，并为企业的改革、发展保驾护航。

4. 法律管理可以创造更高层次的价值

法律人如何直接或间接地为国有企业的稳健、长远发展创造价值？如果没有创造独有价值的部门，我们为什么要大张旗鼓地搞法务管理？

传统思维认为，法律管理创造价值不外乎两种途径：一是通过谈判、协商、仲裁或诉讼这种直接维权的方式获得经济补偿或减少自身败诉的机会，此为"直接"创造价值；二是通过合同谈判、合同管理等事前预防等措施尽可能地减少企业经营管理中犯错的机会，减少企业损失的可能性，此为"间接"创造价值。

然而笔者一直认为，以上描述依然都停留在"法律匠"的层面，停留在法律部门自身的狭隘范围内，是较低的技术层面、微观层面给出的答案，不足以支撑我们辛辛苦苦探索了几十年的法律顾问制度和总法律顾问制度建设。法律管理应该可以创造更高层次的价值，理性与严谨、权责对等意识、权力制衡理念、利益回避意识、公平意识、风险意识及程序意识是法律人特有的意识与理念，深植于内心，外化为其行动。国企法律顾问如果能将这些特有的意识与理念融入在公司制度、流程再造、内控建设、企业决策和公司治理事务中，真正为国有企业打造成"规范经营、高效有序、稳健和谐、治理科学"的社会主义现代化企业，做出重大贡献。从而为企业的可持续发展带来不可估量的长期效益和潜在价值，而不仅仅是法律风险防范。也就是说，法律人的思维与技能能够真正"正向"地影响整个企业的治理、规划、运营和管理，能够真正地提高企业的竞争力，同时让企业成为一个更健康、更稳健、运转更有效的有机整体。当然，一个从战略层面影响企业运行的法务管理体制、机制，不能寄望于一朝一夕完成。

另外，我们现在也要鼓励从"商业角度"来提升和完善法律管理能力。这就要求法律人对传统的法律人思维与意识有针对性地进行自我改造与完善，这种自我改造与完善必须结合企业的成本、利润、税务和市场竞争优势进行改良，不能再局限于单纯的法律这一个学科。商业思维的引入，也意味着不能再仅限于法律风险的视觉，而是要基于市场竞争力和商业效益的角度。这个思维引入后，我们会考虑怎样申请专利才更有利于提升企业的竞争力，怎样启动一个诉讼才能最大限度地提高一个企业的知名度，怎样设计一种劳动合同条款或聘用模式才能留住最优秀的人才。这时候，法律风险的考量反而在其次，或者说是为了市场竞争力和商业效益等主要目标服务。可以说，对于法律管理最后能给企业创造多少价值，能创造多大层次的价值，企业法律顾问自身这个思维的转变至关重要。大型民营企业在市场竞争和国际竞争的刚性要求下，比较注重以法务工作提高市场竞争力，以华为、中兴为代表的通信设备供应商，以百度、腾讯为代表的互联网企业，和以长城、吉利为代表的汽车制造商等一大批民营企业，通过卓有成效的专利工作和诉讼策略，让企业的影响力和竞争力大幅提升，充分体现了法务工作在市场经济下的独特作用和价值。目前，跨国大公司的法律工作也纷纷在从追求最小风险和最少纠纷向追求最大效益转型，美国通用电气公司设有专职企业法务官800余名，总部保持80名至100名左右；波音公司法律部门现有员工232人，占波音公司500名高管人员的46%。[①] 显然，如此众多的法律人员占据高位，不可能只是从单纯的风险角度来考虑企业管理和运营。

---

① 韩震.公司首席法务官的价值及其实现[J].企业研究，2013（8）：82—83.

5. 法律风险往往具有颠覆性，法律是经营管理人员的高压线

"法律风险往往具有颠覆性"这些年越来越被国内外的实践证实。国外这类教训非常多，典型的如安然财务造假丑闻导致安然公司破产倒闭，美国联邦法庭裁定 BP（英国石油）因墨西哥湾漏油事故罚款 208 亿美元，西门子也曾经因为商业贿赂而不得不向美国和德国政府支付了总额超过 13 亿美元的罚金。这些年来，国内依法办事、违法必究逐渐成为现实，类似的例子也不鲜见，一批跨国企业纷纷中箭落马，如葛兰素史克（中国）因为商业贿赂行为被中国法院判处罚金 30 亿元人民币，高通公司（QCOM）因为违反中国反垄断法而被中国监管机构处以 9.75 亿美元的罚款。

国有企业对于一个业务的重要性的认识，往往是在自己花钱买了血的教训之后；而外国企业在发展的历程中已有的教训，则往往会被国企管理者视为不适合中国国情而被忽视。以前中国实行计划经济，国际化程度也低，几乎不存在真正意义上的市场竞争，所以，合同意识、法律意识和风险意识普遍缺失，企业法务工作非常薄弱。尽管如此，国有企业的发展表面来看依然顺风顺水，尤其是企业规模和营业收入呈几何数级迅速增长。改革开放尤其是加入 WTO 之后，国企开始参与全球化的市场竞争，这才突然发现缺乏法律风险管控能力会造成重大损失，也因此发生了很多惊天大案，比如中航油（新加坡）石油期权交易巨亏事件、中国铁建沙特轻轨项目巨亏事件、中信泰富外汇合约巨亏事件以及众多能源并购亏损案等，损失常常都是以十亿、数十亿元人民币计，还有部分国企因为在世界银行贷款项目中的商业贿赂行为而被世行列入黑名单，给国家和国企形象造成很大损害。要知道，目前中国国有企业参与国际竞争的程度实际上还是很不充分的，很多时候依然在寻求国家的政治支持与政策保护，如中国的对外援助贷款、政府信用担保项目、国内产业保护政策等，从拿到项目到执行项目可能都尚未面临过真正的国际级竞争对手和规则的挑战，但即便如此，不少国企依然遭遇了"滑铁卢"。如果哪一天中国国企真正完全自主地参与国际竞争或中国市场完全对外国投资者开放时，中国国企才醒悟并认识到法律管理的重要性，则悔之晚矣。

法律是经营管理人员的高压线，是红线，碰不得。这一点在 2013—2015 年

的中央巡视反腐风暴中表现得尤其明显。一大批国企高管和关键岗位的中层干部因为贪污受贿、滥用职权或玩忽职守被追究刑事责任，严重影响了企业的稳定和长远发展。不仅如此，国企经营管理中暴露出了一系列违法、违规的问题，比如公司重大决策失误而给企业带来巨大经济损失、特定关系人开办关联公司承揽企业业务、通过大量第三方业务合同收受佣金回扣、资产并购或处置过程中贵买贱卖、物资采购与工程招标环节制度缺失且管理混乱而存在重大质量隐患和廉政风险等。这些都直接表明在国企发展的过程中，企业经营管理人员的法律意识比较淡薄，本不该触碰的法律红线和高压线却碰了。

法律风险具有颠覆性，法律是国企经营管理人员的高压线与红线。企业法务工作不仅是要做好法律服务等支持与咨询性工作，更重要的是要做好法律监督（合规），完善企业内部治理结构，健全"阳光央企"和"阳光国企"，加强对权力的监督和制约。按照国资委的要求，国有企业尤其是中央企业要成为所有经济组织乃至社会合法经营、诚实守信的模范，身先士卒，从而推动整个社会、整个民族和整个国家的法治意识，这也是国有企业的政治责任。国企领导干部如果带头违法，对整个社会造成的示范效应和对整个企业的发展造成的损害都将是灾难性的。

第二节　国企法律顾问队伍建设挑战

所有的战略、制度和计划最终都要依靠人来完成，新生的国企法务管理工作更是如此。面对巨大期望、挑战和差距，国企法律队伍建设问题亟待解决。

随着国有企业市场化竞争程度的迅速提高和"走出去"战略的实施，尤其是在境外上市并购、承揽重大项目、引进战略投资者、金融衍生品交易等重大涉外经营活动中，国企法律顾问无论是在数量上还是质量上都出现了难以适应企业各项发展战略的情况，包括相关多元化战略、国际化战略、科技强企战略、品牌立企战略等，主要体现在以下方面。

（1）法律人员编制严重不足，而法律需求与责任却在不断增加。即使按照欧美企业法律人员编制占企业总人数标准的一半计算，即0.35%，很多国企也依然难以达到这个要求。对于法律服务职能需求较多又未能建立有效的法律服务外包制度的国企，法律人员更是严重缺编。以国际工程承包企业为例，一个企业法律顾问兼任数个重大项目的情况非常常见。人员编制不足，工作忙于应付，也就意味着法律人员难以深入一线，难以与公司业务相融合，法律工作的深度、广度和成效也就大打折扣了。人员编制不足，也使得很多企业的法务人员忙于法律服务而忽视了法律管理和监督职能。

（2）法律队伍建设规划与职业引导不足。因为国企法律队伍普遍存在待遇不高、职称体系缺乏、职业晋升不畅、职业荣誉感不强、职业发展前景不明、团队建设不足等问题，资深国企法律顾问跳槽现象比较突出，外企和律所成为主要去向，导致梯队建设断层现象比较普遍，人才流失严重。

（3）法律人员的专业化建设不足。法律知识和技能更新快，企业法务职能发展迅速，专业细分趋势也越来越明显，这就要求同步的培训和再教育必须跟得上。然而实际上，这一部分的投入相当有限，这就导致精通合同谈判、知识产权、仲裁诉讼、合规审查、投资并购、海外风险管理等高端业务的法律专业人员非常缺乏。

（4）法律职业能力建设不足。企业法律顾问作为企业管理人才，具有复合性，对综合素质能力的要求很高。而实践中，国企法律顾问的管理经验、组织协调能力和税务商务思维比较缺乏，难以落实既定的法务工作目标。

总法律顾问队伍的状况也不乐观。2012年上半年，国资委对总法律顾问履职现状进行了调查，结果显示，中央企业集团层面的总法律顾问中，专职的仅占61%，具有法律专业背景的仅占58%；重大事项经总法律顾问签字才能上报企业主要领导的仅占43%，另有11%的总法律顾问未能确保参加企业重要决策会议。[①] 中央企业的集团公司层面尚且如此，其子企业和地方国企的情况也是不甚乐观。这至少反映了两方面的问题：一是部分中央企业对发挥总法律顾问的作用仍不够重视，履职机制不够健全；二是部分总法律顾问的专业素质与能力仍有待提高。总法律顾问作为企业高层管理人员，一要有战略思维和丰富的企业管理经验与权威，二要有处理重大法律疑难问题和统筹规划企业法律工作的能力，三要有比较系统的法律教育背景；除了第三条相对而言可以通过在职法学教育补足

---

① 董伟. 国资委：违法、违规要"一票否决" [N]. 中国青年报，2012-10-22.

外，管理和法务这两种职业能力都是需要基于大量实践才能具备的。加快从法律专才中选拔具有管理潜力的总法律顾问候选人进行综合管理的轮岗和培养，或者从商务人才中选拔具有管理潜力的总法律顾问候选人进行综合管理和法务管理的轮岗和培养，是加快总法律顾问人才建设的有效途径。

就法律顾问个体而言，与国际大公司对标，其最大的差距还在于经验。以资产体量最庞大、国际化程度很高的石油能源行业为例，国外大型石油企业的公司法律顾问平均具有15年到20年的企业法务经验，而且相当一部分人曾在律所做过专职律师甚至担任过法官。从公开材料中也可看出，BP（英国石油）和雪弗龙公司的法律顾问平均执业经验接近20年。[①] 这些企业的法律部门也都有完备的工作体系，以及诉讼仲裁案例、办公格式文件、法律与政策数据库、法律意见书、标准合同文本、内部经验与知识分享等资源供公司法律顾问参考使用。这些资源都是企业几十年的经验传承，与公司主营业务和主要法律风险紧密结合，是无价之宝。不仅如此，大型国际石油企业在外部律师方面的投入与其在内部法律顾问方面的投入不相上下，年费用高达数亿美金。而外部社会律师的大量使用，非常有利于内部法律顾问通过与其合作尽快获得更多的实践经验，甚至是最前沿、最专业的实务经验，从而较快地提升企业法律顾问的业务能力和沟通协调能力。与跨国企业主要由资深法律人员组成的企业法律顾问队伍不同，国企法律队伍通常主要由年轻法律人员组成，其中大多数人缺乏复杂的国际合同谈判经验，缺乏对企业主营业务和企业管理的深入了解。在法律实务资料和外部律师的使用方面，国企也同样相对不足。在一些跨国油气并购案中，也暴露出中国国企自身内部法务部门和法务管理体制的薄弱以及法律顾问的待遇不足等问题。

第三节　法务管理精细化带来大挑战

精细化源于积累，源于几十年甚至上百年法律管理工作在实践中的不断总结与持续创新，这是一项巨大的基础工程。相比于企业的其他业务部门，国企法律工作的精细化管理只能算是刚刚起步。很多业务部门，每一项工作都有非常具体的文件模版、操作流程、程序文件、标准规范、使用指南、数据库、信息管理系

---

① 高娃. 走向必然的企业法务管理[J]. 管理@人, 2006 (3): 53.

统（如制造类企业生产控制领域规范运用的 ERP 系统）等，每个流程要做什么、怎么做、输入什么条件、输出什么条件、精确度是多少、为什么这样做，不仅定性，而且定量，一目了然，有章可循，形成一个完整的、精准的控制与管理体系。然而法律部门的工作体系和工作成果，不少都还处于初步建设阶段，制度缺失，管理粗放，随意性大，精确度低，靠的是个人能力和经验，一旦换人，工作可能就没法开展了。

笔者认为，要实现精细化，首先要做到专业化，其次是流程化和定量化。

国有企业的法律事务管理过去主要以历史遗留问题和合同纠纷为主，现在也开始逐渐扩展到知识产权、环境保护、社会责任、产品质量、合规审查、海外并购与投资、保险与对外担保、仲裁诉讼等多领域。细化岗位的专业分工后，不同的专业领域决定了不同的管理方式、资源、知识、流程和手段。精细化管理意味着法律事务不能再走大而全、模糊笼统的策略，要根据不同的法律专业进行工作的细分。

笔者接触过一些跨国企业的法律顾问，他们专业分工很细，每个法律顾问都有自己的专长，每项对应的法务工作又都有一套完整而科学的工作制度、工作流程和管理权限。以法律顾问中擅长合同谈判的专家为例，他们总是随身携带一本《谈判指南》，该指南针对每种合同类型与合同模式以及每个条款，都有相应的风险评级、谈判方案、谈判底线、理由与依据、经验教训、典型案例、授权范围、请示汇报对象、决策与咨询对象以及法律顾问的具体职责权限等，既全面又有可操作性。这个指南并不是法律部一家编制出来的，而是法律部门牵头、业务部门全面参与、各部门协同作战的结晶，也是法律顾问深入业务一线，将业务与法律充分融合、渗透的结果。相对而言，我们的国企法律顾问就缺乏这样系统而全面的工作指导手册，谈判凭感觉，说理不充分，权责不清楚，底线不明确。当然，也有一些大型国有企业的法律部已经开始探索，但做得还不够。比如，中国石化在 2011 年专门制定了《境外法律工作管理暂行办法》，与此制度相配套，中国石化组织实践经验丰富的法律顾问和外部法律专家编写了 19 个国家和地区、共计 380 万字的《境外投资贸易法律指南》，并计划在"十二五"期间编印中石化项目所在的 55 个国家和地区的《投资贸易法律指南》；同时，其已累计开发各类境外业务标准合同示范文本 220 个。[①]

流程化管理也是控制法律风险的主要手段之一。这里的流程化，不仅包括法律部自己牵头的业务，也包括公司其他业务。以开立银行保函为例，关于发起人/承办人是谁、申请表格式如何、评审与审批流程如何、各审批人是谁、各自审批职责是什么、审批权限是什么、法律风险审核点有哪些、底线是什么、由谁牵头与受益人和银行沟通等，必须做到流程清楚明晰、表格规范齐备、职责划分清晰。国有企业必须将法律工作与公司经营和企业管理制度深度结合，编制完整又简洁高效的工作流程与标准程序，具备较好的操作性，既保证各司其职、责任明确，又做到授权规范、不越权、不渎职。

国有企业法律工作亟须改变注重定性却忽视定量的工作机制。法律不是数学，但这不意味着法务工作总是说个大概、弄个笼统的概念就算合格。法律管理可以借鉴数学、财务的一些理念，对风险发生的可能性进行评估，对风险可能造成的损失进行分级，对可能造成风险爆发的因素进行细化分析，对风险补救措施的方法与成本进行定量分析等。在此框架下，企业可以真正像管理财务一样去管理法律风险，从而实现"用经济学语言来描述法律风险，用管理的方法来解决法律问题"的目的。可以说，企业法律风险的精细化管理奠定了法律风险管理科学化和学科化的基础。重视定量的工作要求，也必然要求法律顾问在分析论证相关法律问题时，事实尽可能完整，证据尽可能充分，论证尽可能严密，引用法律条文尽可能全面，做出法律结论尽可能明确，解决方案尽可能优化和多样选择，而不能似是而非或浅尝辄止。

法律的精细化管理不应当损失效率。如果做不到法律与业务部门的深度融合，做不到企业法律顾问深入生产经营的最前沿，而是坐在办公室里照搬管理流程或对风险进行定量的分析，必然会导致效率低下，因为：

（1）信息的传递与反馈时间更长；

（2）完整、准确的信息难以获得；

（3）与业务部门沟通效果不佳；

[①] 张亚，辛红. 央企法务调查①"来自中国石化的报告"——为打造世界一流能源公司护航 [N]. 法制日报，2012－06－06.

（4）做出错误或不完整的法律决策；

（5）法律决策不具有针对性和可操作性；

（6）难以及时掌握动态的信息变化。

目前中央企业和地方国有企业正在重点进行两项精细化管理工作——法律风险防控体系建设和诚信合规体系建设，虽然已小有成绩，但也存在诸多问题。笔者个人建议精细化管理还是要从小处着手，从最熟悉的法律业务入手，成熟一个，运营一个，完善一个，而不是搞一大堆"华而不实"的书面文件，根本不具备可操作性，编完之后就束之高阁，成为一项"政绩工程"。

第四节 法务管理国际化带来大挑战

国企法律顾问制度在这些年能够得到迅速的发展和完善，从无到有，从弱到强，其作用也日益得到认可，这很大程度上归功于国际市场竞争的"倒逼"效应。正是通过在实施"走出去"战略中与国际大公司真枪实弹地正面交锋和学习，我们才得以知耻后勇，奋起直追，从法律人员、机构、资源到体制不断加以完善和提升，在学习中探索前进。但是，仅有短短二三十年的蹒跚学步，跟跨国公司100多年的法律管理实践和积累相比，我们法律管理的国际化水平依然很低。

首先是语言的国际化。所有国企在开拓海外市场的过程中都有一个共同的感慨：我们懂业务的有，懂外语的也有，但是两者都懂且能内在地融会贯通的人才就是捉襟见肘。企业法律顾问也一样，不是说一个法律专才强化几个月外语或者说一个英语科班生脱产几个月学学法律，他就是我们需要的涉外型复合法律人才了。一个优秀的涉外国企法律顾问，一定是在具备系统的法学专业素养之后，经过无数次的涉外合同谈判、评审、索赔、法律文件起草修改，以及频繁的日常外语交流和沟通，才能将法律知识、技能、思维本能地与语言合二为一，融会贯通，浑然一体。在国际商业合作普遍使用英语等外语的大环境下，缺乏语言能力对国企法律顾问发挥法律服务和咨询职能是致命的。

其次是法律的国际化。进入一个新的海外市场，我们面对的是一套全新的法律体系、执法状况、司法制度、特色政策、法律文化和根深蒂固的商业规则或行业惯例。我们国企往往依然看重财务指标、技术能力和所谓的低成本优势，面对这种陌生的法律环境，我们对其中隐含的风险依然重视不够，决策时常常缺乏目标市场的前期政策和法律调研支持，缺乏当地律师的深度介入与合作，相信国内经验，拍脑袋决策，最后花更多的钱买来一大堆本可以避免的教训或失误，甚至屡败屡犯，这样的例子不胜枚举。大陆法系和英美法系传统的巨大区别，严格的市场准入、税收、劳工与环保制度，迥异于国内的当地商业规则、商业传统与行业惯例，往往都会成为国企折戟海外市场的致命伤：成本骤升，索赔频繁，官司不断。这些年来，商务部和一些协会也组织编制了一些"国别投资指南"的资料，但适用性还不够，在深度和可操作性方面还远远不能满足国企走向海外的需要；尤其是当地法律部分，往往仅仅是一些简单的法律条文翻译，难以真正理解和操作，所以比较难看出实质风险与常发性风险，也比较缺乏切实有效的应对策略。要解决深度不够和可操作性差这两个缺点，一是需要优秀的跨国投资业务律师和相关专业人员（如国际商务师、会计师等）的介入；二是需要很好地总结已有的经验与教训，需要一线的管理人员和法务人员参与。

法律的国际化，也直接导致了风险与纠纷的多样化。国企在国内面临的法律风险主要来自合同纠纷，如违约赔偿、合同结算等；而一旦进入国际市场，面临的境外法律风险也随之多样化，由以合同纠纷为主，逐渐扩展到知识产权、环境污染、劳工保护、税务、产品责任、证券监管、外汇支付和进出口管制等多领域的纠纷，法律关系更加复杂，造成的损失也更加巨大。

最后是管理手段的国际化。国际大公司的法律管理非常注重标准化和信息化，任何一项业务都有完整的权限与职责划分、详细的操作流程、完善的文件模板、历史上形成的大批既有成果、一套全面的信息管理系统、一个完整的数据资料库、全方位的在职培训体系等。特别重要的，也是法律管理需要与时俱进的，既要利用现代科技建立信息化法律平台，发挥计算机强大的计算和分析处理数据的能力，同时还要实现无线办公、信息实时更新分享等。与此同时，国企法律顾问及其管理者还要前瞻性地思考和应对互联网环境对企业法务运行和管理造成的冲击，比如法律信息资料的收集与整理、仲裁诉讼与索赔案件的跟踪与分析、合同文件档案的管理与统计分析、企业法律信息库和资料库的建立；运用因特网新技术克服人工管理的弊端，实现公平、公正、透明、高效的管理目标；通过网络信息途径，提高干部和员工的自我约束水平、职业操守、商业道德标准以及合规审查；促进企业法务由粗放走向精细化经营和管理；利用合同与法律的"大数据"来分析市场，分析对手，发现机会以及研究如何加强自身的商业秘密和专有技术的保护等。

中国国有企业法律制度真正的发展时间才30多年，远不及欧美发达国家100多年的发展历史。面对国际化的挑战，汲取欧美企业成熟制度和经验的合理成分，为我所用，"师夷长技以制夷"，迎头赶上，是一条相对便捷的道路。

第五节　法律环境改变带来巨大挑战

笔者在全书中一直强调的一点就是，社会主义市场经济和对外开放是促使国企法律顾问制度从建立、发展到完善的强大动力和外因，不以人的意志为转移，市场化因素和国际化因素会一直伴随着中国国企法律顾问制度的改革与发展。但是，现在很多国有企业缺乏战略眼光和前瞻性思维，依然认识不到企业法务管理的重要性，习惯于传统的侧重于技术和财务的企业管理模式，忽视法务对企业生存、发展和经营管理的战略性作用。即使现阶段没有造成大的问题与损失，但随着市场化改革与国际化竞争的日益深入，企业生存所处的法律环境会发生重大变化，法务管理必须被重视起来并得到迅速发展，但若不提早准备，必然会遭受重大代价。从长远来看，这两个国内、国际外在因素都将发生巨大的变化，从而深刻地影响企业经营管理与决策模式的转变。

从国内环境来讲，尤其是2015年以来，随着"依法治国"方略的全面推行，市场经济首先就是法治经济，这意味着整个法律体系将越来越完善和细化，法治思维与法律意识将渗透到国家、社会和企业管理的方方面面，个人和经济组织的守法意识和依法维权意识都会迅速增强，企业的内部治理和对外经营活动将越来越受到法律规范、行政执法和司法审判的严密约束和影响，企业违法经营的风险会直线上升，违法造成的损失具有颠覆性将成为悬在国有企业头上的"达摩克利斯之剑"。依法治国与法治的最高境界是：法律具有至上的权威，法律成为组织和个人内心的信仰。这时候，法律将真正成为调整社会行为的最基本规范与准则。这些年来，国有企业已经开始逐步感受到安全生产、产品质量、环境保护、知识产权、维护稳定、劳动用工、金融监管等方面的立法、执法、司法以及社会舆论环境给企业决策和经营带来的巨大压力,从而更加科学、规范、民主、合规地管理企业。与此同时,企业作为独立的市场主体和法人实体,其内在法律需求正在不断增长,优化治理结构、建立现代企业制度、完善内外部监督体系、推进混合所有制改革、加强和规范董事会建设、提高集团总部管控能力、推进企业调整重组与转型升级、强化国内外投资安全控制、推进企业经营管理与法务管理融合等,都要求企业经营管理和决策不断向制度化、规范化、标准化、程序化靠近,亟须形成依法合规的法治企业文化。在这种大环境下,国有企业如果还停留于计划经济、行政命令、权力至上和人治的传统思维,即使在国内市场中也是难以生存的,更别说做大、做强和国有资产增值、保值了。随着依法治国方略的逐步深入,遵纪守法的企业和违法犯罪的企业在市场竞争中将呈现明显的差别,违法的成本也将大幅上升。用法律作为武器,引入法律思维,上可以完善公司治理,促进民主科学依法决策,为企业战略目标护航;中可以规范交易和项目执行,提升企业竞争力;下可以构建和谐劳动关系,法务管理在企业中的地位和作用必将走向一个新的高度。

从国外环境来讲,依法办事、诚信履约几乎是所有西方发达国家的不二原则。法律规制之严密,违法成本之大,凡事讲法律、讲规则的办事传统让我国的国企很难适应。现在一些在国内发展良好的大型国企,一走上国际市场,面对陌生的法律环境与商业规则就明显水土不服,失败的例子比比皆是。这种失败,很多时候并非我们技术落后,也不是我们的成本不具有竞争力,而是我们的管理水平差距太大,集中体现之一就是法务管理水平。现在国企进入的市场中不少还是传统的非发达国家和第三世界,法制并不完善,也缺乏依法办事的传统,借助一些非法律手段和渠道,风险尚且可控。但是,作为全球第二大经济体,规模上来了,下一步必然需要提高质量,否则规模发展也是不可持续的。中国企业要成长为具有国家竞争力的跨国企业,进入欧美发达国家等高端市场就是必然路径。面对法律风险管控能力一流和法治传统悠久的欧美企业,我们在商业模式策划、项目合同谈判、项目风险评估、项目执行与管理、精细化管控、合同与法律纠纷解决等方面的弱势必将一一暴露出来,若不早做准备,那么国企入海,交的学费将会更多。即便中国成为世界第一的经济体,在相当长一段时间里,国有企业海外市场开拓所面对的游戏规则也依然是欧美规则一统天下，我们只有先去适应它，然后才能去改进它，甚至改革它，然后才能超越它。从现有情况来看，国企法务管理在管理理念、组织结构、人才队伍、实践经验、基础建设、专业能力等各方面，与国际上一流企业的差距都是非常大的。商务部、国家统计局、国家外汇管理局共同编辑出版的《2014年度中国对外直接投资统计公报》数据显示，截至2014年年末，中国对外直接投资存量8826.4亿美元，位居全球第八，设立对外直接投资企业近3万家，分布在全球186个国家（地区）；仅2014年一年，中国企业共实施对外投资并购项目595起，实际交易总额达569亿美元。而中国国有企业，尤其是中央企业，是中国海外投资和并购的主体，其中面临的风险已经在逐步暴露，尤其是一些涉及巨资的海外并购案和能源矿产投资案，排除政治原因，事前缺乏详尽且可靠的法律尽职调查、违法和违规决策论证，过程中经营管理缺少法律管理能力，以及事后缺乏强有力的法律维权手段是重要原因之一。

国企法律顾问能否具有更高的地位、发挥更大的作用、具备更光明的前程，取决于内外两方面的因素。

第一，内因是企业法律顾问能否在艰难的探索创新和刻苦努力中做出实实在在的成绩，给企业改革发展和经营管理带来实实在在的利益与战果。

第二，外因则是依法治国方略的全面落实，法律真正成为国家治理的基本方式、战略和信仰，这是一个大环境。

习近平总书记提出的"四个全面"建设理论中，几乎每一项都与国企及其法律工作的前景和作用密切相关。"全面建成小康社会"：国企是国民经济的支柱，国企没有利润，国企不能提供很好的公共服务产品，国企不能很好地履行政治与社会责任，这就会是一句空话；这也强烈要求法律工作要与企业业务和企业中心工作目标深入融合，全力做好法律服务和保障，我们的工作才会有特色、专业和意义。"全面深化改革"：这要求国企大破大立，建立现代企业制度，依法合规经营，打破国企的长年弊病，打造具有国际竞争力的国企和央企集团。这个过程中，市场经济就是法治经济，如果没有法律管理带来的全新机制和强大竞争力，将难以适应国际市场竞争，深化改革的风险也会不可控甚至偏离方向。"全面推进依法治国"：国有企业要率先落实依法治企，树立法律权威，尊重权利，尊重制度，尊重程序，领导干部要提高运用法治思维和法治方式解决问题的能力，从而彻底解决国企中的人治问题、特权问题和监督失控等弊病;对此,国企及其法律工作人员还有大量的工作要做。"全面从严治党":国企的领导班子成员和中层干部,包括国企法律顾问,多数都是党员,党管干部是不变的基本原则,党纪国法是高压线,也是红线,制度与程序是工作的基本依据。所以,只有干部廉政了,能干了,有拼劲了,团结了,法律意识、合规意识和合同意识强了,国企尤其是中央企业才能真正建设成为世界一流企业,依法治企、依法经营、依法管理和依法决策才能落到实处。

企业法律顾问制度在中国才实施了短短30年,政府驱动的发展模式固然有利于其基本制度的建立,但是,内在质量的提升和与时俱进的探索更多地要靠企业法律人自己的努力。所以,国企法律顾问一定要有责任意识、担当意识,要敢为天下先,在法务定位、业务范围、工作体系、制度机制、基础建设等方面要大胆创新,尤其是要在公司治理、企业决策、战略规划、内部监督和跨部门协调以形成管理合力方面做出开创性成绩,要在借鉴国外企业先进做法的基础上,找到一条适合中国国企特色的法律顾问制度发展之路。

国企法律顾问制度成功的关键,永远在于创新,创新,再创新!

参考文献

[1] 安丰明. 央企总法律顾问制度应形神兼备 [J]. 上海国有资产, 2008 (7): 35.

[2] 陈晶晶. "四菜一汤"做好公司法务——专访中国海运（集团）总公司总法律顾问沈满堂 [J]. 法人, 2012 (2): 62-64.

[3] 郭进平. 美国公司的法律顾问制度 [J]. 化工管理, 2011 (11): 20-21.

[4] 郭卫彬. 借鉴发达国家经验，健全企业法律顾问制度——河北省国资委赴美、加考察侧记 [J]. 产权导刊, 2006 (11): 54-56.

[5] 郭向宇, 白昶. 浅析中央企业总法律顾问的制度创新 [J]. 中国外资, 2013 (5): 64.

[6] 国务院国资委政策法规局. 欧洲企业总法律顾问制度的现状与启示——中央企业总法律顾问赴法国培训团考察报告 [J]. 经济管理文摘, 2004 (21): 26-29.

[7] 高荣和. 关于企业深化合同管理的初步探索 [J]. 中国商贸, 2014 (32): 60.

[8] 高娃. 走向必然的企业法务管理 [J]. 管理@人, 2006 (3): 52-53.

[9] 韩国俊. 浅议我国企业法律顾问制度存在的问题及完善 [J]. 法制与经济, 2010 (15): 20-21.

[10] 韩国俊. 浅议我国企业法律顾问制度存在的问题及完善 [J]. 法治与经济, 2010, 2 (231): 61-64.

[11] 景宜春. 试论企业总法律顾问制度 [J]. 市政技术, 2008, 1 (26): 86-88.

[12] 李建海. 深化国企改革条件下企业法律顾问制度的路径选择——国有企业法律顾问制度的推行和完善 [J]. 河北经贸大学学报, 2008, 8 (2): 60-63.

[13] 李瑞红. 商业银行流程再造与总法律顾问制度的构建 [J]. 金融理论与实践, 2010 (9): 44-47.

[14] 李文岭,张军霞.论我国国有企业总法律顾问的性质和定位[J].法制与社会,2008(5):122-123.

[15] 李湘宁.试论总法律顾问制度在公司法人治理结构中的作用[J].时代经贸,2013(7):34-35.

[16] 毛剑平.项目法律顾问制度"解码"——访中国建筑工程总公司法律部总经理秦玉秀[J].建筑,2009(5):59-61.

[17] 孟为民.在我省国有企业推行企业法律顾问制度的实践与思考[J].河北企业,2012(7):85-86.

[18] 乔新生.国企法律顾问的责任有待明确[J].法律与生活,2004(12):54.

[19] 沈中军.企业法律顾问制度与公司制度的统一[J].法制与社会,2009(3):44-45.

[20] 沈中军.企业法律顾问制度与公司律师制度的统一[J].法制与社会,2009(7):44-45.

[21] 王强.法律顾问履职"新说"[J].法人,2015(2):45-46.

[22] 王方玉.我国企业总法律顾问制度评析[J].现代管理科学,2010(8):59-61.

[23] 徐州坤,刘吉健.国有企业法务总监制度理论初探——以江西省国资委为例[J].科技信息(学术研究)2008(30):76-77.

[24] 叶小忠,贾殿安,等.中国企业法律风险管理发展报告[M].北京:法律出版社,2013.

[25] 余智梅.走近最难招聘的央企高管——央企总法律顾问调查[J].国企,2013(8):18-25.

[26] 张建南.它山之石,可以攻玉——欧洲企业法律顾问制度的特点及启示[J].施工企业,2005(6):56-57.

[27] 张继昕.企业法律风险管理的理论与实践[M].北京:法律出版社,2012.

[28] 2013年全国企业法律顾问执业资格考试用书编委会.全国企业法律顾问执业资格考试复习指南——企业法律顾问实务分册[M].北京:经济科学出版社,2013.

附录1　企业法律顾问（公司律师）制度主要法律、法规与政策汇总

发文日期	法律、法规与政策	发文机构	备注
企业法律顾问制度与法律风险防范				
1955-03-28	国务院关于批转"法制局关于法律室任务职责和组织办法的报告"的通知	国务院	诞生标志
1956-02-28	关于法律顾问处与机关、国营企业内的法律室两者的工作性质的复函	司法部	
1986-09-15	全民所有制工业企业厂长工作条例	国务院	第十六条
2003-05-27	企业国有资产监督管理暂行条例	国务院	第三十六条
2005-04-04	关于2005年深化经济体制改革的意见	国务院	第（二）项提及国有资产监管
2008-06-28	企业内部控制基本规范	财政部、审计署、证监会、银监会、保监会	第十九条
2008-10-28	中华人民共和国企业国有资产法	全国人大常委会	第十七条
2012-02-01	企业法律风险管理指南（GBT 27914—2011）	国家标准委	
2013-03-01	企业知识产权管理规范（GBT 29490—2013）	国家质检总局、国家标准委员会	
2013-11-12	中共中央关于全面深化改革若干重大问题的决定	中共中央	第（三十）项
2014-10-23	中共中央关于全面推进依法治国若干重大问题的决定	中共中央	第二款 第（六）项

续表

发文日期	法律、法规与政策	发文机构	备注
企业法律顾问资格			
1987-06-17	航空工业部企业法律顾问工作暂行规定	航空工业部	
1987-08-03	关于企业经济法律工作专业人员纳入经济专业职务系列的实施意见	国家经济委员会职称改革工作办公室	
1988-04-16	商业部门法律顾问工作试行办法	商业部	
1988-07-27	上海市企业法律顾问工作暂行办法	上海市人民政府	
1990	关于加强企业法律顾问工作的意见（体改法〔1990〕5号）	国家经济体制改革委员会	
1990-09-08	机电工业企业法律顾问工作规定	机电部	
1990-09-18	交通企业法律顾问工作管理办法	交通部	
1991-03-25	化工企业法律顾问工作规定	化工部	
1991-10-28	关于切实加强商业企业法律顾问工作的通知	商业部	
1992-01-18	商业企业法律顾问工作办法	商业部	
1994-03-01	商品流通企业法律顾问工作试行办法	国内贸易部	
1994-6-13	关于国家经济贸易委员会负责组织指导企业法律顾问工作的通知	国家经济贸易委员会	主管单位由国家体改委改至国家经贸委
1996-07-01	供销合作社法律顾问工作办法	中华全国供销合作总社	
1996-07-22	建设部关于在建设系统加强企业法律顾问工作的意见	建设部	明确"总法律顾问"地位

续表

发文日期	法律、法规与政策	发文机构	备注
1997－03－12	企业法律顾问执业资格制度暂行规定	人事部、国家经贸委、司法部	纳入"全国专业技术人员执业资格制度"范围
1997－03－12	企业法律顾问执业资格考试实施办法	人事部、国家经贸委、司法部	
1997－05－03	企业法律顾问管理办法	国家经贸委	
1998－01－08	建材企业法律顾问工作办法	国家建筑材料工业局	
1999－03－18	企业法律顾问注册管理办法	国家经贸委	
2002－03－27	关于进一步做好企业总法律顾问试点工作的通知	国家经贸委	
2002－07－18	关于在国家重点企业开展企业总法律顾问制度试点工作的指导意见	国家经贸委、中组部、中央企业工委、中央金融工委、人事部、司法部、国务院法制办	选择30户左右具有行业代表性的企业开展试点工作
2004－5－14	关于在国有重点企业加快推进企业总法律顾问制度建设的通知	国务院国资委	重点针对中央管理主要领导人员的53户中央企业
2004－05－11	国有企业法律顾问管理办法	国务院国资委	
2007－02－16	关于进一步加快中央企业以总法律顾问制度为核心的企业法律顾问制度建设有关事项的通知	国务院国资委	重点针对159家中央企业（含53家中央大型企业）
2008－04－29	国企法律顾问职业岗位等级资格评审管理暂行办法	国务院国资委	

续表

发文日期	法律、法规与政策	发文机构	备注
2009－3－9	关于贯彻实施《国企法律顾问职业岗位等级资格评审管理暂行办法》有关事项的通知	国务院国资委	
2014－08－12	国务院关于取消和调整一批行政审批项目等事项的决定（国发〔2014〕27号）	国务院	取消的职业资格许可和认定事项目录第8项即为企业法律顾问资格
2015－02－10	关于企业法律顾问资格考试有关问题的通知	人社部办公厅、国资委办公厅、司法部办公厅	
公司律师试点			
2002－11－22	司法部关于开展公司律师试点工作的意见（司发通〔2002〕79号）	司法部	
2003－03－10	关于印发《湖南省开展公职、公司律师试点工作的方案》的通知（湘司发〔2003〕23号）	湖南省司法厅	
2005－10－11	广东省司法厅关于进一步加强和规范公司律师试点工作的若干意见（粤司办字〔2005〕266号）	广东省司法厅办公室	
2007－02－08	北京市司法局公司律师试点工作实施办法（试行）	北京市司法局	原京司发〔2003〕第43号同时废止
2008－11－03	内蒙古自治区司法厅关于开展公司律师试点工作的实施意见	内蒙古自治区司法厅	

续表

发文日期	法律、法规与政策	发文机构	备注
2010-09-13	吉林省公司律师管理办法（试行）（吉司律发〔2010〕101号）	吉林省司法厅	吉林省是2002年首批公司律师制度试点省
2012-06-21	河南省公司律师试点工作实施办法（豫司文〔2012〕132号文）	河南省司法厅	
2012-09-24	河北省司法厅关于进一步规范公司律师管理工作的指导意见（冀司通〔2012〕91号）	河北省司法厅	
2012-12-31	关于印发《浙江省公职律师管理实施办法（试行）》《浙江省公司律师管理实施办法（试行）》的通知（浙司〔2012〕174号）	浙江省司法厅	
2013-05-29	重庆市公司律师试点工作实施办法（渝司办〔2013〕62号）	重庆市司法局	
2014-01-24	广东省司法厅关于进一步做好公职公司律师试点工作的通知（粤司办〔2014〕10号）	广东省司法厅	
2014-12-23	关于印发《广西壮族自治区公职律师管理办法（试行）》《广西壮族自治区公司律师管理办法（试行）》的通知（桂司通〔2014〕168号）	广西壮族自治区司法厅	

附录 2 《国务院关于批转"法制局关于法律室任务职责和组织办法的报告"的通知》

兹批准国务院法制局关于法律室任务职责和组织办法的报告,并发给你们参照办理。

法律室实际是法律顾问室。它是协助机关、企业负责人正确贯彻国家法律、法令和进行有关法律工作的一个专门机构;各机关和重要国营企业,特别是业务上对人民群众和对外直接联系较多的机关,应尽可能早点建立。此项工作的干部,应本宁缺勿滥的原则,在目前机关整编中调派熟悉业务的得力干部充任。

附:

国务院法制局关于法律室任务职责和组织办法的报告

(1955 年 3 月 28 日)

最近有些部门和个别省提出如何建立法律室的问题。对此问题,我们遵照总理在 1 月 13 日国务院常务会议上有关建立法律室的原则指示,根据我国有些机关、企业已有的初步经验,并参考苏联的先进经验,对法律室的任务职责和组织办法提出如下几点意见。

(一) 法律室在本部门负责人的直接领导下进行以下的工作:(1) 审查本部门各单位起草的法规性质的命令和指示草案,以及本部门拟签订的合同草案,是否违反国家法律、法令和国务院决议、命令以及相互之间有无矛盾等;(2) 协助本部门各单位起草法规草案;(3) 研究本部门各单位提出的有关法律问题;(4) 受本部门的委托,代表本部门进行有关公证、公断和起诉、应诉等法律行为;(5) 整理、编纂本部门业务需要的各种法规。

以上各项工作,各部门可按目前实际情况和工作发展的需要,由法律室有重点地量力逐步进行。

(二) 法律室即法律顾问室,按精简原则暂设主任、副主任、研究员等若干人。为使法律室能起应有的作用,必须调配具有一定的业务经验和理论、政策水平的干部充任。目前尚无必要与可能建立法律室的部门,可以暂设一、二专职干部，协助本部门负责人进行一些有关法律室的工作。

（三）各省、市人民委员会和规模较大的重要国营企业，根据实际情况需要建立法律室的，也可以参照以上的原则进行试建。

关于法律室的组织和工作，目前尚系试办，俟取得一定的经验后，将来再做进一步的具体规定。